市场营销：理论、案例与实务

主　编　吴德望　李忠华　吴　欢

北京理工大学出版社
BEIJING INSTITUTE OF TECHNOLOGY PRESS

本书为湖南省教育科学"十四五"规划 2023 年度一般资助课题"职业教育新商科课程的社会服务效能提升实践与研究"（项目编号 XJK23BZY039）研究成果，2021 年湖南省职业教育教学改革研究项目"多元融合的《市场营销案例》线上精品课程开发实践"（项目编号 ZJZB2021070）研究成果。

版权专有　侵权必究

图书在版编目（ＣＩＰ）数据

市场营销:理论、案例与实务 / 吴德望,李忠华,吴欢主编 . -- 北京:北京理工大学出版社,2024.2
ISBN 978 - 7 - 5763 - 3608 - 5

Ⅰ.①市… Ⅱ.①吴…②李…③吴… Ⅲ.①市场营销学-高等学校-教材 Ⅳ.①F713.50

中国国家版本馆 CIP 数据核字（2024）第 045979 号

責任编辑：徐艳君　　　文案编辑：徐艳君
責任校对：周瑞红　　　責任印制：施胜娟

出版发行 / 北京理工大学出版社有限责任公司
社　　址 / 北京市丰台区四合庄路 6 号
邮　　编 / 100070
电　　话 / （010）68914026（教材售后服务热线）
　　　　　（010）68944437（课件资源服务热线）
网　　址 / http://www.bitpress.com.cn

版 印 次 / 2024 年 2 月第 1 版第 1 次印刷
印　　刷 / 三河市天利华印刷装订有限公司
开　　本 / 787 mm × 1092 mm　1/16
印　　张 / 15.75
字　　数 / 342 千字
定　　价 / 88.00 元

图书出现印装质量问题，请拨打售后服务热线，负责调换市场营销的核心目标是发现和满足消费者需求，市场营销是一门关于美好生活的学问。著名学者也曾提出"营销是为社会传递生活标准""营销是为社会创造并传递生活标准"等观点。学习或者运用市场营销知识、技能需要我们关注大众的生活需求，了解和把握需求的变化和趋势，提供更好的产品或服务，为消费者创造更高的生活标准，提升其获得感、满足感和幸福感，实现向往美好生活的梦想。

市场营销是财经商贸大类专业的必修课，是一门全球性的学科，是企业和社会经济发展的重要支撑。学科内容涉及市场营销环境分析、消费者行为分析、STP战略、营销组合策略等方面的理论和实践，这些均是开展企业管理、客户服务和市场开拓等工作必须掌握的知识。

教材围绕立德树人根本任务，面向职业院校学生、企事业单位市场营销初学者，由湖南汽车工程职业学院吴德望、李忠华，湘潭电机股份有限公司营销中心吴欢组成主编团队，吸纳政府主管部门、行业机构的意见和建议，基于工作情景对传统的营销学教材内容进行重构并植入微课等拓展资源，构建专业理论、案例分析、市场实践相结合的内容体系，力求通过整体设计引导、鼓励学习者结合生活和工作学营销、用营销，开展真实的商业实践，走向社会、了解社会、热爱社会、拥抱社会。为此，在编写过程中，特别注重"五新两简"：

新思想：深入贯彻落实习近平新时代中国特色社会主义思想，认真学习党的二十大精神，并将其对职业教育、产业发展、市场经济、创新创业等方面的论述融入教材内容。

新体系：基于工作情景将教材分为先导、分析、战略、策略、创新五个部分，同时将数字化技术、科技创新、品牌营销和社会责任等方面通过案例引入教材，阐释市场营销的新思维和新实践。

新业态：根据新的教学标准，在编写过程将用户画像、网络分销渠道、社群营销、直播营销等方面的新理论、新技术纳入教材内容，做到与时俱进。

新规范：将《关于加强网络直播规范管理工作的指导意见》《网络主播行为规范》等法律法规和《关于恢复和扩大消费的措施》《关于进一步提升鲜活农产品运输"绿色通道"政策服务水平的通知》等政策文件融入教材，使学习者结合法规、政策学专业知识，提升法治意识。

新案例：超过半数案例是精选近两年原汁原味的来自商业新闻的案例，使学习者能结合理论分析实际市场，引导学习者活学活用营销理论。

　　简明理论：以简洁明了的方式深入讲解市场营销的观念、理论和方法，着重解读营销环境、消费行为、STP 战略、营销策略、社群营销、直播营销等方面的内容，帮助学习者掌握营销学科的核心概念和方法。

　　简明实践：通过设计简明的实践任务，引导学习者结合生活和工作在理论学习的基础上注重实践动手能力的锻炼，使学习者掌握更多的技能和经验，具备实际操作能力和创新思维。

　　得益于湖南汽车工程职业学院和北京理工大学出版社领导、老师的帮助，站在学科前辈们奠定的完整的学科知识体系基础上，编写团队努力对相关内容进行优化、创新，使得教材得以顺利出版，希望能让广大学习者借助教材开展高质量的学习。但编者水平有限，错漏与不足之处在所难免，敬请谅解并提出意见、建议。

编　者

2024 年 3 月

微课 1.0　课程介绍

目 录

情境 1

营销先导

1.1　初识营销

学 习 目 标

知识目标：了解市场营销学学科的发展，了解市场的含义；理解现代市场营销策略的更新和现代市场营销的特点；掌握市场营销的含义。

技能目标：初具市场意识和营销思维。

素养目标：培养诚信营销的职业道德，学会用唯物辩证法中的联系的普遍性来分析市场问题，增强对社会主义市场经济体制的制度自信。

重 点 难 点

学习重点：市场和市场营销的含义。

学习难点：市场营销学的发展脉络。

课前活动一

一、活动主题

"人民对美好生活的向往"微视频拍摄。

二、活动步骤

（1）集体学习2021年2月25日习近平《在全国脱贫攻坚总结表彰大会上的讲话》："事实充分证明，中国共产党具有无比坚强的领导力、组织力、执行力，是团结带领人民攻坚克难、开拓前进最可靠的领导力量。只要我们始终不渝坚持党的领导，就一定能够战胜前进道路上的任何艰难险阻，不断满足人民对美好生活的向往！"

（2）分组讨论菲利普·科特勒曾经提到的：市场营销是"创造价值及提高全世界的生活水准"的关键所在，它能在"赢利的同时满足人们的需求"。

（3）分组学习市场在资源配置中的作用。

（4）分组研讨市场和市场营销在"不断满足人民对美好生活的向往"中的作用。

（5）每组以"人民对美好生活的向往"为主题拍摄微视频并发至教师邮箱。

三、活动评价

（1）由教师进行评分排名并计入平时成绩。

（2）挑选部分微视频在课前展播。

课前活动二

一、活动主题

《我眼中的营销》主题演讲。

二、活动步骤

（1）自学关于营销与行销、推销、直销、传销的区别。

（2）教师提出观点——卖产品就是卖自己，请学生思考这一观点正确与否。

（3）请学生利用课余时间观看中央电视台《今日说法》栏目播出的《传销团伙的覆灭》节目，并通过互联网了解安利公司。

（4）学习委员组织各组初选，推选三名同学课堂展示。

三、活动评价

（1）每个同学限时三分钟，演讲结束由教师根据演讲内容进行提问。

（2）所有同学演讲结束后，由学生投票决定演讲成绩排序，给予相应的综合评价加分。

 课前预习

新鲜案例：苏丹国内冲突影响可乐价格

近日，媒体报道称，可口可乐价格又出现上涨，而其背后原因或与可乐原料之一阿拉伯胶紧缺有关。其实，早在2007年，苏丹面临美国贸易制裁的时候，时任苏丹驻美大使乌科奇曾在华盛顿举起一瓶可口可乐对在场记者说："如果我们现在停止阿拉伯胶出口，大家以后就都喝不到这个了。"

很少有人知道，很多碳酸饮料、甜食、红酒、化妆品、肥皂等产品中，阿拉伯胶作为无害可食用的原料被广泛添加其中。很多世人熟知的国际大牌都使用了阿拉伯胶，而苏丹是全球阿拉伯胶的主要产地。

如今，苏丹的国内冲突尚未完全平息，冲突还使阿拉伯胶的供应链几乎完全停摆，这不仅让可口可乐、雀巢这样的国际巨头面临潜在的成本上涨压力，更让数百万依靠这项产业艰难谋生的苏丹百姓面临生存窘境。

目前，阿拉伯胶已经超过石油成为苏丹外汇收入的最主要来源。鉴于阿拉伯胶对全球食品饮料以及日化品行业的重要性，美国在此前数十年对苏丹的经济制裁中始终将阿拉伯胶列为"豁免商品"。

最新数据显示，苏丹人均GDP仅为751美元。据英国与荷兰媒体估算，苏丹大约有100万户家庭直接或间接地依赖阿拉伯胶产业为生，涉及人数高达500万人，其中很多家庭的年收入还不足900美元（约合人民币6 336元）。

目前，虽然对外出口的苏丹港维持了一定程度的正常运转，但阿拉伯胶的出口基本需要通过首都喀土穆，该地受冲突影响已经很难有货物可以通行。

对于种植区的苏丹人来说，即使没有冲突干扰，常年来自然环境的恶化已经使他们的营生变得非常艰难。受气候变暖的影响，苏丹境内大约 50 万平方千米的广袤"树胶地带"在不到 30 年时间里大约升温 2 ℃，远超全球平均水平。气温升高带来了干旱、土壤沙漠化等后果，不仅影响阿拉伯胶产量，也让采摘工人们面临着更恶劣的工作环境。

资料来源：郑直《可口可乐涨价背后：苏丹冲突导致关键原料阿拉伯胶供应困难？》(成都商报，2023 - 05 - 24，有删改)。

讨论：

(1) 苏丹国内冲突会影响你的生活吗？请举例说明。

(2) 美国对别国的制裁措施会影响到你的生活吗？

(3) 你常逛街吗？一般去哪些市场？这些市场之间相互有影响吗？

(4) 如果人类失去市场，世界将会怎样？

课内活动

讨论：营销工作者如何在"建设贸易强国"中发挥作用？

王文涛：加快建设贸易强国

课中学习

学习市场营销课程，我们需要先对市场、市场营销、营销学科的特征和发展进行梳理，从而更好地理解和掌握营销学的核心概念、理论和方法，为开展相关实践活动奠定基础。

一、市场的含义

从狭义上讲，市场是买卖双方交易商品的场所。如我们所熟悉的农贸市场、家具市场、服装市场和超级市场，这些市场具有共同的特点：既有买卖双方，也有交易场所、条件以及较为稳定的交易活动。

从广义上讲，市场是指在一定时间、地点条件下商品交换关系的总和。市场是体现供给与需求之间矛盾的统一体。

从市场营销学的角度看，市场是现实需求和潜在需求的全部，哪里有需求（包括现实需求和潜在需求），哪里就有市场。

从企业营销的角度看，市场是人口、购买力和购买欲望三要素的综合，缺一不可。用公式表示就是：市场 = 人口 + 购买力 + 购买欲望。

通常，我们这样定义市场：市场是某种商品或劳务的买卖双方彼此进行接触，以商品或劳务的交换为内容的经济联系形式。

新鲜案例：华为推出高端品牌

日前，华为 Mate60 RS 非凡大师正式发布，售价 11 999 元起，这是华为 Mate 史上超高端的旗舰。发布三日内，在华为商城已有超 170 万人预约想要购买。

从华为商城获悉，华为 Mate60 RS 非凡大师的备件价格已经出炉，该机主板高达 6 999 元，是整个手机最贵的备件，其次是全新屏，价格为 2 599 元，不过目前的优惠价为 1 799 元。

资料来源：快科技《"裸奔"有风险！华为 Mate60 RS 非凡大师维修价格出炉：后壳高达 2 199 元》(2023 – 09 – 27，有删改)。

讨论：你认为"非凡大师"主要面向哪类消费人群？你对"非凡大师"是否有购买力和购买欲望？

二、市场的功能

1. 联系功能

通过市场的联系功能实现不同商品生产者之间的经济结合和相互联系。社会分工越细，市场的这一功能也就越为重要。在现代市场经济条件下，通过市场的联系功能可以调节、解决供需矛盾。

2. 交换功能

这是市场最基本的功能，离开了商品交换，也就不存在市场。市场交换功能的发挥，使得商品经营者或生产者可以拿自己的商品在市场上出售，从而获得货币，然后再向别人购买自己所需要的消费资料或者生产资料，实现劳动与商品的交换。

3. 价值实现功能

在市场经济条件下，要靠市场来实现商品价值。当农产品经营者把商品出售后，所得货币能够补偿生产过程中所耗费的劳动和物质，那么商品价值就会得到完整的体现；如果商品卖不出去，或所得货币不足以补偿劳动和物质耗费，则价值就不能完全实现或不能实现，生产规模就会被迫缩小或者生产中断。

4. 调节功能

通过价值规律和竞争的作用调节各类生产要素在各个生产部门之间的布局和分配。市场的调节功能主要体现在以下两个方面：通过市场竞争，调节商品的供求；某种商品的价格上涨，说明这一商品供不应求，生产这种商品就一定会有利可图，于是生产者就都开始生产这种商品。

经典阅读：以有效市场和有为政府推动全国统一大市场建设

《中共中央 国务院关于加快建设全国统一大市场的意见》提出，要坚持有效市场、有为政府的工作原则，坚持市场化、法治化，充分发挥市场在资源配置中的决定性作用，更好发挥政府作用，强化竞争政策基础地位，加快转变政府职能。建设全国统一大市场，必须发挥好有效市场和有为政府的作用，既要"有效市场"，又要"有为政府"。处理好市场与政府关系，既要使市场在资源配置中起决定性作用，发挥市场机制、市场主体和资本的力量，又要更好发挥政府作用，强化宏观政策调节，支持和引导资本规范有序发展。

市场经济本质上是市场决定资源配置的经济。发挥好有效市场的决定性作用，一是必须坚持和完善我国社会主义基本经济制度和分配制度，坚持社会主义市场经济改革方向，以完善产权制度和要素市场化配置为重点，实现产权有效激励、要素自由流动、价格反应灵活、竞争公平有序、企业优胜劣汰。二是坚持稳中求进工作总基调，完整、准确、全面贯彻新发展理念，加快构建新发展格局，着力构建市场机制有效、微观主体有活力、宏观调控有度的经济体制，不断增强经济创新力和竞争力。三是持续推动国内市场高效畅通和规模拓展，进一步打通市场效率提升、劳动生产率提高、居民收入增加、市场主体壮大、供给质量提升、需求优化升级之间的通道，努力形成供需互促、产销并进、畅通高效的国内大循环，不断培育发展强大国内市场，保持和增强对全球企业、资源的强大吸引力。四是完善各类国有资产管理体制，改革国有资本授权经营体制，加快国有经济布局优化、结构调整、战略性重组，推动国有资本做强做优做大。五是培育参与国际竞争合作新优势。以国内大循环和统一大市场为支撑，有效利用全球要素和市场资源，使国内市场与国际市场更好联通。推动制度型开放，增强在全球产业链供应链创新链中的影响力，提升在国际经济治理中的话语权。改革开放40多年来的理论和实践都证明，发挥好有效市场的决定性作用，有利于从广度和深度上推进市场化改革，建设现代化经济体系。

资料来源：李宏伟《以有效市场和有为政府推动全国统一大市场建设》（经济参考报，2022 – 09 – 20，有删改）

讨论：你是如何理解"市场决定资源配置"？

三、市场营销的含义

市场营销是个人或集体通过创造、提供并同他人交换有价值的商品，以满足其需求和欲望的社会和管理过程。

新鲜案例：小米推出限定真爱礼盒新品

一年一度的七夕节快到了，手机厂商们纷纷宣布推出限定礼盒。8月18日，小米官方宣布，小米商城限定真爱礼盒正式开售，限量开售500套，礼盒内含Civi 3手机、口红充电宝，还有浪漫的落日氛围灯，售价2 668元起（见图1–1）。

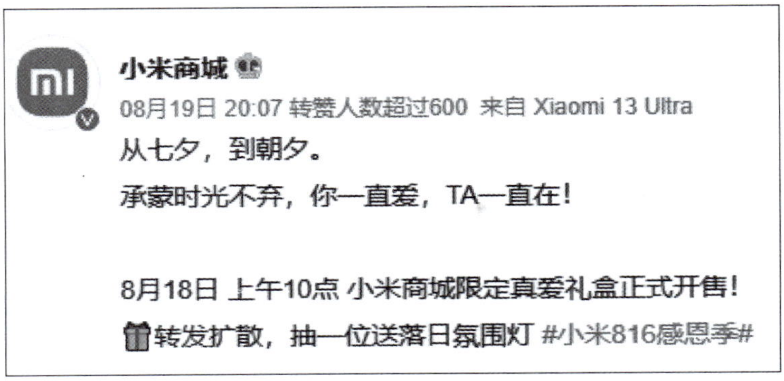

> **小米商城** ✓
>
> 08月19日 20:07 转赞人数超过600 来自 Xiaomi 13 Ultra
>
> **从七夕，到朝夕。**
>
> **承蒙时光不弃，你一直爱，TA一直在！**
>
> **8月18日 上午10点 小米商城限定真爱礼盒正式开售！**
>
> 🎁**转发扩散，抽一位送落日氛围灯 #小米816感恩季#**

图1–1 小米真爱礼盒宣传

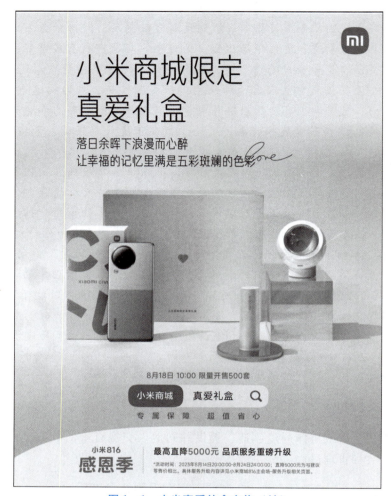

图 1-1 小米真爱礼盒宣传（续）

（资料来源：小米商城微博）

讨论：

（1）请问小米在七夕节前夕推出真爱礼盒是一种营销活动吗？为什么？

（2）如果这是一种营销活动，你是否支持类似的营销活动？

课内活动

讨论：传销有何危害？如何才能不入传销的坑？

点评：传销通常打着营销的幌子，却干着非法的事。要提高自我保护意识，避免入坑。

禁止传销条例

四、市场营销学的发展

市场营销学起始于 20 世纪初，至今已有百年左右的历史，这期间，市场营销学大体经历了四个发展阶段。

1. 市场营销学萌芽时期（1900—1920 年）

20 世纪初，分销体系作为商业系统中的一个快速发展、大有作为的组成部分得到了越来越多的学术关注。通常，经济学家们没有研究过这一课题，因为传统经济理论的注意力集中于作为经济价值创造者的产品（还有土地、劳动力和资本），而几乎不强调分销所提供的服务。当市场范围完全限于国内时，这种观点是可以理解的。然而，随着 20 世纪的到来，美国外来移民涌向城市中心，产品和技术、交通、物流的进步等使得市场状态发生了引人注目的变化，促进了分销体系的迅速发展和改进。因此，确实需要一些经济学家着手接触，进而解释新的市场中这些并没有融入当时主流思想的要素。在这种形势下，美国高校承担大学商科教学的教师开始注意到交换领域的定价、分销和广告问题，并进行研究，分别开设了一些新课程以考察市场营销系统的不同方面，如密歇根大学开设的"产业分销"、纽约大学开设的"商业制度"等。在这一时期的后半段，经济学刊物对刚刚出现不久的市场营销学给予了很多帮助，使其开始创立出概念上与众不同的方法，促进了该领域知识的发展。如产品研究法、机构研究法和职能研究法就是在这一时期发展起来的，学者也开始运用这些方法进行市场营销研究。同时，学术界陆续提出一些本学科的新概念，初始的学科体系逐渐形成。

2. 市场营销学规范时期（1920—1950 年）

在这一时期的初期，市场营销学是一个产生不久、尚未成形的研究领域。然而，到了这一时期的末期，即 1950 年时，市场营销学已经成为一个欣欣向荣、有影响力的学术领域。市场营销系统的一个关键特征是它内嵌于日复一日的社会生活之中，并随着外部环境的变化而不断发展和变化。这一时期是个特殊时期，美国社会在此期间面对种种机会及挑战，例如经历了快速发展和繁荣的 20 年代、大萧条的 30 年代、大动荡的第二次世界大战时期以及 40 年代的战后时期，这些机会和挑战都要求进一步明晰市场营销学术范围，使其成为一个规范的研究领域。为实现这一目的，学术界开始对各专门学科和各种研究方法的成果加以整理、融合提炼、博采众长，形成了较为系统的市场营销理论。本学科的独立性、系统性和完整性日趋明显。不过，与其后的研究相比，这一时期市场营销学者的研究更多地侧重于对市场营销实践的描述而较少考虑解决管理方面的问题。

3. 市场营销学迅速发展时期（1950—1980 年）

尽管前有先驱，后有来者，1950—1980 年的 30 年还是在市场营销思想的发展史上出现了一个分水岭。这是因为，这一时期是一个伟大变革的时期。在这个时期，发展和革新普遍受欢迎，营销思想的领域被相当程度地扩大了，行为科学和数学几乎同时出现于市场营销学主流领域之中，对市场营销思想的发展起到了很大的促进作用。这一时期，市场营销学的主要特征如下：

第一，致力于从管理角度观察这一领域，更加强调市场营销管理，表现为这一时期提出了许多具有重要意义的概念，如营销观念（John McKitterick，1957）、4P 理论（E. Jerome McCarthy，1960）、品牌形象（Burleigh Gardner and Sidney Levy，1955）、营销管理（Philip Kotler，1967）和营销近视（Theodore Levitt，1960）等。

第二，广泛吸收其他学科（包括自然科学和社会科学）的概念、原理，使理论体系更加充实，并注重市场营销决策研究和定量研究。

第三，市场营销理论的阐述更加准确，强调市场营销活动必须适应消费者需求的变化，强调目标市场营销、市场营销信息和市场营销系统的重要作用。

第四，市场营销学从原来的总论性研究转变为区别不同研究对象的具体性研究，分化出许多子学科，例如服务市场营销、国际市场营销及非营利组织营销等。

第五，这一时期末，市场营销学开始强调企业市场营销活动所关联的社会责任、社会义务和商业道德，强调借助市场营销学原理和方法来推进社会福利的增加和社会事业的发展。

4. 市场营销学重构时期（1980 年至今）

1980 年以来，营销内外部环境发生了巨大的变化，例如和平与发展成为世界主题，经济全球化的趋势愈加明显，知识经济迅速发展等。这些变化促进了市场营销学的分支科学——国际市场营销学的理论化、系统化，使市场营销学理论在国际范围内迅速传播，广为采纳，并促进了市场营销学的分化和重构。进入 20 世纪 90 年代，科学和文明的发展给营销领域带来了更为复杂的概念和方法，市场营销学术界也日益重视高新技术、文化等方面对市场营销的影响和渗透。专门化研究的发展，使得数据库营销、网络营销、关系营销、绿色营销、文化营销和体验营销等新的营销理论不断涌现和发展，极大地丰富了市场营销学的理论内容。总之，探索市场营销在新经济、新技术革命条件下的走向，成为这一时期市场营销教学与研究的热点问题。

❀ 课内活动

讨论：你使用过的手机软件，相对而言，你更喜欢哪个，更讨厌哪个？为什么？

提示：随着移动互联网的发展，越来越多的产品注意到用户体验的重要性，从用户习惯的角度来展开产品的设计。决定一个产品好不好用，能不能长期使用，沉淀用户，是由用户体验所决定的。

五、市场营销学科的特点

1. 综合性与交叉性

市场营销学的研究内容要涉及经济学、人口学、社会学、心理学、组织行为学、管理学、决策学、商品学、价格学、法学、广告学、公共关系学、审计学、会计学、金融学、美学等学科的理论与知识。

2. 实践性与应用性

市场营销学是一门能够直接指导企业市场经营实践的应用性学科，具有较强的实践性与可操作性。

3. 管理性与经营性

从学科归属上来说，市场营销学属于广义的管理类学科，准确地说，它属于经营学的范畴。它与偏重于企业内部管理的、狭义的管理学最本质的区别是其市场经营性。

六、市场营销学的研究对象

市场营销学的研究对象是广泛而多样的，包括市场、消费者、产品和服务、市场环境、竞争对手以及市场营销人员等方面。在不同的层面上，市场营销学不断探索实践，为企业市场营销提供理论和实践基础。

1. 市场

市场营销学研究的一个主要对象就是市场。市场是指所有能够购买某种产品或服务的人或组织，而市场营销学则研究的是如何满足市场需求、实现市场目标以及控制市场行为等。

2. 消费者

消费者是市场营销学研究的另一个重要对象。消费者是市场的基础与核心，而市场营销学则研究的是消费者在购买行为中的需求、决策、诉求等方面的行为，并且将这些行为和信息转化成有效的市场营销战略与策略。

3. 产品和服务

市场营销学还研究产品和服务在市场中的位置、特点、竞争力等方面，以便使其更好地满足市场需求，提高产品和服务的质量与效率。

4. 市场环境

市场营销学不仅研究市场，还研究影响市场的环境因素，例如法律法规、政治和社会文化的影响，以帮助企业更好地制订市场营销策略。

5. 竞争对手

在市场中，竞争对手是一个重要的因素。市场营销学研究竞争对手的策略和行为，以便更好地制订针对不同竞争对手的市场营销策略。

6. 市场营销人员

市场营销学还关注市场营销人员的角色和作用，以帮助企业更好地管理和培训自己的市场营销团队，提高市场开发和营销管理水平。

七、现代市场营销的特征

随着科学技术和经济社会的飞速发展，新经济、新技术不断与传统市场营销相融合，呈现出新的特征。

1. 营销主体多元化

在传统市场营销下，企业处于营销活动的中心地位，扮演着市场营销主体的角色。而互联网时代，大数据平台捕获消费者的信息需求，对每个消费者精准画像，实施精准广告推送变得更加容易。市场营销主体和中心向消费者需求转移，消费者的需求意见对企业营销成效的影响越来越大，消费者作为市场营销的主体之一已经形成。

2. 营销对象精准化

在移动互联网时代，市场细分更趋于精细化。在一个虚拟的"社区"中，企业可以非常方便、十分精准地掌握消费者的需求偏好，并进一步以共同话题来吸引感兴趣的消费者，对营销对象进行精准营销变得更加容易。

3. 营销内容特色化

在传统市场营销背景下，由于企业营销的载体内容非常有限，因此消费者对企业的产品营销或多或少地会留下一些印象，企业营销的目的容易实现。但是当今互联网信息大爆炸，给消费者带来海量便捷信息的同时，也出现了很多鱼龙混杂、内容泛滥、真假难辨的营销广告，这使消费者对企业的产品营销视而不见。因此，企业要想达到营销的目的，就必须将其营销广告内容设计得更能吸引消费者眼球，这样才能得到消费者的认同，最终变成现实购买行为。

4. 营销媒介共享化

在传统市场营销下，企业借以营销的电视、广播、报纸、杂志等广告渠道，资源有限，成本高昂。而在互联网时代，网络资源相对无限，企业能够利用电子商务平台，或者自建网站来实现营销，此时的营销媒介已不再具有明显的竞争特性，广告成本降低，低成本市场营销成为可能。

5. 营销效应最大化

在互联网时代，营销主体的多元化和广告载体的非竞争性导致了企业营销投入与营销效果之间不再是过去的正比关系。产品只有真正受到了消费者的认可，才会通过互联网的快速传播在消费者之间产生"蝴蝶效应"，从而实现低成本下的营销效应最大化。

6. 营销范围国际化

在全球一体化互联网时代，特别是在我国进一步加大改革开放力度和推进"一带一路"建设之后，企业生产、交换、消费的国际化步伐大大加快，要使企业能够走向国际市场，就要让企业活动的空间尽可能地最大化，竞争的舞台尽可能地国际化，发展的能力尽可能地具有可持续性。

7. 营销对象个性化

随着经济的发展，消费者需求的个性化要求越来越突出，消费者更加重视产品特定化、个性化给自己带来的产品特有价值，这就要求企业市场营销也必须适应这种个性化需求的客观形势。

8. 营销发展持续化

在互联网营销背景下，企业营销理念是营销目标可持续化与营销关系的互利共赢。前者主要是通过企业品牌文化的推广和营销来开拓产品市场，从而提高企业产品的市场占有率；后者主要是加强企业间的合作，有效利用好市场中的可共享资源，最大限度地优化销售资源配置。

综合案例：小米的崛起

昨天看到一个好消息，凯度携手 Google 发布 2023 KANTAR BRANDZ 中国全球化品牌五十强名单，小米力压华为、联想、OPPO、vivo 等品牌拿下总榜第二名，成为消费电子领域的冠军品牌（见图 1-2）。

为什么小米会成为冠军呢？其实从全球手机销量排名就能看出端倪，小米是全球销量第三手机品牌，仅次于三星、苹果，为国产第一名。在海外市场，小米在东南亚、欧洲、拉丁美洲等一些国家销量更是靠前，部分国家拿下出货量冠军，这就是实力。

以今年发布的小米 13 系列为例，在欧洲市场有着极高的销量，成为最受欢迎的国产旗舰之一。而且小米在欧洲的价格比国内高出许多，即便去除关税等一系列原因，小米在国内的价格也比欧洲便宜，这件事情也得到了大多数网友拍手叫好。

排名	品牌	品类
1	ByteDance	内容娱乐 APP
2	Xiaomi	消费电子
3	Lenovo	消费电子
4	SHEIN	线上时尚
5	AliExpress	电子商务
6	HUAWEI	消费电子
7	OPPO	消费电子
8	Haier*	家电
9	Hisense	家电
10	vivo	消费电子

图 1-2　2023 KANTAR BRANDZ 中国全球化品牌前十名榜单

还记得 10 多年前，国内用户喜欢去欧美国家、日本和韩国（以下简称欧美日韩）买东西，连日本的一个马桶盖都被吹上了天，让许多国产制造业公司领导人感到愤怒。经过 10 多年发展，国产品牌早已今非昔比，在质量超越欧美品牌的同时价格更便宜，让国内消费者可以买到更多物美价廉的产品，甚至还能吸引外国人千里迢迢来中国。

例如近期梅西率领阿根廷队来到中国，正当所有人都关注"梅西中国行"时，却不知道阿根廷队还前往小米之家"扫货"。网友发现，多位阿根廷队的教练组成员去购买小米生态链产品，最受欢迎的当属小米扫地机器人，放在十年前有谁敢想象，外国人来到中国之后想着买点东西带回国去？

这件事情充分证明了，国产品牌已经全面崛起，有实力与海外品牌实现正面"硬刚"，就是真正意义的国货之光。无论是手机还是生态链产品，小米都交出了近乎完美的答卷，单纯靠营销吹上天也没有用，消费者会用实际行动来证明一款品牌是不是受欢迎，阿根廷队用现实让大家重新认识到了小米，国产品牌将来的表现只会越来越强大。

资料来源：《小米有多厉害？中国全球化榜单拿下第二名，领先华为、联想》（搜狐

网，2023 – 06 – 17，有删改）。

讨论：请结合所学知识分析小米为何会取得成功。

点评：小米的快速成长与中国改革开放以来逐步建立起来的良好经济环境是分不开的，正是有了良好的经济环境，小米快速发展才具备相应的资金、技术、人才供给基础，否则一切只能是无源之水。小米深刻理解电子产品市场需求变化，坚持营销模式的创新，充分把握移动互联网时代的用户特点，实现口碑营销、饥饿营销、网络营销等各种营销方式的立体化协同，达到了非常有效的宣传效果。同时坚持产品创新，如 MIX 全面屏概念手机引领了整个手机行业的新潮流，如全陶瓷机身的基础上增加了 AI 场景相机、高效 Qi 无线充电等黑科技功能，不断满足消费者对电子产品的需求，逐渐成长为既强又大的头部企业。

 课后实践

一、实践内容

请以 3 人为一小组，考察当地 3~5 个大型综合超市。

二、实践步骤

（1）选取超市。最好是既有国际化超市，又有全国性超市，还有土生土长的本土超市。

（2）通过走访观察对比评价各个超市的特色，看看哪个超市商品品种更全、商品价格更有竞争力、员工服务更热情、购买氛围更好。

（3）在超市的留言簿上写上你的想法与建议，看看超市会不会与你联系，会如何应对你的想法与建议。同时你也可以设想，如果你是超市相关主管，面对这些才发现的问题该如何处理？

（4）每组写一篇心得体会。

三、实践评价

由任课教师点评每组心得体会，并由学生互评得分和教师评分共同计算出本次实践的最终成绩。

1.2 营销观念

学习目标

知识目标：理解市场营销观念的含义与重要性，理解市场营销观念的演变与发展；掌握传统营销观念与现代营销观念的区别。

技能目标：初步形成以科学的营销哲学观为指导来分析和解决市场问题的能力。

素养目标：深入理解企业社会责任，领悟人类与自然和谐发展的重要性，学会结合历史及生活分析营销现象，培养创新精神。

重点难点

学习重点：市场营销观念的演变过程。

学习难点：分析营销实践对市场营销观念的应用。

课前活动

一、活动主题

"技工贸"与"贸工技"路线之争。

二、活动流程

（1）学习相关概念。"贸工技"指的是销售和技术在一个公司经营发展中的主次地位，先做生意，实现原始积累，求得生存，然后开发新技术、新产品；而"技工贸"则截然相反，指企业先开发新技术、新产品，然后生产销售，实现新技术、新产品所带来的丰厚利润。

（2）分析两种路线的优点和缺点。

（3）说明两种路线分别更贴近哪种营销观念。

（4）搜索相关代表性企业。

三、活动评价

结合代表性企业，将分析和讨论结果写成报告，由教师点评。

课前预习

新鲜案例：海尔"可持续灯塔"工厂

微课 1.2 营销观念的发展脉络

节能、低碳、环保的可持续发展能力是评选"灯塔工厂"的一个重要方面。随着"双碳"目标不断深化，2021 年 9 月，全球灯塔网络推出"可持续灯塔"的甄选，表彰应用工业 4.0 技术在工厂及供应链上实现能源高效利用及生态可持续性的优秀表率企业。"可持续灯塔"工厂是在灯塔工厂中评选出，除了实现重大影响、成功整合多个用例、拥有可扩展的技术平台、在关键的推动因素中表现优异之外，更需要在具备生态发展的可持续性，可以说是"灯塔中的灯塔"。

这些生态先驱显著提升了生态效益：在提升企业可持续性，为环境带来积极影响的同时，还成功实现了业务目标。它考量的不是工厂及供应链单纯的硬件升级带来的"双碳"效应，而是先进技术推动生态可持续发展带来的直接的、巨大的效果影响。截止到目前，2023 年 1 月 13 日第四批发布，全球累计共 13 家。作为唯一入选"可持续灯塔"工厂的中国本土企业，天津海尔洗衣机互联工厂早在 2020 年就开始围绕"双碳"进行探索实践。

广泛规划布局智能微电网、智慧照明等场景解决方案，如：通过设备用电参数的"秒"级采集和大数据分析，实现精准识别设备无效耗能、自动分析，以及预警。工厂还采用统一的能源数字化管理平台，配备自动检测净化技术的水资源管理系统，在制造和包装工艺上持续优化创新，减少废料产出和碳排放。

通过物联网、大数据算法、人工智能等技术的充分应用，海尔完成了对这座工厂从厂体设计到系统流程的全方位优化。据悉，该工厂实现了节电 35%、减碳 36%、节水 54%、节省废料 59% 等一系列节能减排的显著成效。

资料来源：中和碳研究院《"可持续灯塔"盘点与启示（附灯塔工厂 2023 年白皮书）》（2023 - 05 - 09，有删改）。

讨论：

（1）海尔打造"可持续灯塔"工厂遵循的是何种营销观念？

（2）你认为重视可持续发展是否会牺牲产品质量？

（3）可持续发展和市场导向是否冲突？

课中学习

市场营销观念是指企业在开展营销实践活动中所依据的指导思想和行为准则，是企业经营哲学和思维方法的体现。市场营销观念贯穿于营销活动的全过程，并制约着企业的营销目标和原则，是实现营销目标的基本策略和手段。市场营销理念正确与否，直接关系到企业营销活动的质量、技巧及成效。

一、生产观念

19 世纪末 20 世纪初，西方资本主义国家的企业和资本开始向世界各地扩张，资本主义经济开始呈现出全球化的趋势。大量资本和产品开始流动到亚洲、非洲和拉丁美洲等地区。伴随着这种扩张，市场扩大了，需求也增加了。而与此同时，工业化已经成为西方资本主义国家的主要特征，工业技术不断进步，机器生产得到广泛应用，工业规模不断扩大，工业化进程更加深入，这样也在一定程度上为扩大产能做好了准备。

正因为如此，供不应求的市场供需关系推动了生产观念的产生，这是一种传统的经营思想，企业的一切活动以生产为中心。随着大规模流水线生产模式的出现和弗雷德里克·泰勒的《科学管理》的出版，标准化、专业分工和精细化管理成为各大工厂改造升级的方向。这一系列工业管理模式的升级极大地降低了生产成本，提高了生产效率，更是促进了各企业盈利的增收。此时，企业关注的内容是生产效率和成本，认为市场营销应当提高从生产端到消费端的效率。韦尔达曾提出："生产是创造形态效用，营销则是创造时间、场所和占用效用。"此时，营销的本质是流通，而流通的核心是流通效率和交易成本。由于当时的生产效率不是很高，许多产品的供应不能充分满足市场需要，因此，工商企业把营销管理的重点放在生产上，即以生产观念为导向。

生产观念认为，消费者喜欢那些可以随处买到、价格低廉的产品，企业应当组织和利用所有资源，集中一切力量提高生产效率和扩大分销范围，增加产量，降低成本。显然，生产观念是一种重生产、轻营销的指导思想，其典型表现就是"我们生产什么，就卖什么"。以生产观念指导营销活动的企业，称为生产导向企业。

经典案例：福特只产一种车型

20 世纪初，美国福特汽车公司制造的汽车供不应求，亨利·福特曾傲慢地宣称："不管顾客需要什么颜色的汽车，我只有一种黑色的。"福特公司 1914 年开始生产的 T 型车就是在"生产导向"经营哲学的指导下创造出奇迹的，T 型车生产效率趋于完善，成本降低，使更多人买得起。到 1921 年，福特 T 型车在美国汽车市场上的占有率达到 56%。

资料来源：王俊杰、徐风华《如何提升销售能力》（机械工业出版社，2008）。

讨论：

（1）福特汽车在美国汽车市场能取得成功的原因是什么？

（1）这种成功的因素对现代市场营销还起作用吗？

二、产品观念

20 世纪 20 年代，由于工业化的快速发展和消费者对产品质量的要求提高，许多企业开始注重产品质量，推崇"只生产最好的产品"的理念，这一趋势在许多国家和行业中得到了广泛的认同和推广。在这个时期，一些企业开始实行质量管理体系，建立质量检验和控制机制，注重生产过程中的细节和工艺控制，以确保产品质量的稳定性和一致性。

在此背景下，产品观念兴起，这是一种与生产观念类似的经营思想，都是重生产轻营销。

产品观念认为，消费者喜欢高质量、多功能和具有某些特色的产品。因此，企业管理的中心是致力于生产优质产品，并不断精益求精，日趋完善。在这种观念的指导下，企业不太关心产品在市场上是否受欢迎，不关注市场需求的变化。过于重视生产，就会忽略营销。他们在设计产品时只依赖工程技术人员而极少让消费者介入，最终导致企业将市场定义过于狭隘，使得产品销量不断下降，企业丢失市场，竞争力大大降低。

经典案例：铱星终止业务

"铱星"电话系统于1998年11月正式投入运营的时候，曾被誉为科技的创举、通信的先锋；然而还没风光一年，这个历经11年、耗资50亿美元开发成功的由66颗卫星组成的通信网几乎成了一堆昂贵的太空玩具。

3月28日新铱星公司宣布，将在3月30日重新开始新的卫星通信业务。"铱星"再次闪亮登场，引起了广泛的关注。2000年年底，纽约破产法庭传出好消息：剥离沉重债权负担的铱星系统被一家私人公司收购，66颗周游天际的卫星又将重振威风。正值早春时候，"借壳出世"的新"铱星"再次显示出勃勃生机。

原铱星公司是一家私营联合企业，其中摩托罗拉公司占有18%的股份。该公司依靠6个不同轨道平面运行的66颗低地轨道卫星，形成一个网络，使其用户不论在天涯海角，都可以使用铱星系统进行交流。"身带电话走天下，随时随地可通话"的优越性曾使"铱星"系统博得满堂彩。

然而好景不长，"铱星"随后便陷入"内外交困"的境地。与普通移动电话在世纪末取得"爆炸性"增长形成鲜明对照，设备笨重、价格高昂的铱星系统受到冷落。"铱星"用户最多时统共只有5.5万，而它必须发展50万用户才能赢利。不到一年工夫，公司就欠下18亿美元银行贷款无法偿还，不得不宣布破产。1999年8月，铱星公司在纽约南区根据《美国破产法》提出了破产申请，并于2000年3月终止所有业务。

资料来源：《铱星公司的新起点：成本下降　重新定位》(新浪科技，2001-04-06，有删改)。

讨论：你认为铱星公司破产的原因是什么？

三、推销观念

20世纪20年代末，西方国家的市场形势发生了重大变化。特别是1929年开始的经济萧条使大批产品供过于求，销售困难，竞争加剧，人们担心的已不是生产问题而是销路问题，资本主义经济由"卖方市场"向"买方市场"过渡。于是，推销技术受到企业的特别重视，推销观念成为工商企业主要的指导思想。

推销观念认为，消费者通常有一种购买惰性或抗衡心理，若听其自然，消费者就不会自觉地购买大量本企业的产品，因此企业管理的中心任务是积极推销和大力促销，以诱导消费者购买产品。它的具体表现是："我卖什么，就设法让人们买什么。"

经典案例：携程"地推"

当一切人的眼光都被互联网行业的"高光"所吸引的时候，却很少有人会了解，在互联网企业里，还有这么一群人，他们的名字叫地推。他们身处在互联网行业的第一线，干着最苦最累的活儿，他们撑起了不少互联网企业的基石。

而携程的地推团队，正是这样一支"铁军"，用自己的辛勤和汗水，去完成了一个又一个不可能完成的任务，同时也为公司的业绩持续增长添砖加瓦。

1999 年，携程诞生以后，就开创了最初的发卡地推模式，携程内部称之为"小米＋步枪＋原子弹"模式。

随着公司的不断壮大，携程把当时最为重要的营销策略——发卡，这种终端拦截式的销售方式发挥到了极致，当时的携程销售部最早开始全面占领机场、高铁等重要交通枢纽，同时公司也在管理制度和销售模式上力争创新，再加上公司各块业务产品的快速增长，携程迅速培养出一支规模最大，而且最有战斗力的地推队伍，占领了市场。

可以说，正是因为携程发卡销售的成功，在一定程度上让携程的业绩成长更为迅速，而携程的发卡，可以说是一种创新，这种"小米＋步枪＋原子弹"的销售方式，成为日后携程取得成功的重要组成部分。

从携程开始，发卡营销成了当时业内的通用模式，携程甚至也被称为"发卡发出来的上市公司"。然而事实上，不少公司在实践中才逐渐发现，做起来远不如看到的那么容易，发卡虽然简单，但在背后支撑这些创新的机制和保证其平稳的体系却不是那么简单。

从 2001 年一直到 2012 年，携程的地推人员，也在不断升级营销的模式。

2001 年到 2005 年，携程主要发的是实体卡，这可以说是地推的 1.0 时代。当时的工作人员通过给客人一张实体卡，跟客人介绍携程、介绍卡片的使用等，这种模式也非常受客人的欢迎。

随着科技的进步，携程地推的推广也升级为 2.0 模式。从 2005 年开始，携程为每个地推员工一人配备了一台手持 Pad 设备，员工可以快速直接录入客人的姓名、手机号、邮箱，给客户注册携程会员。这种内部称为"无卡销售"的模式，不仅方便了用户，也体现了携程在技术上的领先性。

正是通过销售管理与技术的结合，携程的地推团队不断进步与升级，携程也一步步走向每一个家庭、每一位客户。

2013 年，携程的地推再次发生了翻天覆地的变化。随着智能手机和移动互联网的狂飙突进，携程的地推也迎来了新的挑战和机遇。

携程地推接受了一份开发新合作酒店的艰巨任务，一年多的时间地推新签上线酒店 13.6 万家，远远超出预期的目标。

尽管，为携程发展新会员、服务老客户以及品牌宣传的根本任务没有变化，但是，从形式到策略，地推都发生了极大的变化。

以前，携程的地推销售，一般只覆盖一二线城市的机场渠道，而现在，地推拉新的场景不仅覆盖了机场、高铁等交通枢纽，同时还增加景区及酒店场景，多场景进行拉新拓宽了覆盖面，从而获取到更多的新客户。

使用工具的不同，则更为明显，以前是通过发卡及用手机号码注册的方式进行，而如今，地推主要在做的是 App 拉新，让客户预订起来更加方便，也使员工的拉新效率得到很大的提升，相较于以前，地推人均效率提高5倍以上。

资料来源：《在线旅游线下雄兵：移动互联网时代的携程地推团队》(环球旅讯，2019－01－07，有删改)。

讨论：

(1)"地推"是推销吗？

(2)线下地推和线上地推有何区别？

(3)如何才能使推销活动获得成功？

课内活动

讨论：生产、产品、推销三种观念是传统营销观念，而市场营销观念出现才代表着现代营销观念的产生。这几种观念是否依次替代？

四、市场营销观念

随着第二次世界大战的结束，科学技术迅速发展，尤其是信息技术和通信技术的突破，加速了全球化进程。技术的创新在各个领域都带来了革命性的变化，促进了生产力和效率的提高。此时，市场营销观念作为一种以消费者需要和欲望为导向的经营哲学开始盛行，这是消费者主权论的体现。

市场营销观念认为企业的生产经营活动是一个不断满足消费者需求的过程，而不仅仅是制造或销售某种产品的过程。简言之，市场营销观念是"发现需求并设法满足它们"，而不是"制造产品并设法推销出去"；是"制造能够销售出去的产品"，而不是"推销已经生产出来的产品"。

市场营销观念取代传统观念是企业经营思想上一次深刻的变革，是一次根本性的转变。该观念认为，实现企业诸目标的关键在于正确确定目标市场的需求和欲望，一切以消费者为中心，并且比竞争对手更有效、更有利地传送目标市场所期望满足的东西。

新鲜案例：汉庭升级

在国民消费升级、对住宿要求提升且经济型酒店的住宿服务水平已不能满足市场需求的背景下，汉庭酒店积极迎合市场，持续引领产品迭代升级，全力打造新推出了汉庭3.5新品，结合过往成功经验和当下消费者洞察，致力于实现更好的体验和更具性价比之间的平衡，重塑经济型酒店投资价值。

全新版本的汉庭3.5对整体设计进行了全新升级，使颜值和质感兼具。在大堂设计上布局宽敞明亮，撞色大胆鲜活，让整个空间充满活力，舒适的自然光色温，一进门就顿感疲惫尽消。开阔自由的社交空间、隔断式的空间设计和一系列自助设备，在满足住店生活所需的同时，还不用担心泄露隐私。

走廊和品质和体验感是年青一代消费者的重点考量因素。房间干净宽敞，客房和走道设计，均采用自然光设计，温和不刺眼。客房空间里，一体式的家具采用弧度设计，既防撞又舒适。房间内置一体化智能设计床头柜，配备了多位充电接口、无线充电感应台、可调节床头灯，让一切服务触手可及。此外，迎合消费者低碳环保生活方式，汉庭酒店在客需品上，提供环保天然拖鞋、纯天然软矿泉水，合作知名老字号品牌上海制皂提供天然的精油和安全的洗护用品，为住客提供环保体验。汉庭酒店还在餐饮服务上引入了属地美食，打造记忆点。一早醒来，"一城一味"的早餐美食，让人间烟火与旅途诗意相撞，吃的不仅是美味，还有一整日的好心情。

资料来源：朱萍《汉庭酒店自我革新，全新汉庭3.5版，重塑经济型酒店价值》（大众网，2023-07-25，有删改）。

讨论：

（1）经济社会的发展会带来消费者旅游住宿需求的哪些变化？

（2）结合汉庭酒店升级谈谈营销工作者如何发现和满足这种变化。

五、社会营销观念

20世纪70年代以来，西方国家的市场环境发生了许多变化，如能源短缺、通货膨胀、失业率上升和消费者保护运动盛行等。在这种背景下，人们纷纷对单纯的市场营销观念提出了怀疑和指责，认为市场营销观念没有真正被付诸实施，即使某些企业真正实行了市场营销，它们也忽视了满足消费者个人需要同社会长远利益之间的矛盾，从而造成了资源的大量浪费和环境污染等社会弊端。例如，举世闻名的软饮料可口可乐和麦当劳汉堡等畅销商品，都曾受到美国消费者组织及环境保护组织的指责。

菲利普·科特勒认为，可用"社会市场营销观念"来解释，这一提法现在已经为多数人所接受。这种观念认为不仅要满足消费者的需要和欲望并由此获得企业利润，而且要符合消费者自身和整个社会的长远利益，要正确处理消费者欲望、企业利润和社会整体利益之间的矛盾，统筹兼顾，以达到三者之间的平衡与协调。

经典案例：一枚金牌，一所希望小学

举世瞩目的北京奥运会序幕当天，北京奥运会家电主赞助商海尔正式启动"一块金牌　一所希望小学"爱心计划。

在本届奥运会上，中国运动员每获得一块金牌，海尔集团即捐建一所希望小学，并以奥运冠军的名字命名。

2007年起，海尔携手中央电视台开展了"海尔奥运城市行活动"，通过举办具有当地特色的奥运主题活动，选拔出"生活奥运冠军"。同时，海尔捐赠300万元建立"海尔奥运希望工程"基金，陆续走进全国30所希望小学，并为每所希望小学建立了"海尔奥运电子图书馆"。

今年4月，海尔在全国40多个城市启动了"海尔金牌奥运家庭总动员"活动，为民众搭建起一个体验奥运的平台。第25届巴塞罗那奥运会女子100米蝶泳冠军钱红一家成为该项活动的首个金牌奥运家庭。

在河南市场，海尔河南分公司传承了海尔集团践行"企业公民"的良好传统，2006年，海尔联合河南各大经销商发起"人人献爱心　共筑学子情"爱心助学活动，共募集20万元捐助100名高校特困生。2007年，河南海尔推出"奥运成就梦想　海尔放飞希望"活动，为河南希望工程募集近10万元善款。

谈及海尔推出"一块金牌 一所希望小学"计划的目的，海尔集团奥运发言人张铁燕说："让奥运走近希望小学的孩子们，是海尔深化和传播奥运精神的一个重要举措。奥运是个全民参与的盛会，我们不能也不应该忽视弱势群体。"

资料来源：王席乐《海尔启动"一块金牌 一所希望小学"计划》（河南商报，2008-08-08，有删改）

讨论：

（1）海尔的"奥运金牌希望计划"体现了哪一种营销观念？

（2）在这项计划中，海尔是如何处理有关各方利益的？

（3）海尔"奥运金牌希望计划"的社会意义是什么？

六、现代市场营销理念与形式的新发展

1. 营销组合内容的发展

1960年美国市场营销学家麦卡锡（Jerome McCarthy）提出单一营销要素不能达到营销的目标，必须进行营销的组合，即产品（Product）、价格（Price）、地点（Place）、促销（Promotion）的组合。因四个词的大写英文首字母均为P，故又称4P组合。

在此基础上衍生出4C与5R。4C是指消费者（消费者的需要和欲望）、成本（消费者获得满足的成本，或是消费者满足自己的需要和欲望所愿付出的成本价格）、便利（购买的方便性）、沟通（与顾客沟通）。

5R是指关联（Relevance，与消费者建立关联）、接受度（Receptivity，注重消费者感受）、响应（Responsive，提高市场反应速度）、关系（Relationship，关系营销越来越重要）、资深（Recognition，补偿回报是营销的源泉）。5R较4C更突出消费者的核心地位，营销的核心从交易走向关系。

2. 整合营销

将一个企业的各种传播方式加以综合集成，包括一般的广告、与客户的直接沟通、促销和公关等，对分散的传播信息进行无缝接合，从而使得企业及其产品和服务的总体传播效果达到明确、连续、一致和提升。

3. 数据库营销

数据库营销是指以特定的方式在网络上或者实体收集消费者的消费行为资讯和厂商的销售资讯，并将这些资讯以固定格式累积在数据库中，在适当的行销时机，以此数据库进行统计分析的行销行为。

4. 网络营销

网络营销是企业整体营销战略的一个组成部分，是为实现企业总体经营目标而进行的、以互联网为基本手段营造网上经营环境的各种活动。网络营销的职能包括网站推广、网络品牌、信息发布、在线调研、消费者关系、消费者服务、销售渠道和销售促进八个方面。

5. 绿色营销

绿色营销是指以促进可持续发展为目的，实现经济利益、消费者需求和环境利益

的统一，并根据科学性和规范性的原则，通过有目的、有计划地开发及同其他市场主体交换产品价值来满足市场需求的一种管理过程。

6. 体验营销

体验营销是指企业从感官、情感、思考、行动和关联诸多方面设计营销理念，以产品或服务为道具，激发并满足消费者的体验需求，从而达到企业目标的营销模式。

7. 口碑营销

口碑营销是把口碑的概念应用于营销领域的过程，即吸引消费者、媒体和大众的注意，使他们主动谈论品牌、公司和产品，让人们通过口碑了解公司及产品，树立品牌形象，加强市场认知度。口碑营销具有自发性和主动性，可为媒体提供宣传报道的价值，从而形成良好的品牌宣传效果。具体来讲，口碑营销就是由个人或者群体发起并进行的，关于某一特定产品、服务、品牌或组织的一种双向的信息沟通行为。

8. 文化营销

文化营销是指在企业营销活动中有意识地通过发现、培养或创造某种核心价值观念，并且针对企业面临的目标市场的文化环境采取一系列的文化适应和沟通策略，以实现企业经营目标的一种营销方式。文化营销可以从三个层次进行推进和展开：产品层次、品牌文化层次和企业文化层次。

9. 关系营销

在很多情况下，企业并不能寻求即时的交易，所以他们会选择与长期供应商建立客户关系。企业想要展现给客户的是卓越的服务能力，而客户多是大型且全球性的，他们是偏向于可以提供不同地区配套产品或服务的供应商，可以快速解决各地的问题。当客户关系管理计划被执行时，企业就必须同时注重客户和产品的管理。同时，企业必须明白，虽然关系行销很重要，但并不是在任何情况下都有效。因此，企业必须评估哪一个部门与哪一种特定的客户采用关系行销最有利。

10. 直复营销

直复营销是指通过一种或多种广告媒体，在任何地方都能有效地作出回复或达成交易的，互动的营销体系。与传统营销方式相比，直复营销具有互动性、可衡量性和地域广泛性的特点。

11. 服务营销

企业在充分掌握消费者需求的条件下，为充分满足消费者需求的过程中所采取的一系列活动。服务营销丰富了市场营销理论，通过服务满足消费者的需求，全面体现市场营销的本质；服务营销有利于增加产品的附加价值，提升企业的竞争力，企业之间的竞争从传统的价格、品质的竞争转向了附加产品或服务的竞争；企业注重并满足消费者的服务需求，以此赢得消费者的信赖，从而巩固企业的市场地位，保证企业在市场竞争中立于不败之地；服务营销有利于提高企业的综合素质，树立良好的企业形象，提升企业的经营管理水平。

12. 跨界营销

跨界营销是指根据不同行业、不同产品、不同偏好的消费者之间所拥有的共性和

学习笔记

联系，把一些原本毫不相干的元素进行融合、互相渗透，进行彼此品牌影响力的互相覆盖，并赢得目标消费者的好感。跨界营销成功的基础是跨界伙伴、契合点和系统化推广。

综合案例：长沙的网红品牌

从茶颜悦色到文和友，再到大受资本青睐的中式新糕点，新消费的火热在长沙这座不夜城汹涌不止。

有网友表示，来到长沙，人们刚下飞机便迫不及待地奔向臭豆腐、茶颜悦色、糖油粑粑和猪油拌粉的怀抱里，以至于大排长队完全不在话下，反倒是所谓的景点打卡不过只是茶余饭后的随便逛逛。排队、吃、排下一个队、继续吃、一边排队一边吃，这就是外地朋友来到长沙的真实写照。

企查查数据显示，2021年1到7月，长沙共有7个新消费项目获得12次融资。2021年长沙披露的新消费项目融资金额高达236.51亿元。毫无疑问，长沙成了新消费品牌的融资圣地。

以茶饮品牌柠季为例，成立仅半年，开出150家店，今年7月拿到字节跳动的数千万元融资。墨茉点心局成立于2020年6月，一年间获得了4笔融资。虎头局渣打饼行，2019年开出首店，今年7月完成了近5000万美元的A轮融资，红杉资本两次入局。

墨茉点心局和虎头局渣打饼行是最近的大热门，二者都选择了国潮风。这两个品牌风格类似，网友说傻傻分不清，二者海报风格近似，主营的产品还都是点心。

茶颜悦色的设计是国风，Logo是眼波似水的古代仕女，店内装潢也以传统中式元素居多。另一种创意风格是传统市井，以文和友为代表。文和友主打文化空间的概念，在城市里建立起一个复古的市井小巷，引各路商家入驻。

而这些"长沙系"网红品牌之间，也通过各种形式互帮互助，一起更红。三顿半和茶颜悦色合开实体店，在来杯米饮消费送墨茉点心局的兑换券，而茶颜悦色第一笔投资就给了长沙本土水果茶品牌果呀呀。

线上的话题、口碑和流量，加线下的门店大举布局，造就了长沙网红品牌如雨后春笋一般迅速成长壮大。据报道，茶颜悦色、柠季、盛香亭、零食很忙等品牌，在长沙都拥有上百家门店，果呀呀、墨茉点心局等品牌也在长沙开了数十家门店。

根据贝壳研究院发布的《2021新一线城市居住报告》，长沙是居住负担最小的新一线城市。长沙的人均收入水平也处于全国中上游，但是，长沙的房价是全国发达省会城市中最低的，租房和买房的负担和全国其他城市相比都比较低。

所以，长沙人在吃喝玩乐这件事情上相对而言更加"财务自由"。

长沙的年轻人多且热衷于消费，而且和其他城市相比，长沙拥有一个与众不同的不眠城基因。很多城市是12小时消费，但长沙是24小时消费。

入了夜的长沙，按摩、夜宵、酒吧、剧场、喝茶、打牌，橘子洲头还有烟花看。有网友表示，"我有朋友基本从下班开始就泡在酒吧里。"

瞭望智库联合腾讯共同编写的《中国城市夜经济影响力报告（2020）》显示，长沙市位列夜经济影响力第三，仅次于重庆和成都。相关数据还显示，近年来，长沙夜消费人数年增幅高达49%以上，业态丰富也为长沙的夜经济保证了源源不断的消费人群。

何为网红品牌，笔者以为需要有两个基本特点：流量和销量。有流量就意味着一定有销量吗？并不一定。

所谓的流量，在线上渠道，目标人群愿意打卡、愿意推荐和分享，并且愿意参与品牌所发起的一些活动，从而形成具有广泛话题性质和传播势能的高超口碑。

而销量则在于以极致的产品所带来的连续性的稳定交易。良好的销量会进一步提升口碑的传播范围，促进流量的增加，从而在流量和销量之间形成正向的循环。

资料来源：《长沙的网红品牌有多"野"？》（联商网，2021 - 08 - 24，有删改）。

讨论：

（1）如果说喝茶颜悦色，喝的不是奶茶，是文化；吃文和友，吃的不是小吃，是文化。你认同吗？为什么？

（2）当前茶颜悦色采用的是何种营销观念？

（3）结合生活实践谈谈你熟悉的奶茶品牌或者餐馆开展了什么样的营销创新活动。

点评：中华传统文化博大精深。茶颜悦色、文和友等品牌都是将中国传统文化元素融入现代品牌，用现代营销手段拓展市场，对激发消费者购买欲望、促成购买行为有事半功倍之效。同时，不论是何种品牌，营销一定要注意诚信，不能虚假宣传。

课后实践

一、实践内容

请以小组为单位，了解服饰市场商家的营销观念。

二、实践步骤

（1）走进服饰市场。分别挑选3~5家女装、男装、童装等不同类别商家。

（2）观察各个商家的陈列特色，与店主进行交流，列出销量、质量等相关指标，让其进行排名，从而推导其营销观念。

（3）每组写一篇心得体会。

三、评价

由任课教师点评每组心得体会，并由学生互评得分和教师评分共同计算出本次实践的最终成绩。

1.3　市场调研

学习目标

知识目标：了解市场调查的方式与方法；理解市场调查的含义和作用；掌握市场调查问卷的设计要领，掌握市场调查计划和市场调查报告的撰写方法。

技能目标：能进行小组合作制订简单的市场调查计划、撰写市场调查报告，能利用网络问卷平台设计调查问卷。

素养目标：树立"没有调查就没有发言权"的思想观念，培养认真细致的工作态度和实事求是的调查研究作风。

重点难点

学习重点：市场调查的含义、市场调查计划的制订、市场调查问卷的设计和市场调查报告的撰写。

学习难点：市场调查的方式和方法。

课前活动一

一、活动主题

《调查数据多与少》小辩论。

二、活动步骤

（1）以小组为单位，分成正反两方。

（2）以调查数据是否越多越好为辩题，抽签决定正反方辩手。

（3）各位辩手自行阅读本章案例，并通过图书馆、互联网等渠道收集相关信息，为辩论做准备。

（4）开展辩论。

（5）辩论结束后总结双方观点，调查数据多与少分别有什么影响，如何正确看待调查数据的多少。

（6）准备课前简要陈述本组观点。

三、活动评价

（1）学生投票决定最佳表现奖2人。

（2）教师根据投票给小组成员加分。

课前活动二

讨论：党政机关的社会调研和企业的市场调研有何区别？

提示：目标、方式、方法、方向的区别。

中共中央办公厅印发《关于在全党大兴调查研究的工作方案》

课前预习

新鲜案例：阿迪达斯营销失败

在德国《商报》这一次的采访中，记者问起"会不会担心在中国的品牌实力受损"，阿迪达斯CEO罗思德表示不担心，他举了两个例子，一是阿迪达斯在中国还有1.2万多家门店，另一个就是"中国人在电视上看美国NBA和欧洲足球比赛，他们总会遇到阿迪达斯"。

不知道罗思德是不是随口一说并不走心，如果是认真的，那的确暴露了他对中国市场缺乏了解。

当下，中国国内运动品牌都在尝试全新的营销方式，通过各种社群的形式精准投放，增加用户黏性，而阿迪达斯仍将注意力主要放在签约代言人和拍广告上。

"阿迪达斯并非不在乎这些明星对品牌形象的影响，但他们更在乎背后的粉丝购买力。"前述阿迪达斯前高管表示。

但是，并不是所有代言人都是适合的。刘珊举例，有两个同为"80后"小花的代言人，一个人穿什么市面上都会火，另一个却"有没有她代言都一样"。她提到有些三叶草代言人的粉丝年龄偏小，以学生为主，超过800元的单品，粉丝很难买账。

2021年3月后，大中华区的代言人纷纷解约，让原本就过度倚重这些代言人的阿迪达斯遭受了重大的损失。

在投放的广告内容中，阿迪达斯也显现出对中国消费者不够了解的问题。

"如果你仔细去看阿迪近两年的一些物料，所谓的海报、视频，你会发现他一味地强调热闹、色彩，但是他们的标语，包括所谓的产品利益点，并没有击中中国的消费者。"李杰表示。

现在阿迪达斯也在尝试用年轻人的方式与消费者交流，例如近日在三里屯举办了"最强跑鞋的荣光"ULTRABOOST主题展览会吸引了众多消费者参与。"阿迪达斯的影响力和号召力依然存在，退一万步说，中国市场存在的问题不会动摇其根基，"李杰表示，"或许阿迪还需要重拾一些态度，还需要拿出一点诚意。"

资料来源：辛晓彤《阿迪达斯在中国市场错在哪？》(财经，2022-08-24，有删改)。

讨论：

(1) 导致阿迪达斯"对中国市场缺乏了解"的原因是什么？

(2) 谈谈信息和市场调查在市场营销活动中有何作用。

学习笔记

课中学习

市场调研对营销工作的重要性是不可忽视的，只要企业合理地开展市场调研，就能更好地了解市场和消费者，从而提高企业的各项工作水平，在竞争激烈的市场中找到更好的生存和发展方式。

一、市场调研的含义

市场调研是指运用科学的方法系统地、客观地辨别、收集、分析和传递有关市场各方面的信息，为企业有效的市场营销决策提供重要的依据的过程。

经典案例：新可口可乐的失败

在经历了 99 年的风风雨雨之后，为了适应消费者对甜味更加偏好的变化，可口可乐公司决定放弃原来的配方，推出一种名为"新可口可乐"的产品。

不久，戈伊朱埃塔召开了一次全体经理人员大会，他宣布，对公司来说，没有什么是神圣不可侵犯的，改革已迫在眉睫，人们必须接受它。

公司开始将注意力转移到调查研究产品本身的问题上来，证据日益明显地表明，味道是导致可口可乐衰落的唯一重要的因素。也许原来的秘密配方要被淘汰了，在这种情况下，公司开始实施堪萨斯计划。

在堪萨斯计划的指导下，1982 年公司在 10 个主要市场进行了大约 2 000 次的访问，以调查消费者接受一种不同的可口可乐的意愿状况。

在调查中，调查人员先向人们展示一些故事卡片——一种模拟的、连环漫画式的商业广告，然后让人们回答一系列问题，如一张故事卡上说可口可乐中增加了新成分，味道变得更甜美，而另一张则说它与百事可乐没有什么两样。然后询问消费者对这种观念变化的反应，如"您会感到难过吗"或"你愿意尝一尝新可口可乐吗"等。调查人员从回答中估计，有 10% ~ 12% 的可口可乐饮用者将会感到难过，他们中的半数将克服这一难关，但另一半人则不愿意。

在调查访问表明试用新可口可乐的意愿的同时，另外一些测试却提供了一些相反情况，大小不同的消费者团体分别表明了强烈的赞成和不赞成的情绪。但技术部门却坚持开发一种新的、令人愉快的口味。

到 1984 年 9 月，他们认为这一切都已经做到了。由于全部使用了比蔗糖更甜的玉米糖浆，因此它成为一种泡沫更少、更甜且带有柔和的刺激味的新饮料。公司立即对它进行了无标记味道测试，即在这种测试方法中，消费者没有被告知他们喝的饮料的品牌。这些试验的结果极大地鼓舞了研发者。新味道的可乐大大地击败了百事可乐，而在以前的这种无标记测试中，百事可乐总是胜过了可口可乐。

因此，调查研究人员估计，新配方的可乐可使其市场占有率提高 1 个百分点，这意味着可增加 2 亿美元销售额。调查研究的结果似乎表明，支持新配方是不容置疑的了。

1.5 亿人试用了新可口可乐，这也超过了以往任何一种新产品的试用记录，大多数的评论持赞同态度，瓶装商的需求量达到5年来的最高点。

5月30日以前，53%的消费者说他们喜欢新可乐；到了6月，这种情况开始改变了，被调查的半数以上的人说他们不喜欢新可乐；到了7月，在每周固定的调查中，只有3%的人说他们喜欢新可乐。决策的正确性看来是无可怀疑了，但这一切都是昙花一现。

在不到3个月的时间内，公众的压力就迫使公司不得不承认它犯了一个错误，进而不得不在传统的可口可乐的品牌下，恢复了老可口可乐的生产。此时是1985年7月11日。

新可乐计划的失误，按照一致的意见，那些作为这一决策先导的市场营销人员成了最合适的替罪羊。

调查设计中一些缺陷是在当时就应该引起关注的。被调查者没有被告知，一旦他们选定了一种，即会失去另一种，这导致了一个极大的误解：对那些忠诚的可口可乐饮用者来说，产品大类中的任何增加，要远比一个完全的替代品更容易接受，因为后者意味着那种传统产品的消失！

同时，可口可乐忽略了广大消费者的从众本能，可口可乐的这个例子也证实了人类所具有的一种自然现象——从众的本能，即人们倾向于"赶浪头"，倾向于跟在一种思想、一个口号、一种观念的后面跑。这种潮流是不是能够或应该被预见到呢？也许不能，至少对这种运动的强烈程度来说是如此！可口可乐公司预料到会出现一些抱怨，只是应该更谨慎一些，应该在考虑那种成功的可能以外，更多地考虑一下出现最糟糕情况的可能性，并时刻准备对付任何意外事故，以防万一。

资料来源：《可口可乐市场调查失败的原因》（CSDN，2020-12-21，有删改）。

讨论：

（1）市场调查在市场营销活动中起什么作用？

（2）新可口可乐为什么会失败？

（3）新可口可乐的市场调查有何值得肯定和改进之处？

（4）企业在市场调查中容易走进哪些误区？如何避免？

课内活动

自由发言：调查数据是否越多越好？调查数据是否完全可信？

二、市场调查的方式

1. 全面市场调查

全面市场调查也称市场普查，它是对市场调查对象总体的全部单位无一例外地逐个进行调查，目的是取得总体基本特征资料。它的特点包括：准确性和标准化程度比较高，适合于了解市场一些至关重要的基本情况，了解调查总体，费用较高。

2. 典型市场调查

典型市场调查是在对市场现象总体进行分析的基础上，从市场调查对象中选择具有代表性的部分单位作为典型，进行深入、系统的调查，并通过对典型单位的调查结果来认识同类市场现象的本质及规律性。它的特点有：节省人力、物力、财力和时间；调查内容可以做到深入、全面、细致地研究市场现象的本质和规律性；选择调查单位具有主观性；调查结论适用范围具有局限性；难以对市场现象总体进行定量研究。

3. 重点市场调查

重点市场调查是从市场调查对象总体中选择少数重点单位进行调查，并用对重点单位的调查结果反映市场总体的基本情况。它的特点是可将其调查结果看作总体的基本情况；在人、财、物和时间上都比较节省；有特定的适用对象。

4. 抽样市场调查

抽样市场调查是按照一定方式，从调查总体中抽取部分样本进行调查，用所得的结果说明总体情况的调查方法。抽样调查是现代市场调查中的重要组织形式，是目前国际上公认和普遍采用的、科学的调查手段。抽样调查可以节约人力、物力和财力，具有较强的时效性，其结果也具有较强的准确性，可使资料搜集的深度和广度都大大提高。但它也存在着某些局限性，通常只能提供总体的一般资料，而缺少详细的分类资料，在一定程度上难以满足对市场经济活动分析的需要。此外，当抽样数量不足时，将会影响调查结果的准确性。

经典案例：宝洁"润妍"退市

2005年下半年宝洁的沐浴露产品——"激爽"的退市，不仅让人联想起三年前宝洁的洗发水产品——"润妍"的退市。

润妍是宝洁旗下唯一针对中国市场原创的洗发水品牌，也是宝洁利用中国本土植物资源的唯一的系列产品。曾几何时，润妍被宝洁寄予厚望，认为它是宝洁全新的增长点；曾几何时，无数业内外人士对它的广告与形象赞不绝口；曾几何时我们以为又到了黑发飘飘的春天……但2002年的时候润妍已经全面停产，退出市场，润妍怎么了？

下面来具体介绍宝洁在润妍上市前做了哪些市场调查工作。

1. "蛔虫"调查——零距离贴身观察消费者

一个称为"贴身计划"的商业摸底市场调查静悄悄地铺开。包括时任润妍品牌经理黄长青在内的十几个人分头到北京、大连、杭州、上海、广州等地选择符合条件的目标消费者，和他们48小时一起生活，进行"蛔虫"式调查。从被访者早上穿着睡衣睡眼蒙眬地走到洗手间，开始洗脸梳头，到晚上洗发卸妆，女士们生活起居、饮食、化妆、洗护发习惯尽收眼底。黄长青甚至会细心揣摩被访者的性格和内心世界。在调查中，宝洁发现消费者认为滋润又具有生命力的黑发最美。

宝洁公司专门做过相关的调查试验，发现使用不含润发露的洗发水，头发的断裂指数为1，含润发露的洗发水的断裂指数为0.3，而使用洗发水后再独立使用专门的润发露，断裂指数就降低到0.1。

中国市场调查表明，即使在北京、上海等大城市也只有14%左右的消费者会在使用洗发水后单独使用专门的润发产品，全国平均还不到10%。而在欧美国家发达市场，约80%的消费者都会在使用洗发水后单独使用专门的润发产品。这说明国内大多数消费者还没有认识到专门润发步骤的必要性。因此，宝洁推出润妍一方面是借黑发概念打造属于自己的一个新品牌，另外就是把润发概念迅速普及。

2. 使用测试——根据消费者意见改进产品

根据消费者的普遍需求，宝洁的日本技术中心随即研制出了冲洗型和免洗型两款润妍润发产品。产品研制出来后并没有马上投放市场，而是继续请消费者做使用测试，并根据消费者的要求，再进行产品改进。

3. 包装调查——设立模拟货架进行商店试销

宝洁公司专门设立了模拟货架，将自己的产品与不同品牌特别是竞争品牌的洗发水和润发露放在一起，反复请消费者观看，然后调查消费者究竟记住和喜欢什么包装，忘记和讨厌什么包装，并据此做进一步的调查与改进。

4. 广告调查——让消费者选择他们最喜欢的创意

电视广告——宝洁公司先请专业的广告公司拍摄一组长达6分钟的系列广告，再组织消费者来观看，请消费者选择他们认为最好的3组画面，最后，概括绝大多数消费者的意思，将神秘女性、头发芭蕾等画面进行再组合，成为润妍的宣传广告。广告创意采用一个具有东方风韵的黑发少女来演绎东方黑发的魅力，飘扬的黑发和少女明眸将"尽洗铅华，崇尚自然真我的东方纯美"表现得淋漓尽致。广告片的音乐组合也颇具匠心，现代的旋律配以中国传统的乐器如古筝、琵琶等，进一步呼应润妍产品现代东方美的定位。

5. 网络调查——及时反馈消费者心理

具体来说，利用电脑的技术特点，加强润妍Logo的视觉冲击力，通过Flash技术使飘扬的绿叶（润妍的标志）在用户使用网站栏目时随之在画面上闪动。通过润妍品牌图标链接，大大增加润妍品牌与消费者的互动机会。网站上建立紧扣"东方美""自然"和"护理秀发"等主题的内页，加深润妍品牌联想度。通过实时反馈技术，这样就可以知道消费者最喜欢什么颜色、什么主题等。

6. 区域试销——谨慎迈出第一步

润妍的第一款新产品是在杭州面市，是在这个商家必争之地开始进行区域范围内的试销调查。其实，润妍在选择第一个试销的地区时费尽心思。

7. 委托调查——全方位收集信息

此外，上市后，宝洁还委托第三方专业调查公司做市场占有率调查，通过问卷调查、消费者座谈会、消费者一对一访问或者经常到商店里看消费者的购物习惯，全方位搜集消费者及经销商的反馈。

资料来源：《宝洁市场调查成败的案例》（人大经济论坛，2009 - 12 - 15，有删改）。

讨论：

（1）宝洁公司为润妍上市所做的市场调查运用了哪些调查方式和方法？

（2）这些调查方式和方法分别起到了什么样的作用？

三、市场调查的方法

1. 文案调查法

文案调查法又称直接调查法，是利用企业内部和外部的、现有的各种信息和情报资料，对调查内容进行分析研究的一种调查方法。

2. 观察调查法

观察调查法是调查员凭借自己的感官和各种记录工具，深入调查现场，在调查对象未察觉的情况下，直接观察和记录被调查者行为，进行市场信息收集的一种方法。

3. 试验调查法

试验调查法是指市场调研者有目的、有意识地改变一个或几个影响因素，来观察市场现象在这些因素影响下的变动情况，以认识市场现象的本质特征和发展规律。

4. 访问调查法

访问调查法又称询问调查法，就是调查人员采用访谈、询问的方式向调查对象了解市场情况的一种方法，它是市场调查中最常用、最基本的调查方法。根据与调查对象接触的方式不同，可分为面谈访问法、电话调查法、邮寄调查法、网络调查法、留置问卷调查和日记调查（固定样本连续调查）等。

四、市场调查在营销工作中的作用

1. 了解消费者需求

通过市场调查，企业可以深入了解消费者的需求、偏好和行为习惯，从而针对性地开发和推广产品或服务。

2. 发现市场机会

市场调查能够发现潜在的市场机会和竞争对手状况，帮助企业抢占市场先机，提高市场份额。

3. 优化产品设计

通过市场调查，企业可以收集到消费者的意见和反馈，了解他们对于产品品质、功能和价格等方面的要求，进而进行产品设计和改进。

4. 制订营销策略

市场调查可以为企业制订更加有效的营销策略，包括广告传媒、渠道分销和促销活动等，以提高销售和品牌影响力。

5. 确定品牌形象

市场调查也可以帮助企业确定自身的品牌形象和市场定位，进而打造具有竞争力的品牌形象，提高品牌价值和忠诚度。

五、撰写市场调查计划

市场调查计划的结构和内容是随具体情况而变化的，不过一般都包括下面几个方面的内容。

1. 摘要

摘要是整个报告书的一个简短小结。由于有关重要人物可能只读这一部分，因此摘要既要简明清晰，又要能提供帮助理解报告基本内容的充分信息。

2. 调查目的

说明提出该项目的背景、要研究的问题和备选的各种可能决策，以及该调查结果可能带来的社会效益或经济效益，或是在理论研究方面的重大意义。

3. 调查内容和范围

说明调查的主要内容、规定所需获取的信息、列出主要的调查问答题和有关的理论假设，以及明确调查的范围和对象。

4. 调查方式与方法

用简洁的文字表达调研方式，说明所采用的研究方法的重要特征，与其他方法相比具有的长处和局限性；将要采取的抽样方案的主要内容和步骤；样本量的大小和可能达到的精度；采取什么质量控制的方法；数据收集的方法和调查的方式；问卷的形式及设计方面的有关考虑，数据处理和分析的方法等。细节可写在附录中。

5. 调查进度和经费预算

详细列出完成每一步骤所需的天数及起始中止时间。计划要稍稍留有余地，但也不能把时间拖得太长。详细列出每一项所需的费用，通过认真地估算，实事求是地给出每项的预算和总预算。

6. 附录

（1）调查项目负责人及主要参加者的名单。说明每人的专业特长及在该项目中的主要分工。项目组成员的水平和经历对获得项目的批准有时是非常重要的。

（2）抽样方案的技术说明及细节说明。

（3）问卷设计中的有关技术说明。

（4）数据处理方法、所用软件等方面的说明。

实战案例：株洲方便面市场调查计划

了解株洲消费者的购买习惯、购买动机、对品牌的重视程度，以及方便面市场的基本情况，获得株洲方便面市场的一手资料，为统一方便面产品开拓株洲市场、树立统一产品品牌形象制订营销策略。

一、调查目的

（1）以消费者为对象，了解消费者在方便面方面的购买动机。

（2）了解目标消费者的媒体接触情况及习惯，了解本产品广告的媒体选择与广告形式的效果。

（3）分析不同地域中的销售良机与潜在性。

（4）进行产品市场开拓分析。

（5）了解竞争产品的市场占有情况及基本营销策略。

（6）通过市场调查确定营销模式。

（7）结合市场调查在被调查地开展一次规模适当的促销活动和品牌推广活动。

二、调查内容和范围

（1）了解消费者经常购买的品牌。

（2）了解消费者购买频率。

（3）了解消费者对品牌的认知情况。

（4）了解哪些因素影响消费者的购买情况。

（5）了解消费者的消费价格段。

（6）了解消费者一般倾向于在何种场合购买。

（7）了解消费者对送货上门是否有兴趣。

三、调查对象

（1）调查区域：株洲市三塘区、芦柏区、合封区和天府区。

（2）调查对象：消费者。

（3）调查数量：每个区 500 份，总计 2 000 份。

（4）消费者样本要求：

①消费者家庭成员中没有人在市场调查公司或广告公司工作。

②消费者没有在最近半年中接受过类似产品的市场调查测试。

③消费者所学专业不能为市场营销、调查或广告类。

四、调查方式

采用抽样调查方式。抽样调查可以节约人力、物力和财力，具有较强的时效性，其结果也具有较高的准确性，可使资料收集的深度和广度大为提高。

为了准确、快速地得出调查结果，此次调查决定采用分层随机抽样：将总消费者按年龄特征分成 3 层，然后在每层中随机抽取样本单位。通过划类分层，增大了各类型中单位间的共同性，容易抽出具有代表性的调查样本。当然，这样也许会产生代表性误差，我们可以通过抽样设计、计算，并采用一系列科学的方法，把代表性误差控制在允许的范围之内。在所有愿意参与此次调查的消费者中，采用科学的方法抽取 2 000 份样本。

五、调查方法

调查方法主要是对消费者进行问卷调查，下面是具体实施方法。

在完成市场调查问卷的设计、制作，以及对调查员进行培训等相关工作后，就可以开展具体的问卷调查了。把调查问卷平均分发给各调查人员，统一选择中餐或晚餐后这段时间开始进行调查，说明来意，并特别声明在调查结束后将赠送给被调查者统一方便面优惠装一份，以吸引被调查者的积极参与、得到正确有效的调查结果。调查过程中，调查员应耐心等待，切不可催促。本调查问卷不记姓名，但一定记得要求其在调查问卷上写明性别、电话号码、家庭住址，以便后续进行问卷复核。调查员可以在当时收回问卷。

调查问卷采取由被调查者自行填写、调查员监督的方式。

六、调查日程及人员安排

在确认调查项目后，有计划地安排调研工作的各项日程，用以规范和保证调查工作的顺利实施。按调查的实施程序，可分7个小项来对时间进行具体安排（见表1-1）。

表1-1 调查安排

工作事项	工作时长	时间	负责人
调查方案、问卷的设计	1个工作日	11月13日	小A
调查方案、问卷的修改、确认	1个工作日	11月13日	小B
资料、用具准备	1个工作日	11月13日	小C
实地调查（荷塘区）（芦淞区）	2个工作日	11月14—15日	小A
实地调查（石峰区）（天元区）	2个工作日	11月14—15日	小B
数据预处理	1个工作日	11月16日	小D
数据统计分析	1个工作日	11月16日	小B
调研报告撰写、论证	1个工作日	11月16日	小A

七、调查费用

交通费42元，问卷打印160元，总计202元。

讨论：你认为这个调查计划是否完整？有哪些地方值得肯定，有哪些地方需要改进？

六、设计调查问卷

1. 问卷的构成

（1）前言。主要说明调查的主题、调查的目的、调查的意义，以及对调查对象的感谢。

（2）正文。这是调查问卷的主体部分，一般设计若干问题要求调查对象回答。

（3）附录。这一部分可以将调查对象的有关情况加以登记，为进一步的统计分析收集资料。

2. 调查问卷提问的方式

调查问卷提问的方式包括封闭式提问和开放式提问。

3. 问卷设计的原则

（1）相关原则——在调查问卷中，除了少数几个提供背景的题目，其余题目必须与研究主题直接相关。

（2）简洁原则——调查问卷中的每个问题都应力求简洁不繁杂、具体不含糊，尽量使用简短的句子，每个题目只涉及一个问题，不能兼问。违反这一原则的例子如："你是否赞成加强高中的学术性课程和教师的竞争上岗制度？"

（3）礼貌原则——调查问卷应尽量避免涉及个人隐私的问题。

（4）方便原则——调查问卷的题目应该尽量方便调查对象回答。

（5）定量准确原则——调查问卷要注意收集数据的准确性与数据的及时更新，保证数据的准确性。

（6）选项穷尽原则——调查问卷提供的选择答案应在逻辑上是排他的，在可能性上又是穷尽的。

（7）拒绝术语原则——调查问卷应避免大量使用技术性较强的、模糊的术语及行话。

（8）适合身份原则——在调查问卷中，题目的语言风格和用语应该与调查对象的身份相称。

（9）非导向性原则——在调查问卷中，提出的问题应该避免隐含某种假设或期望的结果，避免题目中体现出某种思维定式的导向，例如："作为教师，您认为素质教育能够更好地促进学生的健康成长吗？"

实战案例：株洲方便面市场的调查问卷

非常感谢您参与这次方便面市场调查活动。本次调查严格遵照《中华人民共和国统计法》，坚持匿名性和保密性原则，不会对您产生不利的影响，请您根据以下填写说明对问卷进行认真填答，真诚地感谢您的填答！

填写说明：填写形式除特殊标明为多选外，其余一律为单项选择题。

1. 您的性别：

A. 男　　　　　　　　B. 女

2. 您的年龄段：

A. 20 岁及以下　　　B. 21～30 岁　　　C. 31～40 岁　　　D. 40 岁以上

3. 您平均每星期吃方便面的频率：

A. 0 次　　　　　　B. 1～2 次　　　C. 2～3 次　　　D. 3 次以上

4. 您经常购买方便面的地点（最多三项）：

A. 超市　　　　　　　　　　　B. 社区附近杂货店

C. 便利店　　　　　　　　　　D. 小卖部

E. 其他

5. 您能接受的价格是：

A. 1 元以下　　　B. 1～2 元　　　C. 2～3 元　　　D. 3 元以上

6. 您经常购买哪种包装的方便面？

A. 碗装　　　　　　B. 袋装　　　C. 杯装　　　D. 促销装

7. 您偏向于哪种口味的方便面？

A. 红烧牛肉味　　B. 麻辣口味　　C. 海鲜口味　　D. 大骨熬汤味

E. 其他

8. 您一般习惯于食用哪个品牌的方便面？

（选择统一就接着做第 9 题，选择其他就直接做第 10 题）

A. 康师傅　　　B. 统一　　　C. 白象　　　D. 今麦郎

E. 福满多　　　F. 好劲道　　　G. 辛辣面　　　H. 其他

9. 您选择统一品牌的原因是（最多选三项）：

A. 口味好　　　　　B. 价格实惠　　　　　C. 分量　　　　　D. 品牌知名度

E. 包装　　　　　F. 售货员推荐

10. 您认为统一方便面存在什么样的缺点？（接着做 16 题）

11. 目前市场上的统一方便面您喜欢什么口味（最多两项）？

A. 泡椒牛肉　　　　B. 红椒牛肉　　　　C. 葱爆牛肉　　　　D. 香菇炖鸡

E. 浓香排骨　　　　F. 辣酱风味　　　　G. 其他

12. 您觉得统一方便面的包装怎么样？

A. 产品图案丰富　　B. 颜色鲜艳　　　　C. 简单明了

13. 您会介意统一方便面因制作精良而导致价格上涨吗？

A. 不介意，只要好吃　　　　　　　　B. 介意，不会买

C. 无所谓，口味好还会买　　　　　　D. 看情况

14. 如果统一推出一款新产品，您会愿意购买吗？

A. 愿意　　　　　　B. 不愿意　　　　　C. 看情况

15. 您对目前株洲市场上统一方便面不满意的地方是：

A. 分量少　　　　　B. 价格高　　　　　C. 口味没有特色　　D. 不够辣

E. 其他

16. 对于现在株洲市场上的统一方便面，您有什么建议和意见？（可填写多项）

再次感谢您的认真填答！非常感谢您在百忙之中给予我们的支持！

讨论：你认为这份调查问卷是否完整？有哪些地方值得肯定，哪些地方需要改进？

七、撰写市场调查报告

市场调查报告是根据市场调查研究活动和调查成果而写出的有情况、有分析的书面报告，是对调查工作的总结，也是向使用者作出的汇报。

（1）题页：报告主题、委托客户单位名称、市场调查的单位名称和报告日期。

（2）目录表。

（3）调查结果和有关建议的概要。这是整个报告的核心。

（4）正文（主体部分）：调查方法、调查设计与组织实施、调查对象构成情况简介、调查的主要统计结果简介、综合分析、数据资料汇总表等。

（5）结论和建议。

（6）附件。

实战案例：株洲方便面市场调查报告

我们对株洲市内的家乐福超市、新一佳超市、家润多超市、步步高超市等大型卖场及 40 余家中小店进行调查访问，对消费者行为进行问卷调查，随机抽取有代表性的消费者开展座谈，并根据我们自己在统一企业为期两个多月的兼职经验，获取并掌握了大量关于方便面市场的一手资料。

微课 1.3　市场调查报告中结论与建议部分的撰写

一、市场背景分析

株洲市方便面市场集中度非常高，仅康师傅和统一两个品牌就占据了整个市场份额的64%，其中统一的市场份额为23%。康师傅在方便面市场份额和消费者忠诚度上都占据了绝对优势，而统一是唯一一个有实力能与康师傅抗衡的品牌，但消费者对它的品牌忠诚度与对康师傅的品牌忠诚度相比还有很大差距。

1. 市场规模

根据我们对株洲市的市场调查得知，学生是方便面市场的消费主力，他们的购买量占株洲市方便面市场销量的1/3。2021年，株洲市方便面销售量达390万包，销售额1 200万元，在产量和销售额上保持着高于上年30%以上的增速，远远高于其他快速食品20.6%的平均增长水平。2022年，株洲市方便面销售量约437万包，折合327.9万吨，同比增长18%，销售额为1 500万元。2023年株洲市方便面销售量约460万包，销售额1 800万元，继续呈现出加速增长的趋势。

2. 品牌运作

从目前市场上的方便面品牌运作的情况来看，各个企业采取的策略基本是从四个层面进行操作，以获取消费者的关注和市场的认可。

物质层面：首先，产品功能是方便面对消费者的承诺和利益所在；其次，通过方便面品种的多元化、系列化适应不同层次和不同个性的消费需求。

诉求层面：康师傅以口味浓、分量足为产品特点，并塑造"讲究健康美味的健康食品专家"形象；白象强调营养含量高，口味好；统一以引导吃面新时尚、吃出创意、吃出花样为诉求点。

传播层面：方便面是典型的广告产品，方便面企业以广告为主要传播手段。

销售层面：各企业的销售无不尽其所能，如大大小小的促销活动、赞助、成立俱乐部等。

3. 品牌现状与格局

（1）主要品牌竞争：统一方便面面对前有"猛虎"（康师傅）、后有"群狼"（今麦郎、白象等）的残酷现状。

（2）统一拥有"统一100""好劲道""巧面馆""小浣熊"等知名品牌。

（3）康师傅拥有"面霸120""料珍多""新面族""巧玲珑""劲拉面""亚洲精选""好滋味""小虎队""挂面"等多个系列产品，这些品牌有着很高的市场渗透率和占有率，品牌特征非常明显，占绝对优势。

（4）华丰、白象、思圆、五谷道场、南街村等全国性品牌，发展前景也非常可观。

（5）康师傅、统一、白象等品牌的市场地位在短期内是牢固不可动摇的。白象、华丰和五谷道场等品牌也在奋起直追，挑战统一的地位。

4. 市场占有率与渗透率分析

（1）康师傅作为行业领导者，其市场占有率和销售额在2021年和2023年两年的发展中呈稳步提高的趋势，其中市场占有率从2021年的25.3%提高到2023年的32.5%。

（2）统一市场份额较为稳定，2021年和2023年其市场占有率分别为12.3%和12.7%，而在株洲市场上统一拥有23%的市场份额。

（3）白象在方便面中端市场占有30%的市场份额。

（4）华龙的市场占有率从2021年的18.4%下降到2023年的17.1%，销售额占全国方便面销售总额的比例从2021年的17.5%下降到2023年的14.4%。

康师傅、统一、今麦郎等品牌在市场渗透方面和市场占有方面都占有绝对优势，表现出明显的强势品牌特征。

5. 竞争层面不断扩展

由于各方便面品牌广泛采取多元化、多品类发展策略，因此方便面市场不断细分，各竞争品牌在不同档次、不同口味、不同包装、不同价位上均有相近产品推出，同质化竞争非常严重。而且，竞争已经从产品层面上升到品牌、宣传、渠道、优惠促销等各个营销层面，广告大战日渐激烈，促销、公关方式多种多样。

二、消费者分析

1. 购买行为的影响因素分析

根据消费者问卷调查数据得知，消费者购买方便面产品主要的考虑因素有品牌、口味、价格、广告、包装等。问卷调查数据显示：在这些主要考虑的因素中，有35.5%的消费者考虑产品品牌形象，30.6%的消费者考虑口味，其次为价格、广告与包装。

2. 消费者品牌忠诚度分析

有36.3%的消费者主要吃1个品牌的方便面，吃2个品牌方便面的消费者也占到34.6%，两者的合计已占到被调查者的70%以上，而吃5个及以上品牌方便面的消费者不到3%。所有参与调查的消费者对康师傅和统一两个品牌方便面的购买率遥遥领先于其他品牌。

3. 购买力分析

随着株洲市经济近几年飞速的发展，市民的生活水平不断提高，消费能力也得到较大程度的提升。虽然消费者选购各类方便面的主要支付价位在1.1～3.0元，占被调查者的70.4%，但档次高、口味好的方便面正受到越来越多消费者的欢迎。与此同时，购买3.0元以上方便面产品的消费者的比例也在增加，占到了15.0%，而购买1.0元以下的只有14.6%。从整体上来说，消费者购买决策已由过去的低介入向较高的介入转变。

三、统一方便面产品分析

1. 产品质量分析

统一企业生产的四种品牌系列产品方便面"统一100""好劲道""巧面馆"和"小浣熊"，产品质量符合我国食品卫生法，并兼顾生态环境保护与经济效益理念，是满足消费者需求的自然、健康、营养及安全卫生的速食方便面产品。

2. 产品价格分析

目前株洲市销售价格在2元以下的方便面仍占据市场75%的份额。而统一袋装面市场的平均价格在1.5～2元，主要针对中端市场；统一桶装方便面平均价位在2.5～3.5元，针对高端市场。

3. 产品特点分析

统一方便面是一种方便、快捷、健康、安全的速食食品。它是现代年轻人的最佳选择。它的创意吃法，对于追求时尚、讲究个性的年轻人具有很强的吸引力。

4. 产品品牌分析

统一方便面有"统一100""好劲道""巧面馆""小浣熊"四种品牌，统一企业的企业经营是把从量的竞争提升为质的竞争、品牌的竞争，将公司的内在文化延伸到外在产品。它以爱心和关怀来建构与现代人密不可分的食品王国，使"统一"成为一个为广大消费者所喜爱的速食品牌。在食品制造领域，统一企业坚持产品的研发、生产、管理与营销的优势组合，并且强化以消费者认同为导向的品牌创新与维护，做出中国人的味道，走时尚食品广告创意路线。统一方便面通过广告、公关等促销活动使"统一"品牌深入人心。

四、竞争对手——康师傅产品分析

康师傅在市场份额和忠诚度上都占据了绝对优势，它在华南、华北、西南、西北、东北各个区域都有无可撼动的市场占有率。

1. 康师傅方便面品牌结构

康师傅方便面以主力口味红烧牛肉面广受株洲市消费者的欢迎，同时它在干拌面方面继续增加渗透，让消费者可以在享用干拌面的同时，一样能吃到红烧牛肉面的不变口味，更加稳固了康师傅的美味形象。在此基础上，康师傅又陆续推出"辣旋风""千椒百味""酸香世家"等新口味，更是完全符合株洲市民喜好辣和酸、口味重的习惯，成为康师傅在株洲市场上的销售主力。

2. 康师傅方便面的产品功效

康师傅品牌经营高价面市场，致力于维持现有的高市场占有率。"福满多"品牌抢攻乡镇农村的中、平价面市场。"亚洲精选"锁定年轻人市场，创造时尚新领域。"食面八方"深入干拌面市场，巩固干拌面市场的第一品牌地位。"好滋味"满足城市中下阶层消费者需求。

讨论： 你认为这个调查报告是否完整？有哪些地方值得肯定，哪些地方需要改进？

经典阅读：跟习总书记学调研

2003年2月25日，《浙江日报》头版新开了一个专栏《之江新语》。首篇文章的题目是《调研工作务求"深、实、细、准、效"》，署名"哲欣"，这是时任浙江省委书记习近平的笔名。

在这篇不到300字的短文里，习近平提出做好调查研究工作的"五字诀"，即"深、实、细、准、效"。他强调，各级领导干部在调研工作中，一定要保持求真务实的作风，努力在求深、求实、求细、求准、求效上下功夫。

讨论： 怎样才能"深、实、细、准、效"地开展市场调查？

点评： 调查研究是做好各项工作的基本功。市场营销的目的是发现和满足消费者的需求。要做好营销工作，就需要把消费者、公共部门和市场联系起来，并收集、整理、分析相关信息，识别和界定市场营销的机会和问题，产生、改进和评价营销活动，监控营销绩效，增进对营销过程的理解。而这些信息的获取和运用，就需要我们"深、实、细、准、效"地开展市场调查。

课后实践

一、实践内容

请以小组为单位，开展调查活动。

二、实践步骤

（1）确定调查主题。

选取一个当地支柱产业或者贴近学生生活的主题开展市场调查。

建议参考选题：关于学生对图书馆看法的调查、关于学生每月生活费情况的调查、关于学生兼职情况的调查、关于学生上网情况的调查、关于服装行业基层工人工作情况的调查、关于超市从业人员基本素质的调查……

（2）制订调查计划。

（3）设计并印制调查问卷。

要求15个问题以上，其中包含2~3个开放式问题。

（4）开展调查。

（5）统计调查数据。

（6）撰写调查报告。

三、评价

根据各组在实践活动过程中的参与程度、积极性、市场调查计划可行性、市场调查问卷科学性、市场调查报告水平等各个指标分别给出评分，最终加权总计得分。

情境 2

营销分析

2.1　分析方法

学习目标

知识目标：了解市场营销环境的含义、特点、分类与意义；掌握市场营销环境分析的方法。

技能目标：能运用市场营销环境分析的方法结合具体市场情况分析营销环境。

素养目标：坚定社会主义市场经济制度自信，培养坚忍不拔的品格，树立团队协作的作风。

重点难点

学习重点：市场营销环境分析的方法。

学习难点：市场营销环境的特征，市场机会与环境威胁的分析、评价、对策。

课前活动

一、活动主题

就业环境小分析。

二、活动步骤

（1）以小组为单位，每位同学都描述自己的职业目标（行业、单位和岗位）。

（2）其他同学分析其达成目标的可行性。

（3）根据同学们的分析，列出自己达成目标的优势、劣势、机会和威胁。

（4）其他同学再提出相应的建议。

三、活动评价

（1）课前，各组目标达成可行性最高的同学分享心得。

（2）教师根据表现给各组加分。

课前预习

新鲜案例：新能源公共充电站普遍涨价

随着电动汽车的普及程度越来越高，作为配套设施，公共充电桩也在全国各地铺开。

不过，今年7月以来，有多地电动汽车的车主反映充电价格普遍上涨，甚至有充电桩的涨幅超过50%。

中国电动汽车充电基础设施促进联盟的数据显示，截至2023年6月，联盟内成员单位总计上报公共充电桩214.9万台。

其中，公共充电桩的前四大运营商分别是特来电（42.80万台）、星星充电（39.16万台）、云快充（34.36万台）和国家电网（指e充电，19.65万台）。

以特来电品牌为例，2021年，其在青岛市速普瑞连云港路二期充电站的价格最低为0.6177元/度（含服务费0.3元/度）；现在，该充电站最低价格为0.83元/度（含服务费0.33元/度）。

也就是说，大约两年的时间过去，该充电站最低的价格上涨了约34.37%。

红星资本局了解到，一般来说，一款电动汽车充满电需要30～40度电。以35度满电进行粗略计算，电动车车主如果在上述充电站充电，或需要比往年多付7.43元/次。

另据顶端新闻报道，7月7日1时40分，有郑州市市民在该市商务外环路星星充电的充电站进行充电，共计充电25.881度，消费13.2元，平均价格为0.51元/度。

7月18日，上述同一个充电站在同时段的充电价格为0.78元/度（含服务费），涨幅超过50%。

不仅仅是特来电和星星充电，e充电在部分充电站同样有所涨价。

上述报道还称，5月13日2时49分，有受访者在郑州市紫荆山路e充电的充电桩充电38度，共消费15.62元，平均0.41元/度；现在，该充电桩在0时到7时的充电价格为0.62元/度，涨幅同样超过50%。

7月22日，特来电、星星充电和e充电等品牌方，就涨价问题回应红星资本局。

其中，特来电的客服告诉红星资本局，一般来说，夏季会对电价进行调整，可能有所上调，因为夏季用电比较多。至于下一个季度是否会下调，需要关注特来电App上显示的价格。

而星星充电的客服向红星资本局表示，之所以部分地区的价格有所上调，是因为过去的充电价格较低，现在是把电价回调到正常范围。

"行业其他品牌都一样有上调，未来有可能会下调，但是不保证，具体降价的时间还不确定，建议留意App上的价格。"星星充电的客服对红星资本局说。

另外，e充电的客服则告诉红星资本局，以郑州市为例，今年7月14日，国网河南电动汽车公司把郑州市部分充电站的服务费调整为0.36元/度，但其无法查看此前的服务费是多少。

同时，该客服还称，自2021年12月1日以来，郑州市等执行的是（电价）市场化改革政策，电价会在每月1日有所变动，服务费则是一站一价。

资料来源：杨佩雯《新能源公共充电站普遍涨价，有充电桩涨幅超50%，多家品牌回应》（红星资本局，2023-07-22，有删改）。

讨论：公共充电站涨价对哪些行业是机会？对哪些行业是威胁？

🌸 课中学习

分析环境对于市场营销至关重要。因为市场营销是以市场为导向的，而环境则是市场营销的基础和参照。通过对环境的分析，市场营销人员可以发现并把握市场机会，制订恰当的策略、优化营销方案，提供决策参考和依据，同时增强市场营销人员的灵敏度和应变能力，使市场营销工作更加科学、高效和精准。

学习笔记

一、市场营销环境的概念

在讲述市场营销环境的概念前，我们首先得明白什么是环境。环境是指周围的情况和条件，泛指影响某一事物生存与发展的力量总和。

市场营销环境是指关系企业生存与发展、影响并制约企业营销战略的制订与实施的一切因素和力量的总和。

二、市场营销环境的特征

1. 客观性——难以控制性

市场营销环境是一种客观存在，它不以企业的意志为转移，有着自己的运行规律和发展趋势。

2. 差异性——不均衡性

市场营销环境的差异性不仅表现在不同的企业受不同环境的影响，而且表现在同样一种环境因素的变化对不同企业的影响也不相同。

3. 多变性——动态性

营销环境是企业营销活动的基础和条件，但这并不意味着营销环境是一成不变的、静止的。当然，市场营销环境的变化是有快慢大小之分的，有的变化快一些，有的则变化慢一些；有的变化大一些，有的则变化小一些。

4. 关联性——相关性

关联性是指营销环境的各种因素和力量是相互联系、相互依赖的。

三、市场营销环境分析的意义

（1）发现市场环境中影响产品销售的主要因素及其变化趋势；

（2）研究这些因素对市场的影响及其对营销的制约；

（3）在这样的营销环境中发现机会与威胁；

（4）根据企业内部优势和变化了的环境制订出有效的营销战略和营销策略，以把握有利机会，避免可能出现的威胁，实现既定的营销目标。

四、市场营销环境的分类

1. 按影响范围分

微观环境是指由公司本身市场营销活动所引起的、与公司市场紧密相关的、直接影响其市场营销能力的各种行为者。它包括公司供应商、营销中间商、竞争者和公众等。

宏观环境是指影响公司微观环境的各种因素和力量的总和。它包括人口统计环境、

学习笔记

经济环境、自然环境、政治环境及文化环境等。

2. 按控制性难易分

可控因素是指由公司及营销人员支配的因素。它包括产业方向、总目标、公司营销部门的作用、其他职能部门的作用、目标市场的选择、市场营销目标、市场营销机构类型和市场营销计划等。

不可控制因素是指影响公司的工作和完成情况而公司及市场营销人员不能控制的因素。它包括消费者、竞争、政府、经济、技术和独立媒体。

新鲜案例：华为 Mate 60 上市

8月29日中午，华为官宣推出新一代Mate旗舰手机Mate 60 Pro，在未开发布会的情况下直接上线官方商城开始预售。没过多久，首批Mate 60 Pro被热情的消费者抢购一空，久违的黄牛也出动了。

市场的热情源自一则由来已久的传闻：华为Mate 60 Pro将会有5G版本。这也是为什么不少网友在华为官方账号下留言感慨：轻舟已过万重山。

最近几年，华为芯片经历了漫长的制裁和封锁。华为领先全球的麒麟芯片在2020年9月15日之后无法制造。2021年4月，美国限制华为的器件供应商，只要涉及美国技术的产品，都不允许供应给华为的5G设备，这导致华为在禁令生效前储备的5G芯片都将无法使用5G功能。

因此，华为只能生产4G手机。如果用户对5G有需求，可以购买一个5G的外壳，用外接的方式解决无法使用5G网络的问题。但对于大量换机用户来说，这种方式并不友好。

"从销售来看，华为没了5G，影响还是很明显的。"杭州一位经销商透露，"所以，这次大家对5G回归的期待值才那么高。"

那么，华为Mate 60 Pro会不会有5G版本呢？

目前，网上已经有华为销售门店贴出"5G"的字样，华为在杭州的数个渠道商也含糊地表示，这次能够享受到5G网速。

去年8月23日，任正非发布内部讲话"把活下来作为最主要纲领，把寒气传递给每个人"，文中表示要想办法度过3年艰难时期，华为的生命喘息期是2023年和2024年。

如果这次Mate60系列的空降，带来麒麟芯片的回归和5G封锁的突破，对华为来说，确实是一个值得庆祝的关键节点。

资料来源：《冲上热搜第一的华为Mate 60 Pro，究竟有没有5G?》（半岛晨报，2023 - 08 - 30，有删改）。

讨论：结合市场实际，分析华为手机面临的市场环境特点和类型。

五、SWOT 分析法

SWOT分析法（又称为态势分析法、道斯矩阵）是由旧金山大学的管理学教授于20世纪80年代初提出来的，是一种能够较客观而准确地分析和研究一个单位现实情况的方法（见表2-1）。SWOT四个英文字母分别代表优势（Strength）、劣势

（Weakness）、机会（Opportunity）、威胁（Threat）。

表 2－1　SWOT 矩阵

项目	优势（S）	劣势（W）
机会（O）	SO 战略（增长性战略）	WO 战略（扭转型战略）
威胁（T）	ST 战略（多种经营战略）	WT 战略（防御型战略）

1. 优势

优势是指一个企业超越其竞争对手的能力，或者指企业所特有的能提高企业竞争力的东西。它具体包括有利的竞争态势、充足的财政来源、良好的企业形象、技术力量、规模经济、产品质量、市场份额、成本优势和广告攻势等。

2. 劣势

劣势是指企业缺少或做得不好的东西，或指某种会使企业处于劣势的条件。它具体包括设备老化、管理混乱、缺少关键技术、研究开发落后、资金短缺、经营不善、产品积压和竞争力差等。

3. 机会

机会是影响企业战略的重大因素。企业管理者应当确认每一个机会，评价每一个机会的成长和利润前景，选取那些可与企业财务和组织资源匹配、使企业获得的竞争优势的潜力最大的最佳机会。它具体包括新产品、新市场、新需求、外国市场壁垒解除和竞争对手失误等。

4. 威胁

威胁是指在企业的外部环境中，总是存在某些对企业的盈利能力和市场地位不利的因素。企业管理者应当及时确认危及企业未来利益的威胁，作出评价并采取相应的战略行动来抵消或减轻它们所产生的影响。它具体包括新的竞争对手、替代产品增多、市场紧缩、行业政策变化、经济衰退、客户偏好改变和突发事件等。

实战案例：统一方便面株洲市场 SWOT 分析

一、优势

企业具有完备稳定的产品开发和销售网络，新产品开发能力较竞争对手更强。

企业具备高效的管理团队与管理理念，拥有专业的营销团队，具备很强的市场开拓能力。

企业推行规模化生产，设备先进，使统一方便面的成本优势突出，产品的利润空间比较大。

良性品牌经营。统一方便面本着"三好一公道"的经营理念，塑造了"诚实、苦干、创新、求进"的企业精神，品牌知名度高，在消费者的心理购买目录中处于靠前的位置，拥有忠诚的客户群。

企业依靠其成功的广告表现和符合年轻人的广告代言，在学生消费群体中拥有很高的品牌美誉度与品牌忠诚度。

二、劣势

不管是在消费者心目中还是在市场竞争中，统一都还只是处于市场挑战者的位置，与市场领导者康师傅相比还存在一定差距。

传统的经销方式——经销商制度存在缺陷、经销商追求眼前利益、终端价格高、对终端市场的供补货不及时、配送滞后、服务态度差。

企业内部管理层太多，管理效率低下，市场应变能力不足。

生产基地与覆盖区域的距离较远，物流成本较高。

三、机会

销售增长空间大。与康师傅市场占有率高达41%相比，统一市场占有率只有23%，还有很大的市场增长空间。

甲流严重冲击了消费者对餐饮业的消费信心，从而给方便面市场造就机会。

新概念方便面开发还不充分。方便面一般作为主食的色彩相对浓厚，而将其当作口感口味调剂的还不多，这就为企业提供了产品开发的新空间。

金融危机的影响，使人们工作压力增加，经济收入减少，在一定程度上会刺激方便面市场销售量的增长。

株洲是一个工业城市，服装生产、批发市场繁荣，吸引各地批发商聚集于此，流动人口多，消费群体广。

四、威胁

人们对方便面的营养卫生和环保等要求逐渐增高，这会引起方便面生产设备、制作工艺、原材料和包装技术等不断地更新换代，将使企业的生产经营成本提高。

统一企业面对主要竞争对手康师傅的威胁。虽然方便面市场仅康师傅和统一两个品牌就占据了整个市场份额的64%，但是康师傅在市场份额和品牌忠诚度上都占据了绝对的优势。

统一企业面对新进入者的威胁。中粮集团资金雄厚，设备先进，收购造成方便面市场轰动的"五谷道场"非油炸方便面，打着"非油炸，更健康"的口号，进军方便面市场。

运输业和旅游服务业现代化营销观念与管理机制的引进，优质餐饮配套服务的相继推出，会在一定程度上降低这些市场对方便面的需求。

统一企业面对国外快餐业的冲击。国外快餐业在我国迅速发展，必将带动并促进国内快餐业经营管理水平与服务质量的提高，会对方便面市场造成影响。

讨论：

（1）从这一分析可以看出统一企业受到了哪些环境因素的影响？

（2）你认为这一SWOT分析是在什么样的背景下进行的？

六、PEST 模型

为了系统地分析影响企业营销活动的各种环境要素，人们提出了各种各样的营销环境分析模型。其中最著名的营销环境模型是 PEST 模型，即"政治—经济—社会—技术"模型。

PEST 分析是用来帮助企业审查其外部宏观环境的一种方法。不同的行业和企业在对宏观环境因素作分析时，根据自身特点与经营需要，分析的具体内容会有所差异，但一般都应对政治（Political）、经济（Economic）、社会（Social）和技术（Technological）这四大类影响企业主要外部环境的因素进行分析。PEST 方法能有效地了解市场的成长或衰退、企业所处的情况、潜力与营运方向。

七、SCQA 模型

SCQA 模型是一个"结构化表达"工具，是麦肯锡咨询顾问芭芭拉·明托在《金字塔原理》中提出的，通常用于路演、探讨问题、广告文案、演讲、讲故事和写作等需要给用户表达的场景中。它也可以用于我们对市场营销环境分析结果的表述。

SCQA 模型有四个组成部分，即情境（Situation）、冲突（Complication）、疑问（Question）、答案（Answer）。

情境：情境作为开头，由大家都熟悉的场景、故事、事实引入。

冲突：承接情景，表达实际情况和我们的要求是有冲突和差异的。

疑问：提出问题，遇到这样的冲突，我们可以如何来解决。

答案：陈述我们的解决方案是什么。

经典案例：乔布斯推广 iPhone

早年，乔布斯在发布会上介绍 iPhone 手机时，运用的也是这个模型。

情景：市场上有很多其他品牌的手机。

冲突：但是它们都不好用。

疑问：那该怎么办？

回答：iPhone 告诉你！

实战：请选用一样生活用品，写一份用 SCQA 模型进行推广的文案。

综合案例：海思总裁致员工的一封信

尊敬的海思全体同事们：

此刻，估计您已得知华为被列入美国商务部工业和安全局（BIS）的实体名单（entity list）。

多年前，还是云淡风轻的季节，公司做出了极限生存的假设，预计有一天，所有美国的先进芯片和技术将不可获得，而华为仍将持续为客户服务。为了这个以为永远不会发生的假设，数千海思儿女，走上了科技史上最为悲壮的长征，为公司的生存打造"备胎"。数千个日夜中，我们星夜兼程，艰苦前行。华为的产品领域是如此广阔，所用技术与器件是如此多元，面对数以千计的科技难题，我们无数次失败过，困惑过，但是从来没有放弃过。

后来的年头里，当我们逐步走出迷茫，看到希望，又难免一丝丝失落和不甘，担心许多芯片永远不会被启用，成为一直压在保密柜里面的备胎。

今天，命运的年轮转到这个极限而黑暗的时刻，超级大国毫不留情地中断全球合作的技术与产业体系，做出了最疯狂的决定，在毫无依据的条件下，把华为公司放入了实体名单。今天，是历史的选择，所有我们曾经打造的备胎，一夜之间全部转"正"！多年心血，在一夜之间兑现为公司对于客户持续服务的承诺。是的，这些努力，已经连成一片，挽狂澜于既倒，确保了公司大部分产品的战略安全，大部分产品的连续供应！今天，这个至暗的日子，是每一位海思的平凡儿女成为时代英雄的日子！

华为立志，将数字世界带给每个人、每个家庭、每个组织，构建万物互联的智能世界，我们仍将如此。今后，为实现这一理想，我们不仅要保持开放创新，更要实现科技自立！今后的路，不会再有另一个十年来打造备胎然后再换胎了，缓冲区已经消失，每一个新产品一出生，将必须同步"科技自立"的方案。

前路更为艰辛，我们将以勇气、智慧和毅力，在极限施压下挺直脊梁，奋力前行！滔天巨浪方显英雄本色，艰难困苦铸造诺亚方舟。

何庭波

2019 年 5 月 17 日凌晨

资料来源：《华为海思的一封内部信，让人非常感动！》（科技生产力，2023 – 09 – 08）。

讨论：请从营销环境的角度分析海思面临的经营环境。

点评：当前，我们处于百年未有之大变局，作为营销人员，一是要有风险意识，对营销环境进行充分评估并准备应对之策；二是要有奋斗精神，面对困境要敢于突破，要潜心培育核心竞争力；三是要有创新精神，创新产品、创新技术，才能在竞争中立于不败之地。

🌸 课后实践

一、实践内容

街头拦截访问，了解收入水平变化和旅游意向。

二、实践步骤

（1）请以小组为单位，随机抽取行人，询问其收入水平变化和旅游意向。

（2）根据统计结果，结合当前社会经济发展形势，分析收入水平变化和旅游意向的影响因素。

（3）就"居民旅游意向"的现状、问题和成因写一份小结报告。

三、评价

由任课教师点评每组的小结报告，并由学生互评得分和教师评分共同计算出本次实践的最终成绩。

2.2 宏观环境分析

学习目标

知识目标：了解市场营销宏观环境因素；理解宏观环境各因素对市场营销活动的影响。

技能目标：学会分析宏观环境因素对市场营销活动的影响，学会分析企业面对市场机会与环境威胁所应采取的对策，将课程学习与生活相联系，初步懂得运用课程知识分析生活现象。

素养目标：深刻理解"绿水青山就是金山银山"的论述，增强民族自豪感，加深对传统文化的认同，敬畏市场、敬畏法律，树立风险意识和法治思维。

重点难点

学习重点：市场营销活动与市场营销环境的关系，市场营销宏观环境各个因素对市场营销活动的影响。

学习难点：宏观环境对企业的影响。

课前活动

一、活动主题

风俗习惯大家谈。

二、活动步骤

（1）以小组为单位收集各地的风俗习惯，并写出该习俗对企业营销的影响。

（2）抽签决定各组顺序，一号签组开始上台讲解本组搜集的风俗习惯，每讲一点便有其他四组抢答分析台上同学所讲的风俗习惯对企业的影响。教师作为评委，每抢答正确一次便给所在小组加一分。

（3）按抽签顺序，其他组补充一号签组收集到的风俗。

三、活动评价

根据搜集到的风俗习惯的多少及其对企业营销影响分析的科学程度，得出本次活动最优组，给予期末加分。

课前预习

新鲜案例：知网被罚

根据网络安全审查结论及发现的问题和移送的线索，国家互联网信息办公室依法对知网（CNKI）涉嫌违法处理个人信息行为进行立案调查。经查实，知网主要运营主体为同方知网（北京）技术有限公司、同方知网数字出版技术股份有限公司、《中国学术期刊（光盘版)》电子杂志社有限公司三家公司，其运营的手机知网、知网阅读等14款App存在违反必要原则收集个人信息、未经同意收集个人信息、未公开或未明示收集使用规则、未提供账号注销功能、在用户注销账号后未及时删除用户个人信息等违法行为。

9月1日，国家互联网信息办公室依据《中华人民共和国网络安全法》《中华人民共和国个人信息保护法》《中华人民共和国行政处罚法》等法律法规，综合考虑知网违法处理个人信息行为的性质、后果、持续时间，特别是网络安全审查情况等因素，对知网依法作出网络安全审查相关行政处罚的决定，责令停止违法处理个人信息行为，并处人民币5 000万元罚款。

资料来源：《被罚5 000万！知网回应：诚恳接受，坚决服从》（光明网，2023 - 09 - 07，有删改）。

讨论：

（1）搜索知网相关资料，分析其发展所依赖的宏观因素包括哪些？

（2）结合案例分析守法经营对企业发展的重要性。

课中学习

通过对宏观环境的分析，企业可以更好地了解市场状态和消费者需求的变化趋势，从而更加准确地为市场和客户提供有效率的方案，进一步提高企业市场营销决策的精准度和优化效果，为企业成长和发展打下基础。

微课2.2　分析宏观环境的意义

一、人口环境

人口是构成市场的第一位因素。因为市场是由那些想购买商品同时又具有购买力的人构成的。因此，人口的多少直接决定市场的潜在容量，人口越多，市场规模就越大。而人口的年龄结构、地理分布、婚姻状况、出生率、死亡率、人口密度、人口流动性及其文化教育等人口特性，都会对市场格局产生深刻影响，并直接影响企业的市场营销活动和企业的经营管理。

1. 人口数量

在收入水平和购买力大体相同的条件下，人口数量的多少直接决定了市场规模和市场发展的空间，人口数量与市场规模成正比。世界人口的增长速度对商业有很大的影响，人口增长意味着人类需求的增长。但只有在购买力保证的前提下，人口增长才意味着市场的扩大。

2. 人口结构

人口结构包括人口的年龄结构、教育结构、民族结构、收入结构、职业结构、性别结构、阶层结构和民族结构等多种因素。其中，人口的年龄结构最主要，直接关系到各类商品的市场需求量，以及企业目标市场的选择。各国人口的年龄结构各不相同。

人口受教育程度不同，对市场也会产生一定的影响。如，对于受教育程度低的人口，广告就得突出公司形象而不是产品；对于受教育程度高的人口，接触广告媒体更多的会是文字和互联网。

我国家庭近年来呈现出许多新的变化趋势。三口之家大幅度增加，家庭规模趋于小型化，这就给经营家庭用品的行业提供了新的市场机会。非家庭住户也在迅速增加，企业应注意和考虑这些住户的特殊需要和购买习惯。

我国人口是由多民族构成的，企业要调查研究这种人口动向，因为不同民族的消费者有不同的风俗、生活习惯和需要。

3. 人口分布

人口分布可以从人口的城乡分布与地域分布两方面考察。从总体上看，我国城镇特别是大中城市人口少、密度大、消费需求水平高；乡村人口多、密度小、消费需求水平低。但随着社会经济与文化的发展，城乡差距将日趋缩小，乡村市场蕴含着巨大的发展潜力，许多在城市已饱和的商品市场，在乡村尚属空白，企业开拓乡村市场将大有可为。

从区域人口分布看，中国东部沿海地区经济发达，人口密度大，消费水平高；中西部地区经济相对落后，人口密度小，消费水平低。我国西部大开发战略的实施，必然推动西部地区的经济发展，刺激西部市场需求大幅度提高，从而大大拓展企业发展的空间。

4. 家庭组成

现代家庭是社会的细胞，是构成社会的最基本单位，也是构成市场的最基本的消费单位。从生活必需品、日常用品到耐用消费品，绝大多数商品都是以家庭为单位购买和消费的。一个国家或地区的家庭单位、家庭平均成员的多少，以及家庭组成状况等，直接影响着许多消费品的需求量。

（1）单身阶段：年轻、不住在家里。新观念的带头人，娱乐导向。

（2）新婚阶段：年轻、无子女。购买力最强，耐用品购买力高。

（3）满巢阶段：前阶段家庭用品采购的高峰期，流动资产少；后阶段经济状况较好，有的妻子有工作，对广告不敏感，购买大包装商品，配套购买。

（4）空巢阶段：年长的夫妇，无子女同住，户主仍在工作，拥有自己的住宅，经济富裕有储蓄，对旅游、娱乐、自我教育尤其感兴趣，愿意施舍和捐献，对新产品无兴趣。

（5）鳏寡阶段：退休。特别需要得到关注、情感陪伴和安全保障。

经典阅读：抓住老龄化的时代特征　深入挖掘内需新空间

　　我国是当今世界老年人数最多的国家。第七次全国人口普查结果显示，2020年我国老龄化趋势进一步加大，60岁及以上人口为26 402万人，占18.7%，其中65岁及以上人口为19 064万人，占13.5%。预计2025年60岁及以上老年人口将突破3亿，2033年将突破4亿，2053年将达到4.87亿的峰值。按照国际上的划分，65岁以上人口占比超过10%是老龄化社会，其中，10%~20%属于轻度老龄化阶段；20%~30%为中度老龄化阶段；超过30%是重度老龄化阶段。预计"十四五"期间，我国将由轻度老龄化社会转为中度老龄化社会。

　　中国互联网络信息中心（CNNIC）发布的第49次《中国互联网络发展状况统计报告》显示，截至2021年12月，60岁及以上老年网民规模达到1.19亿人，占网民整体的比例达11.5%，60岁及以上老年人口互联网普及率达43.2%，互联网进一步向老年群体渗透，老年人口已成为数字化发展中的重要群体。同时，随着智能手机的发展与普及，老年群体对于移动电商平台的使用率不断增加。2022年1月，银发人群在淘宝的月活跃用户规模同比增长43.3%，在拼多多的月活跃用户规模同比增长31.8%，在京东和淘特的月活跃用户规模同比增长分别是50.3%和109.3%，老年人网络消费群体规模均呈快速增长趋势。

　　第七次全国人口普查结果显示，60岁及以上人口中，拥有高中及以上文化程度的有3 669万人，比2010年增加了2 085万人；高中及以上文化程度的人口比重为13.9%，比十年前提高了4.98个百分点。随着人群文化素质的提升，受教育程度较高的老年人群体有着更多的精神文化生活需要，对文化娱乐、体育活动、旅游等文化消费需求逐渐增加。据统计，2020年，城乡老年人人均消费支出约为16 307元，其中社交娱乐支出占13%，高于全国10.8%的平均水平。与之相对，当前一些老年人精神生活相对匮乏，尤其是针对老年人的公共文化活动空间明显不足，老年人可接受的文化服务和消费产品还不够丰富。

　　我国养老金体系以第一支柱基本养老保险为核心，占比近70%，第二支柱补充养老保险和第三支柱商业养老金发展缓慢，养老金收入结构较为单一。中国保险行业协会发布的《中国养老金第三支柱研究报告》预测，未来5~10年时间，中国预计会有8~10万亿元的养老金缺口，并且随时间推移将进一步扩大。现实情况对养老金的稳定性、对养老金制度的可持续发展形成严峻挑战。从国外情况看，美国养老第一支柱规模占比约为7.1%，第二第三支柱规模占比约为92.9%。此外发达国家资本市场养老金占比达到20%~30%，而我国占比则只有1%左右。区别明显的同时，也意味着健康有序发展的个人养老金制度潜力巨大，市场前景广阔。

　　慢性病高发使我国老年健康保障服务，包括与老年病以及慢性病相关的家用医疗器械需求急剧增加。随着收入水平提高以及健康意识提高，未来医药卫生重心将逐步从治疗转向康复保健和预防。《医疗器械蓝皮书》显示，到2025年，我国将成为全球最大的医疗器械市场，市场规模估计为2 660亿美元（约1.4万亿人民币）。而截至2020年年底，我国医疗器械市场规模仅为7 721亿元，占全球市场比重的22%左右，未来我国家用医疗器械国内国际市场规模均有很大的提升空间。

学习笔记

截至 2021 年 12 月，我国互联网普及率达 73%，其中 60 岁及以上老年群体的网络普及率为 43.2%，相较于全国总体网络普及率仍存在较大差距。但互联网在老年群体中的渗透率不断加快，老年人的线上消费金额也呈加速上涨趋势。据阿里 2020 年 "双11" 期间发布的《老年人数字生活报告》显示，银发用户的线上消费金额三年复合增长率已达 20.9%，疫情期间消费增速位列第二，仅次于 "00 后"，未来老年人网上购物的消费市场规模将进一步扩大。

根据中国疾病监测系统的数据测算，我国每年有 4 000 多万老年人至少发生 1 次跌倒，其中约一半发生在家中。第四次中国城乡老年人生活状况抽样调查显示，近六成的城乡老年人认为住房存在 "不适老" 问题，围绕老年人口进行的适老化改造和智慧家庭建设迫在眉睫。据住房和城乡建设部估算，仅对我国现有 400 亿平方米的旧建筑进行适老化改造，市场规模便可达 15 万亿元，居家环境的适老化改造直接市场份额约为 3 万亿元。而智能家庭蕴藏着更大的市场空间，据赛迪顾问数据显示，2020 年中国智慧家庭产品出货总量达到 2.15 亿台，预计到 2024 年出货总量将增长至 6.1 亿台，智慧家庭将催生一个规模数千亿元的新蓝海市场。

在我国老龄化进程加速的同时，老年群体消费能力不断提升。全国老龄工委发布的《中国老龄产业发展报告》显示，2050 年我国老年人消费潜力将增长到 106 万亿元。教育文化娱乐消费支出也将随之大幅度增长，暂按 2021 年我国人均教育文化娱乐消费支出占人均消费支出的比重 10.8% 计算，2030 年，老年教育文化娱乐消费市场将达到 11 万亿元，未来市场空间巨大。

资料来源：国家发展和改革委员会价格成本调查中心《抓住老龄化的时代特征深入挖掘内需新空间》（2022 - 06 - 10，有删改）。

讨论：人口老龄化带来了什么样的市场机遇？如何影响企业的营销活动？

二、经济环境

从企业营销的角度看，经济方面最主要的环境因素是社会购买力。市场规模的大小，归根到底取决于购买力的大小。

1. 直接影响营销活动的经济环境因素

（1）消费者收入水平的变化。

社会购买力是一系列经济因素的函数，总的来讲，取决于国民经济的发展水平以及由此决定的人均国民收入水平。它可以用国民生产总值、人均国民收入、个人可支配收入、个人可任意支配收入和家庭收入等指标来衡量。

（2）消费者支出模式和消费结构的变化。

消费者支出模式可用恩格尔系数来衡量：

恩格尔系数（%）＝食品支出总额/家庭或个人消费支出总额×100%

消费结构是指消费过程中人们所消耗的各种消费资料（包括劳务）的构成，即各种消费支出占总支出的比例关系。

（3）消费者储蓄和信贷情况的变化。

消费者的购买力与储蓄的增减变动密切相关。一定时期内储蓄增加会减少近期的货币支付能力；储蓄的增减变动会引起市场需求规模和结构的变动，对企业的营销活动也会产生或近或远的影响。消费者信贷的规模变化也会影响购买力的增减变动。在有消费信贷的条件下，由于消费信贷的刺激，消费者的消费支出会比无消费信贷时更多一些。

我国居民有勤俭持家的传统，长期以来养成了储蓄的习惯。而西方国家广泛存在的消费者信贷对购买力的影响很大。

2. 间接影响营销活动的经济环境因素

（1）经济发展水平。

美国学者罗斯顿根据他的"经济成长阶段"理论，将世界各国的经济发展归纳为五种类型：传统经济社会、经济起飞前的准备阶段、经济起飞阶段、迈向经济成熟阶段和大量消费阶段。

（2）经济体制。

世界上存在着多种经济体制，有计划经济体制、市场经济体制、计划—市场经济体制，也有市场—计划经济体制。

（3）地区与行业发展状况。

我国地区经济发展很不平衡，逐步形成了东部、中部、西部三大地带和东高西低的发展格局。同时在各个地区的不同省市，还呈现出多极化发展趋势。这种地区经济发展的不平衡，对企业的投资方向和目标市场的确定，以及营销战略的制订等都会带来巨大影响。

（4）城市化程度。

城市化程度是指城市人口占全国总人口的百分比，它是一个国家或地区经济活动的重要特征之一。

新鲜案例：自驾游的兴起

我国的自驾游兴起于 20 世纪 90 年代。一方面，国民收入水平提升，公路设施、旅游服务不断完善，汽车越来越多地进入家庭；另一方面，随着假期增多，人们消费观念也发生转变，开始尝试自己驾车到城市周边或更远的地方旅游度假。

2000 年以前，自驾游形式主要以旅游者自行安排的城市周边游或一日游为主，出游者数量逐年稳步增加；2001 年以来，团体自驾游形式出现，旅行社、汽车俱乐部等机构组织的自驾游与个体自驾游数量快速增长；2008 年以后，自驾游呈现出爆发式增长；自 2017 年起，全国自驾游人数占国内旅游人数的比重连续 5 年超过 60%，自驾游市场进入成长期。

"尤其是 2020 年以来，大多数人的旅游行为方式发生了改变。"中国旅游车船协会监事长刘汉奇表示，"旅行者对自由行、自驾游、房车露营旅游产生了更强烈的需求。"

数据显示，自驾游已经成为国民旅游出行的主要选择。根据《中国自驾车、旅居车与露营旅游发展报告（2022—2023）》，2022 年全国自驾游人数占国内出游总人数的比重为 74.8%。携程近日发布的《2023 年暑期租车自驾游报告》显示，今年暑期国内租车自驾订单量同比增长超八成，较 2019 年同期增长 352%。5 年来，自驾游市场迎来最旺暑期。

资料来源：《自驾游市场火爆　消费需求升级》（新华网，2023-09-11，有删改）。

讨论：

（1）旅游是生活必需品吗？

（2）自驾游的发展与哪些经济指标相关？

（3）如果从事旅游业务推广，应重点关注哪些经济指标？

三、政治法律环境

在任何社会制度下，企业的营销活动都必定要受到政治与法律环境的规范、强制和约束。而且政府的方针政策有较大的可变性，它显然会对企业的营销活动产生直接或间接的重大影响。

1. 政治局势

政治局势指一国政局的稳定程度、与邻国的关系、边界安定性和社会安定性等。政权频繁更替、政府人事更迭、暴力事件、宗教势力的斗争与经济危机的爆发等，都意味着国家内外方针政策的调整和变化，这必然会对企业的市场营销产生重大影响。

2. 方针政策

（1）进口限制。如许可证制度、关税和配额等。

（2）税收政策。政府在税收方面的政策措施会对企业经营活动产生影响。如对某些产品征收特别税或高额税，则会使这些产品的竞争力减弱，给经营这些产品的企业的效益带来一定影响。

（3）价格管制。当一个国家发生了经济问题时，如经济危机、通货膨胀和战争动员等，政府就会对某些重要物资，甚至所有产品采取价格管制措施。

（4）外汇管制。指政府对外汇买卖及一切外汇经营业务所实行的管制。

（5）国有化政策。指政府出于政治和经济等原因对企业所有权采取的集中措施。

新鲜案例：株洲市规范网约车

为促进网约车行业规范健康发展、维护公平竞争交通运输市场秩序，9月19日，株洲市交通运输局组织召开株洲市网约车合规化专项治理约谈会议，集中约谈城区14家网约车平台企业负责人，全力推进网约车合规化工作。

会议宣读了《株洲市交通运输局关于开展网络预约出租汽车合规化专项整治工作的通知》，通报了近期网约车合规化数据情况及今年以来网约车"一案双查"执法情况。

会议对订单合规率排名靠后的滴滴出行、T3出行、首汽约车等3家平台公司暂停办理行政事项业务，责令整改，对线上线下服务能力达不到要求的T3出行、鞍马出行、快客出行、司机点点、首汽约车等5家平台公司限期整改到位，相关网约车平台公司负责人在会上进行了表态发言。

我市目前共有合规网约车平台14家，合规网约车1 463台，取得网约车从业资格证的驾驶员7 898人。今年以来，共查处违规网约车140台次，立案处罚网约车平台公司43起，罚款45万元。下一步，株洲交通运输部门将开展为期四个月的网约车合规化专项整治行动，持续有力净化运输市场秩序，进一步强化行业进退机制，坚决维护守

学习笔记

法经营者及乘客合法权益。

资料来源：罗茜、陈严《株洲市交通运输局：对滴滴出行等3家网约车平台公司暂停办理业务、责令整改！》（株洲市广播电视台视频号"新闻株洲"，2023－09－21）。

讨论：结合案例谈谈政府对企业监管的必要性。

3. 国际关系

国际关系是指国家之间的政治、经济、文化、军事等关系。这种国际关系主要包括两个方面的内容：企业所在国与营销对象国之间的关系、国际企业的营销对象国与其他国家之间的关系。

❀ 课内活动

搜索相关信息分析："百年未有之大变局"的"变"主要体现在哪些方面？

4. 法律环境因素

《中华人民共和国公司法》《中华人民共和国广告法》《中华人民共和国商标法》《中华人民共和国民法典》《中华人民共和国反不正当竞争法》《中华人民共和国消费者权益保护法》《中华人民共和国产品质量法》和《中华人民共和国外商投资法》等法律对企业依法依规经营起着基础性的规范作用。但随着"互联网＋"模式带来的新兴业态和传统行业升级，为了进一步规范市场发展环境，近年来，我国又颁布了《中华人民共和国电子商务法》《中华人民共和国数据安全法》《互联网信息服务算法推荐管理规定》及《中华人民共和国个人信息保护法》等新的法律法规。

中华人民共和国公司法

经典阅读：优化营商环境

年初以来，一些地方党委和政府纷纷通过现场调研或召开座谈会等方式，就改善和优化当地营商环境作出部署。

最为典型的是浙江省，明确决定将营商环境优化提升作为今年的"一号改革工程"，还于4月17日召开全省大会，省委书记易炼红以"永不满足 勇立潮头 全面打造一流营商环境升级版"为题，表示要"争当优化提升营商环境的'领跑者'""要把优化提升营商环境放到新方位、大逻辑中去把握、去谋划、去推进，切实增强'坐不住、等不起、慢不得'的危机感紧迫感使命感，以思想提升引领环境跃升，以行动突进带动发展突围"。

统计显示，今年一季度全国新设民营企业户数203.9万户，同比增长10.7%。其中，北京市新设6.8万户，同比增长21%，平均每天755家企业诞生，呈现出良好发展势头。特别值得注意的是，近期多家权威国际机构纷纷上调2023年中国经济增长预期。例如，世界银行在6月6日发布的专题报告中，将中国今年的经济增速预期从1月和4月先后两次作出的预测数（4.3%和5.1%）上调至5.6%；经济发展与合作组织6月7日也发布最新全球经济展望，亮点之一就是预测中国的经济增长将达到5.4%，而早在今年 3 月中旬该组织已作出 5.3% 的上调预期。这些上调预期都反映了国际社会对中国经济强劲复苏、向好攀升越来越有信心。反过来，对广大民营企业进一步坚定自己的发展信心也有启发和推动作用。

提振民营企业发展信心，需要多管齐下，比如弘扬企业家精神、着力突破美西方"卡脖子"技术封堵等，但优化营商环境无疑是至关重要的。营商环境，又称宜商环境，通常包括市场环境、政策环境、法治环境、社会环境等方面。现在，普遍强调的是"三化"，即市场化、法治化、国际化。

有学者认为，"如果不能确保投资的安全性和财产的有效保护，企业家的长期投资是不可能的""从这个意义上来说，改善营商环境大概只是一个二阶条件，真正重要的是产权和投资收益的持久安全，这才是一阶条件"。其实，保护"产权和投资收益的持久安全"本身就应是营商环境的重要内涵，至少是与营商环境中的"法治环境"以及"法治化"之要义剥离不开的。

营商环境好不好、优不优，说到底，主要得看市场主体的感受，看当地那些崇义守法、勤力奋发的民营企业能否既有获得感，又有安全感，还有幸福感、幸运感，能否使他们乐于扎根一地、创业一方。这正如河南省委书记楼阳生所表示的那样，"良禽择木而栖，有好环境、好平台、好服务，就能让企业、项目和人才'近悦远来'。要以放权赋能改革牵引营商环境优化，用足用好下放权限，进一步优化办事流程，提高服务质效，努力构建市场化、法治化、国际化一流营商环境。"

优化营商环境，具有改善投资预期、提振市场信心的独特功效。对于广大民营企业而言，包括市场经济基础制度在内的整个营商环境的完备和优化，可以减少甚至消除其对投资后的经营过程无法判断的顾虑或疑虑，减少企业投资行为中的不确定性，为投资带来稳定的基本预期，这就会极大地调动起勇于投资、参与竞争的创业热情。

但是，营商环境，严格地说，"只有更好，没有最好"，因而是一项长期任务，仅靠应急性的政治动员和临时措施绝非根本之策，关键还是要从深化改革开放中找出路，要深入思考深化哪些改革可以从根本上优化营商环境。

一般而言，政府是制度、政策的供给侧，因而也是优化营商环境的责任主体，必须通过更有力度的行政管理体制改革、收入分配制度改革、生产要素市场化改革等，坚决破除政府采购和招投标等领域前置门槛多、一些行业仍然存在变相审批、有的垄断行业开放后"准入难盈"等隐性壁垒，加快改善影响商事主体经营的社会、文化和制度等软环境要素，为民营企业坚定和提振"让生产'忙'起来、投资'暖'起来、物流'跑'起来"的发展信心而赋能。

在高质量发展的硬约束下，营商环境是企业"引得来、留得住、发展得好"的重要支撑。因此，从全局看，从态势看，今后我国区域竞争的焦点之一就是看谁的营商环境更优化，看谁真正能够创建服务型政府。而名副其实的服务型政府，不只是使各项支持和鼓励民营经济发展的好政策、好措施及时落地，更重要的是所有公职人员应彻底抛弃旧有的"官本位"陋习以及居高临下的主宰意识、恩赐意识等，代之以纳税人意识、公仆意识、人民至上意识的自觉确立，切实做到全心全意为人民服务、为企业服务，这样才能使广大民营企业干得更安心、更顺心，也更有信心。

资料来源：王忠明（全国工商联原副秘书长，中国民营经济研究会原常务副会长

兼秘书长）《信心从何而来丨如何持续优化营商环境，为民企提振发展信心赋能》（澎湃新闻，2023 - 07 - 16，有删改）。

讨论：

（1）政府优化营商环境对企业营销有何影响？

（2）从营销的角度分析，政府应该如何优化营商环境？

四、自然地理环境

自然资源环境是指自然界提供给人类各种形式的物质财富，如矿产资源、森林资源、土地资源和水力资源等。我国自然资源短缺，环境污染日益严重，政府对环境的干预日益加强，公众的生态需求和意识不断增加。

自然地理环境对企业营销有着深刻的影响，特别需要按需划分不同地区，迅速适应自然环境的变化趋势，发掘市场需求，提供更加完善的营销服务，从而实现企业更加高效发展和市场的长期稳定占有。

自然地理环境对营销的影响主要体现在以下几个方面：

1. 消费者购物习惯

不同自然地理环境下的人在购物习惯和消费需求上存在一定的差异。例如，热带地区的消费者更偏爱购买清凉、透气的产品，而在温带地区则更喜欢购买厚实、保暖的产品。营销过程中，企业需要根据不同地域消费者的需求和习惯进行精准的定位和个性化的营销策划。

2. 产业和产品类型

自然地理环境对生产工艺和产品类型有一定的影响，例如，苹果和柿子属于冬季水果，而西瓜则属于夏季水果，这就需要企业在营销上注意区分不同类型的产品，合理划分营销地区和时期。

3. 交通地理环境

交通地理环境是企业实施营销的重要背景环境，包括交通网络规划与发展、流通体系建设和运作等。交通等基础设施的好坏与便捷程度都会直接影响到产品销售和消费者购买行为的习惯及方式。

4. 自然灾害与防范

自然灾害和天气变化等不可控因素对企业营销产生影响。例如，乐意购买外出旅游的用户可能会受到自然灾害的影响而取消行程，对企业的销售产生负面影响。因此，企业需要尽可能学习和预测自然地理环境的变化及变化趋势，做好商业风险预警和危机应对措施。

5. 客户评价和信任

自然地理环境还会在消费者对于企业和产品的评价与信任程度方面产生一定影响。例如，环保、天然、健康、有机等产品营销，往往需要建立与周边环境及消费需求相符的形象和口碑，提高消费者对企业品牌的信任程度，从而提高销售业绩和市场占有率。

新鲜案例：毛纳村的大叶茶

走进海南水满乡毛纳村王菊茹的炒茶坊，一股甘醇的茶香扑鼻而来。

屋子里，摆放着一层层用簸箕晾晒的茶青，炒茶的炭火吐着红色的火苗，烘干好的红茶散发出阵阵清香。

6月29日下午，人民日报"高质量发展调研行"记者团来到海南五指山市水满乡毛纳村。

五指山海拔1 867米，毛纳村位于山脚下，纬度低、海拔高、土壤微酸，是高山热带雨林云雾茶叶产区。特殊的地理环境和气候，造就了大叶茶独特的品质。

"毛纳村的大叶茶特别香，不信你们尝尝！"

记者们接过水满乡党委委员、组织委员王莹递来的刚烘干的红茶样品闻了闻，纷纷竖起大拇指。

王菊茹的"和茹手工茶坊"是村里的明星茶坊。她自小跟着母亲学习黎族手工制茶，成家后，她和丈夫一同用最传统的手法和工艺制茶售卖，共种植约50亩水满大叶茶。2022年8月起，夫妻俩牵头成立了茶叶专业合作社，收购村民的茶青，扩大生产用房，准备带领村民一起致富。

除了传统茶农，村里还有回乡创业的年轻人也从事茶叶种植。2016年起，毛纳村返乡创业大学生王启望将自家茶园面积的一半改种大叶茶，并成立了合作社，后吸纳16户村民参与，2022年合作社收益超50万元。

"下一步，我计划把生产规模扩大一倍，推出自己的品牌，带动更多村民增收。"王启望告诉记者。

为进一步提升茶产业质量，毛纳村还为农户提供茶叶种植、采摘、制茶及茶艺等全流程技术培训，并充分利用市里委派的科技特派员力量，为农户提供茶叶病虫害防治技术指导，实现从茶叶种植、苗期管护、采摘、收茶以及加工上的"一条龙"帮扶。

如今，毛纳村的农家乐、茶坊、文创产品售卖、民俗文化表演等休闲产业渐成气候，秀美乡村成效日益突显，已成为一个远近闻名的乡村旅游点，2022年累计接待游客5.88万人次，同比增长254.31%。全村人均可支配收入从2013年的6 359元增加到2022年的17 681元。2022年全村茶叶种植面积约1 800亩，茶青收入245.7万元，同比增长150%。

资料来源：《"毛纳村的大叶茶特别香，不信你们尝尝！"｜高质量发展调研行·海南站》（人民日报客户端，2023－07－03，有删改）。

讨论：

（1）自然地理环境除对农产品有影响外，还对哪些产品有明显的影响？

（2）你知道的地理标志产品有哪些？

五、科技环境

现代科学技术是社会生产力中最活跃和最具有决定性的因素。科学技术对企业营销的影响主要体现在：科学技术的发展直接影响企业的经济活动；科学技术的发展和应用影响企业的营销决策；科学技术的发明及应用可以推陈出新；科学技术的发展加快产品更新换代；科学技术的进步将改变人们的消费模式和需求结构。

随着科技的进步，新技术全面推动营销发展，提高了精细化、高效性、个性化、创新性等方面的营销效益，具体体现在以下几个方面：

1. 个性化定制

新技术能够利用大数据分析和人工智能技术，通过对客户数据的深度分析与解读，更准确地把握客户需求，通过更加个性化的服务形式满足客户需求。企业可以以客户为中心而不是以产品为中心进行精准的营销，提升客户忠诚度和口碑。

2. 跨越时间和空间的限制

新技术让营销具有跨越时间和空间的能力。例如，数字化营销可以进行 24 小时全天候营销服务，通过视频会议等形式可以与不同地域的客户进行访谈，通过更高效便捷的方式进行信息和数据的传递。

3. 优化营销手段

新技术可以对营销手段进行优化和扩展，例如，可以通过在线广告、社交网络、搜索引擎营销，这些优化的营销渠道不仅可以提高品牌的知名度和业绩，而且可以降低营销成本。

4. 增加数码素养

新技术的发展，提高了营销从业者的数码素养。学习如何使用新技术，可以让营销从业者快速适应并改变营销机制，深度挖掘客户需求，实现市场创新突破。

5. 更高效的数据分析

新技术可以实现对巨量数据的快速分析与处理，为营销策划提供更准确深入的数据依据；开展智能数据分析，为企业营销活动的角度及方向提供更高精度的推测和预判。

经典阅读：数字消费生活新体验

根据中国信息通信技术研究院 2021 年发布的《中国数字经济发展白皮书》，2020年中国数字经济规模达到 39.2 万亿元，占 GDP 的 38.6%，居世界第二位；增速同比上升 9.7%，位居全球第一，这标志着数字经济产业已成为中国经济稳定增长的重要引擎。

其中，数字消费是推动中国数字经济发展的关键动力，也是促进国内需求加快恢复、持续扩大的重要力量。近年来，以网络购物、网络直播、数字文化、在线医疗等为代表的数字消费新业态、新模式迅猛发展，深刻改变着人们的消费习惯。无论在城市还是乡村，数字消费新亮点频出，各项新技术加速落地应用，发展前景令人期待。

数字消费也成为撬动乡村消费升级、助力乡村振兴的重要抓手。

"没想到这么方便，碰一碰就付完钱了！"江苏省苏州市相城区望亭镇迎湖村村民沈才玲，拿着数字人民币实体卡在超市买了几样日用品后表示，"尝鲜"数字人民币让她感到很惊喜。

2021 年 10 月，迎湖村搭上数字经济的快车，在农家乐、酒店、超市等商户设置多个数字人民币消费场景，还陆续向村民发放近千张数字人民币实体卡，让更多村民能零距离接触数字人民币，体验到数字消费的便利。

如今，随着数字乡村建设的推进，农村地区数字消费增长迅速，城乡差异不断变小。以网络购物为例，2014 年，中国农村网络零售额为 1 800 亿元；到 2020 年，已增至 1.79 万亿元。全国建设县级电商公共服务和物流配送中心 2 000 多个，村级电商服务站点超过 13 万个。快递网点已覆盖全国 3 万多个乡镇，覆盖率达 97.6%。

数字消费在乡村的普及，让村民们享受到更丰富、优质的商品，收获了更好的购物体验。"以前给孩子买奶粉，要骑摩托车到镇上，好麻烦，品牌又少。现在手机上网，一下就买到了，邮政还能给送到家里来。"湖南省衡阳市衡东县江坪村村民李美珠的儿子、儿媳都在外地工作，她在老家带着孙子和孙女生活。前几年，村镇里卖母婴用品的商店很少，为了不耽误孩子们吃的用的，李美珠学会了网购。"现在，看短视频、从直播间下单领优惠，我都能操作明白。越买越熟练，我还帮村里其他老年人'代购'，大家一起拼单，实惠更多了！"

在村民消费习惯和消费结构发生转变的同时，还有越来越多乡村借力数字消费需求，走出了致富增收的新路子。

贵州省遵义市正安县瑞濠村，在周围人的口中，更响亮的名号是"吉他淘宝村"。这个地处山区的村庄曾深陷贫困。村民唐玉江记得，自家最困难的时候，种庄稼的种子都要借钱买。但后来，县里兴起了吉他产业，并通过电商平台打开销路，每年有几百万把吉他从这里走向世界。2020 年年初，正安县正式脱贫。商务部研究院电子商务研究所副研究员洪勇表示，正是因为电子商务改变了传统经济布局，才促成了瑞濠村的蜕变。

瑞濠村的变化并非个例。根据阿里研究院制订的标准，在农村地区，以行政村为单元，电子商务年销售额达到 1 000 万元，本村活跃网店数量达到 100 家或当地家庭户数的 10%，可认定为"淘宝村"。最新数据显示，2021 年"淘宝村"数量已达到 7 023 个，同比增长近 30%。南京大学空间规划研究中心执行主任罗震东认为，这表明数字经济与乡村深度融合仍然具有较大潜力空间，在乡村振兴大背景下，"淘宝村"将为共同富裕提供可行路径。

《中国数字经济发展白皮书》指出，中国的信息基础设施建设规模全球领先。中国拥有全球规模最大的光纤网络和 4G 网络，到 2020 年年底，固定宽带家庭普及率达 96%。5G 网络建设速度和规模位居全球第一，已建成 5G 基站 71.8 万个，5G 终端连接数超过 2 亿。

更多新技术的应用为数字消费升级带来新机遇。清华大学公共管理学院院长江小涓指出，在新一代技术支撑下，包括人工智能、大数据、云计算、物联网、先进机器人、3D 制造等，数字消费、数字生产、数字网链、数字化资源配置都会显著提升，到"十四五"末期，数字经济整体形态就会初步形成，持续演进并产生深远的影响。

资料来源：李贞《新业态、新技术——数字消费生活新体验》（人民日报海外版，2022－01－18，有删改）。

讨论：数字经济的发展改变了你哪些消费习惯？让你体验到了哪些新的营销手段？

六、社会文化环境

文化是影响人们欲望行为的基本因素之一。社会文化环境是指在一种社会形态下已形成的价值观念、宗教信仰、道德规范、审美观念以及世代相传的风俗习惯等被社会所公认的各种行为规范。

经典案例：节日消费

中秋佳节将至，不少企业陆续为员工开展中秋福利采购。数据显示，2023 年，企业平均在中秋节前 45 天就开始中秋福利采购，大型公司基本在中秋节前 60 天甚至更早就开始准备中秋福利采购。而随着"95 后"年轻人开始成为职场主力，多元化、个性化需求成为当下企业采购节日福利的一个显著特点，定制化程度也逐渐走深。

一方面，企业福利采购品类的潮流化与个性化特征越来越明显。虽然米面粮油、生鲜水果等传统福利食品占比仍然较高，但健康产品、潮流小家电以及运动户外产品成为福利新选择。2023 年中秋福利采购季期间，营养保健品类订单量同比增长 65%，潮流生活电器、潮流盲盒和潮流厨电采购订单量同比分别增长了 143%、80% 和 62%。此外，随着今年户外运动的火热，一些企业也将旅游、露营等品类的产品纳入了采购之中，以满足员工户外活动的需求。今年中秋福利采购期间，帐篷/垫子、户外营地车、野餐用品和旅行装备的订单量同比分别增长了 130%、109%、84% 和 74%。

另一方面，节日福利的选择也有行业个性。传统型、生产型企业更加偏好实物类商品，更看重福利的实用性；互联网、服务类企业更偏好灵活型的福利，更多用礼品卡实现弹性福利。此外，与大型企业相比，中小企业中秋采购中家用电器、日用品、数码和营养保健品类的订单量占比要更高。

随着员工福利个性化、多元化、定制化趋势加深，企业也普遍希望通过更高效的员工激励关怀，与员工建立信任，提升员工幸福感、归属感，推进企业更好发展。如何以更低成本和更优质产品帮助企业做好员工福利的选择和发放，也成为当前行业关注的核心问题。

资料来源：《经济日报携手京东发布数据——企业中秋采购趋向个性化》（经济日报，2023 – 09 – 11，有删改）。

讨论：

（1）结合材料谈谈节日福利为何会趋向个性化。

（2）联系生活实际谈谈传统节日的消费习惯。

1. 教育水平

教育是按照一定目的要求，对受教育者施以影响的一种有计划的活动，是传授生产经验和生活经验的必要手段，反映并影响着一定的社会生产力、生产关系和经济状况，是影响企业市场营销的重要因素。

2. 语言文字

企业的产品目录、产品说明书的设计要考虑目标市场的受教育状况。如果经营商品的目标市场在文盲率很高的地区，就不仅需要文字说明，更重要的是要配以简明图形，并需要派人进行使用与保养的现场演示，以避免消费者和企业的不必要损失。

3. 价值观念

价值观念就是人们对社会生活中各种事物的态度和看法，不同的文化背景下，人们的价值观念相差很大，消费者对商品的需求和购买行为深受价值观念的影响。对于不同的价值观念，企业的市场营销人员就应该采取不同的策略。一种新产品的消费，会引起社会观念的变革。

4. 宗教信仰

纵观历史上各民族消费习惯的产生和发展，可以发现宗教是影响人们消费行为的重要因素之一。

5. 审美观

人们在市场上挑选、购买商品的过程，实际上也是一次审美活动。

6. 风俗习惯

各种风俗习惯是人们在长期经济与社会活动中所形成的一种默契。了解目标市场消费者的禁忌、习俗、避讳、信仰和伦理等是企业进行市场营销的重要前提。

综合案例：阿里与数字浙江

2003年1月，浙江省十届人大一次会议提出"数字浙江"建设。同年9月，浙江发布《数字浙江建设规划纲要》，明确"以信息化带动工业化，推进传统产业信息化改造，积极发展电子商务"。"数字浙江"作为"八八战略"的重要内容部署推出。

这一年5月，淘宝网成立；10月，支付宝诞生。随后，"让天下没有难做的生意"随着淘宝的橙色标识逐渐深入人心，传遍大江南北。当年，淘宝网全年交易总额为3 400万元。

市场变幻，实体经济同样处于剧变前夜。正是从那时候起，制造企业开始了一段漫长而隐有痛感的"触电"之旅。2003年后，"不转型等死，转型找死"之言悄然兴起，背后正是实体制造业主对于互联网大势席卷而来的感知，甚至惶恐。

时代潮涌之中，阿里巴巴与其同期的互联网企业一起，开始了一场轰轰烈烈的"互联网＋"运动。直至今时今日，"余震"犹存，仍撼动着制造企业，为其转型升级、拥抱数字信息技术起到重要的助推作用。淘宝也从一个大规模的电商平台，成长为与无数制造企业共舞的平台经济。2022年，淘宝、天猫平台上的广大商家全年交易总额攀升至8.4万亿元。

从3 400万元到8.4万亿元，在这一过程中，浙江作为数字经济的高地，发展同样举世瞩目。2022年，浙江数字经济核心产业增加值达到8 977亿元，比上年增长6.3%，较"十三五"初期实现翻番，占GDP比重提升至11.6%。今年，浙江以更大力度实施数字经济创新提质"一号发展工程"，明确到2027年，浙江数字经济增加值和核心产业增加值将分别突破7万亿元和1.6万亿元，实现"双倍增"。

"阿里巴巴建立了一个规模化普及的商业基础设施。从表面看，这个平台去年产生了8.4万亿元交易额，拥有13亿消费者和800多万家中小企业；再深一层看，这800多万家中小企业不仅是浙江的，还是全国的，甚至是全球的，涵盖了10亿中国消费者和 3 亿海外消费者，所以阿里巴巴一步步成长为一家辐射全球的数字经济企业。在技术研发上，阿里云投入 1 200 亿元，服务 400 多万家企业，云计算市场份额排名全球前三；菜鸟已成为全球四大跨境物流企业之一；钉钉则为企业、组织提供了数字办公系统和组织方式数字化变革工具。"高红冰介绍。

基于上述平台，阿里巴巴还在乡村振兴、共同富裕、低碳等领域，创造了诸多社会价值。在乡村振兴方面，共孵化出 7 780 个淘宝村，这些淘宝村产生的电商交易额达 1.3 万亿元，占淘宝、天猫平台总交易额的 15%；832 个国家级贫困县，通过阿里巴巴的电商平台实现销售额超过 1 281 亿元。在共同富裕方面，阿里巴巴与浙江山区 26 县及 1 个海岛县开展了 6 个方面、119 项合作。在绿色低碳方面，"88 碳账户"体系帮助超过 2 000 万用户参与日常减碳行动。

今年 3 月 28 日，阿里巴巴启动"1 + 6 + N"组织变革，在阿里巴巴控股集团之下，设立阿里云智能、淘宝天猫商业、本地生活、菜鸟、国际数字商业、大文娱六大业务集团，以及盒马、飞猪等多家业务公司，各业务集团、业务公司实行董事会领导下的首席执行官负责制，目的是打造敏捷组织、激发创新活力。

7 月 5 日，浙江召开全省平台经济高质量发展大会。会上，浙江省政府与阿里巴巴签署全面战略合作协议。根据协议，阿里巴巴控股集团旗下 7 家业务集团、业务公司将继续加强与浙江省政府的协同合作，共同打造具有创新力、竞争力和带动力的数字科技、数字商业、数字生活、数字外贸、数字物流、数字文旅产业。

资料来源：《激荡 20 年　阿里巴巴的数字经济廿载》（潮新闻客户端，2023 - 07 - 30，有删改）。

讨论：结合案例，查找消费者网购相关资料，分析阿里发展与市场营销宏观环境各要素之间的关系。

点评：各级党委和政府坚持全面深化改革，充分发挥经济体制改革的牵引作用，不断完善社会主义市场经济体制，极大调动了亿万人民的积极性，极大促进了生产力发展，极大增强了党和国家的生机活力，创造了世所罕见的经济快速发展奇迹。阿里巴巴的横空出世和异军突起，既反映了人类进入信息社会、中国大力推动数字化发展的客观趋势，也是"八八战略"打造"数字浙江"的一大标志性成果。阿里巴巴以网购和快递为表征的消费互联网率先突破，极大提升了市场供需和产销的适配，也为国内线上线下一体化市场的形成、跨境电商的拓展奠定了坚实基础。

🌸 课后实践

一、实践内容

请以小组为单位，选取当地一家企业对其开展采访活动，了解金融危机对其公司经营情况的影响。

二、实践步骤

（1）选取企业。最好是与所学专业相关的企业，如电子商务专业选取电子商务行业的企业，连锁经营管理专业选取连锁超市等。

（2）通过与公司相关部门的沟通取得采访权。

（3）采访小组拟定采访提纲。

（4）正式采访，并在条件许可的情况下到采访企业各个部门进行实地观察、了解和访谈。

（5）每组写一篇访谈录并提交采访总结。

三、实践评价

由任课教师点评每组访谈录与采访总结，并由学生互评得分和教师评分共同计算出本次实践的最终成绩。

学习笔记

2.3 微观环境分析

学习目标

知识目标：了解市场营销微观环境因素，理解各微观因素对市场营销活动的影响。

技能目标：学会分析微观环境因素对市场营销活动的影响，熟悉企业面对市场机会与环境威胁时所应采取的对策。

素养目标：领悟社会主义市场经济的活力，树立包容合作的贸易观和正确的义利观。

重点难点

学习重点：市场营销活动与市场营销环境的关系，市场营销微观环境各个因素对市场营销活动的影响。

学习难点：微观环境对企业的影响。

课前活动

一、活动主题

一本教材的来龙去脉。

二、活动步骤

（1）选取本学期有学习任务的一门课程，记录教材的基本信息。

（2）搜索相关资料，分析教材的出版社、经销商、竞争对手、出版社的供应商、使用者、采购者等角色。

（3）画出思维导图。

三、活动评价

（1）将思维导图发送至教师邮箱。

（2）挑选部分成果进行课前展示和评价。

课前预习

新鲜案例：菜鸟推出自营快递

2023年6月28日，菜鸟集团宣布推出自营快递业务"菜鸟速递"。据官网显示，菜鸟成立于2013年，是一家全球化产业互联网公司。目前面向消费者、商家和物流合作伙伴三类客户的五大核心服务板块是全球物流、消费者物流、供应链服务、全球地网、物流科技。

成立之初，菜鸟网络是阿里巴巴旗下的大数据物流协同平台，由阿里巴巴集团、银泰集团联合复星集团、富春集团、申通集团、圆通集团、中通集团、韵达集团等共同组建，几家快递公司各出资5 000万元，各仅占股1%，菜鸟网络向快递公司提供信息、数据支持，以及诸如能够自动分拣快件的智能机器人等智慧物流产品。

通达系与阿里的绑定，早就引发过竞争对手京东的质疑。京东老板刘强东在2016年就曾评价，菜鸟网络本质还是要在几个快递公司之上搭建数据系统，说得好听一点就是提升这几个快递公司的效率，说得难听一点，最后，几家快递公司的大部分利润，都会被菜鸟物流吸走的……一旦被菜鸟网络踢出去，快递公司50%的包裹量可能就没有了。

对此，菜鸟网络当时回应中提及，"一家没有平台共享思维的企业，眼界只能停留在榨取合作伙伴利润养活自己上，不可能理解赋能伙伴、提升行业、繁荣生态的意义。"菜鸟网络当时也对澎湃新闻表示，菜鸟网络和快递公司相互依存，菜鸟网络的平台建设离不开快递公司，快递公司也需要菜鸟提供的服务和数据。

十年后，阿里、菜鸟与通达系之间的合作变得更加紧密。据澎湃新闻记者梳理各家2022年财报和最新公告发现，菜鸟供应链持有申通快递股份25%；阿里系持有圆通速递股份超20%，其中阿里巴巴（中国）网络技术有限公司持股11.02%，杭州阿里创业投资有限公司持股9.10%；阿里巴巴集团控股有限公司持有中通快递股份8.8%；杭州阿里巴巴创业投资管理有限公司持股韵达股份1.99%。

在6月28日，全球智慧物流峰会现场，认养一头牛、青岛啤酒、添可、欧珀莱、盒马和银泰百货等客户与菜鸟速递签约，意味着菜鸟速递已全面向市场开放。同时菜鸟速递也接入菜鸟供应链，与菜鸟仓组成了优选仓配半日达服务，为商家提供仓配一体化的品质服务。

据悉，菜鸟速递是今年菜鸟重点建设的国内物流业务产品，而菜鸟还在加快国际快递和海外本地快递的建设。

据国家邮政局数据显示，2022年快递业务量完成1 105.8亿件，同比增长2.1%。快递业务收入完成10 566.7亿元，同比增长2.3%。快递业务收入占行业总收入的比重为78.2%，比上年下降了3.5个百分点。

澎湃新闻记者还从一位接近菜鸟的内部人士处独家获悉，菜鸟速递确定自营，重资产投入，成本高，主要对标顺丰和京东。产品来源为天猫超市、淘系高端件和三方品牌客户，比如唯品会、得物、小红书等，和通达系没有业务交集。

上述人士还表示，菜鸟速递短期内不考虑网点招商加盟，想加强管控。此外，目前人员处于饱和状态，人员招聘与否取决于后续业务发展情况。

菜鸟速递和通达系快递有何不同？帅勇告诉澎湃新闻记者，两者是完全不同的体系，通达系是加盟制的经济型快递，菜鸟速递是高性价比的自营快递服务，服务品质有非常多的不同。

对标顺丰，未来是否会抢占顺丰等中高端快递时效件的市场份额？6月28日下午，澎湃新闻记者致电顺丰控股证代，工作人员告诉澎湃新闻记者，"对于日后顺丰业务量影响方面，我们目前肯定也不清楚菜鸟速递未来具体能起到多少量，他们到底多快能够把全国性的网络搭建起来，没有办法现在给到一个准确的答案。"

资料来源：邵冰燕《蔡崇信的第一把火！菜鸟推出自营快递，对标顺丰京东，通达系何去何从》（澎湃新闻，2023-06-29，有删改）。

讨论：

（1）菜鸟快递和认养一头牛、青岛啤酒、添可、欧珀莱、盒马、银泰百货等公司是什么关系？

（2）菜鸟快递和天猫、淘宝是什么关系？

（3）菜鸟快递和京东快递、顺丰速运是什么关系？

（4）菜鸟快递和中通、申通、圆通、韵达等快递企业是什么关系？

课中学习

微观环境是企业营销不可或缺的重要组成部分，它对企业的发展和营销活动产生重要影响。企业需要进行市场研究和分析，深入了解客户需求、竞争对手和供应商，以确保企业的优势和长期竞争力。只有充分认识和适应微观环境，企业才能达到预期目标。

一、供应商

供应商是指直接向零售商提供商品及相应服务的企业及其分支机构、个体工商户，包括制造商、经销商和其他中介商。它也可称为"厂商"，即供应商品的个人或法人。供应商可以是农民、生产基地、制造商、代理商、批发商（限一级）和进口商等，应避免太多中间环节的供应商。供应商会对企业的营销活动产生巨大影响，如原材料的价格变化、短缺等都会影响企业产品的价格和交货期，并会因此削弱企业与客户的长期合作关系及利益。供应商对企业的影响主要体现在以下几个方面：

1. 产品质量稳定度

供应商的产品质量直接决定着企业产品的品质，是企业竞争力的重要基础。供应商的产品质量稳定度、性价比等因素都会对产品的营销造成影响。

2. 供货速度

供应商的供货速度对于产品的生产、销售等环节都非常重要，缓慢的供货会影响到企业的订单履行率、客户满意度和订单数量等多个方面。

3. 价格和成本控制

供应商的供货价格和成本控制会直接影响到企业的利润和毛利率。如果供应商的价格和成本控制能力很优秀，那么企业就可以更好地控制产品价格和实施市场营销策略。

4. 服务质量

供应商的服务质量包括售前和售后服务，对于产品的营销都有着重要影响。对于售前服务来说，供应商应该及时回复客户的询问，提供相关产品信息和解决方案等；对于售后服务来说，供应商应该及时接收客户的投诉，并解决问题。

5. 创新能力

供应商的创新能力直接影响到企业是否能够根据市场变化及时推出符合市场需求的新产品。因此，企业需要与有创新能力的供应商合作，共同发掘市场需求和打造创新产品，从而促进企业营销的发展。

综上，供应商作为企业生产和销售的重要方面，其供货质量、价格、速度、服务和创新能力等因素对企业的营销活动产生重要影响。企业需要加强与供应商的合作，互惠互利，共同拓展市场，实现战略合作和双赢的目标。

新鲜案例："世界超市"义乌

随着杭州亚运会的脚步临近，"世界超市"义乌展现出亚运经济的红利，海关数据显示，今年上半年义乌出口体育用品35.2亿元，同比增长22.5%，来自亚洲国家的体育用品订单正在增多。

义乌国际商贸城经营的体育用品涵盖球衣、球鞋、篮球、足球、乒乓球、国旗、助威棒、跑步机等各类运动健身及相关周边商品，外向度高达75%。记者走进义乌国际商贸城三区，只见体育用品经营区域门类齐全、琳琅满目，采购商人来人往，耳边更是交织着各国语言。

左西体育商铺内，经营户项丽莉正与合作了十余年的客户洽谈订单。"乘着亚运的东风，我们主营的篮球、足球、排球等球类销售迎来爆发期，销售额同比增长了30%以上，订单都排到了10月。"项丽莉说。

项丽莉告诉记者，如今海外订单有小单化、短单化的趋势，但是客户对品质有更高要求，公司不断增加研发投入，逐步向中高端转型。

"我在义乌国际商贸城采购多年，今年亚运会在中国举办，带动了我们国家的运动氛围，这次过来想看看篮球和其他周边产品，和供应商寻求更多合作机会。"一名来自巴基斯坦的采购商告诉记者。

杭州亚运会还间接带动了运动健身的热潮。双才体育主要经营跑步机、哑铃、杠铃等健身器材，记者看到一位印度客户正在询问器材样品的到货时间，而一位来自印度尼西亚的客户当场下单了数十件拳击手套。

来自约旦的采购商阿卜杜拉告诉记者，今年亚运年，约旦体育用品销量持续攀升，他看准商机，准备增开一家体育用品店，这次来就是为新店进货。

义乌国际商贸城里的体育用品很"热"，义乌市康漫体育用品有限公司的车间更"热"。印刷、缝制、翻球、打包……工人们配合默契，一天能做出1 000多个成品足球，但这速度还是无法跟上客户下单的速度。"目前手上的外贸订单已经排到了年底。"公司总经理胡方军介绍，今年新兴市场的订单已超过传统的欧美市场，主要以东南亚、南美等地区为主，订单量同比增长了80%。

今年以来，义乌外贸不断释放更强劲动力。海关统计，1月至7月义乌市进出口总值达3 211.0亿元，较去年同期增长19.7%。

资料来源：屈凌燕、魏一骏《亚运会前看浙江｜亚运经济红利显现"世界超市"

义乌体育用品出口订单增长22.5%》（新华网，2023-09-09，有删改）。

讨论：

（1）结合案例素材，搜索相关资料，分析义乌为何会成为"世界超市"？

（2）义乌作为小商品供应商聚集地有何独特优势？

二、营销中介人

1. 中间商

中间商是协助企业寻找顾客或直接与顾客交易的商业性企业。中间商可分为两类：代理中间商和买卖中间商。

2. 实体分配公司

实体分配公司主要是指储运公司，协助厂商储存货物并把货物从产地运送到目的地的企业。

3. 营销服务机构

营销服务机构主要有营销调研公司、广告公司、传播媒介公司和营销咨询公司等，范围广泛。

4. 财务中间机构

财务中间机构主要包括银行、信用公司和保险公司等单位，为企业提供资产管理、货物保险及担保等服务。

经典案例：银行服务中小微企业

2013年民生银行沈阳分行成立以来，按照总行"做小微企业的银行"的战略目标，在监管部门的指导下、在政府相关部门的支持下，不断探索提升小微企业金融服务能力。近年来沈阳分行多措并举，坚决贯彻政府及监管部门"稳企业、保就业"等各项措施，不断增强小微金融线上化、综合化服务能力，加大产品服务创新，减费让利纾解小微企业融资难、融资贵的难题，持续为沈阳地方经济发展贡献民生力量。在沈阳分行小微金融团队中，客户经理于化文是其中的优秀代表。

沈阳分行成立以来，小微贷款累计投放283亿元，累计服务小微客户数超4万户，其中个体工商户占比40%。2020年疫情以来，累计为小微企业减费让利超8 400万元，惠及1 144户市场主体。

要服务好小微客户，就要努力成为小微客户的综合金融服务管家，用专业的产品、真诚的服务满足客户需求。"在多年的小微金融服务过程中，有很多客户是和我一同携手走过来的，家企不分几乎是所有小微客户的现实状况。客户李总是通过另一个客户介绍认识的，从咨询贷款业务开始，我们互相认识、了解，逐渐成为朋友。在民生银行的支持下，李总从最初只有几名员工的小企业主成长为现在拥有100多名员工的民营企业家，从单身创业成为四口之家的顶梁柱。随着企业的成长和家庭的组建，我们提供给李总的服务也从最初的贷款，逐渐丰富为'企业融资＋员工代发＋家庭财富管理'的综合服务方案，由我和理财经理组成服务团队，内容涉及企业税优、现金管理、家庭财富规划、子女教育等方面，这些内容很多是客户从未考虑过的，我们提供的咨询解决方案让客户受益良多。"于化文通过他专业的服务收获了很多客户的认可，他不断为客户输出贷款、结算、综合理财、财务规划等综合金融服务，擦亮了民生银行在沈阳小微服务领域的金字招牌。

资料来源：《3 年陪伴，与 120 户小微企业共成长——记民生银行沈阳分行小微客户经理于化文》(新浪网，2023 - 09 - 11，有删改)。

讨论：搜索相关资料，结合案例材料分析银行等金融机构在企业发展和营销工作中发挥的作用。

三、公众

公众是指对企业实现其目标的能力感兴趣或发生影响的任何团体或个人，主要包括下面这些类型：

（1）按公众与组织的归属关系的横向分类，可分成内部公众和外部公众。

（2）按公众发展过程的纵向分类，可分为非公众、潜在公众、知晓公众和行动公众。

（3）按公众对组织的态度分类，可分为顺意公众、逆意公众和独立公众。

经典案例：京东推出"住房保障基金"

11 月 22 日，大河财立方记者获悉，京东集团创始人、董事会主席刘强东发布京东全员信。信中提到，为了提高基层员工福利待遇，同时尽量减轻公司压力，决定自 2023 年 1 月 1 日起，京东集团副总监以上以及相对应的 P/T 序列以上全部高级管理人员，现金薪酬全部降低 10% ~20% 不等，职位越高降得越多。

此外，集团拿出 100 亿元，为所有集团基层员工设立"住房保障基金"。"我希望此举能为工作满五年以上全体员工，包括每一个快递兄弟和客服兄弟实现购房愿望。这是循环无息贷款基金，意味着未来十年，集团累计投入资金总额高达数百亿人民币。"刘强东在信中表示。

京东从自建物流之初就采用全职员工，除了高于同行业平均水平的薪酬福利待遇，京东早在 2012 年就开始打造"安居计划"，向符合条件的员工提供最高 100 万元的无抵押、无担保、无利息的资金支持，用于缓解员工家庭在指定地区内购买首套房的压力。

在刘强东此次发出内部信之前，该计划提供的借款金额已经累计达到近 20 亿元，帮助超 3 000 位员工实现了安居乐业的目标。

外界普遍认为，京东给予一线员工超出同行的福利待遇导致公司存在短期财务压力，但京东认为，公司真心对员工好，员工才能用真心去服务客户，客户才能用信赖回馈企业。

根据本月国家邮政局发布的 2022 第三季度快递服务满意度调查和时限准时率测试结果，京东快递居九大快递品牌首位。

资料来源：《刘强东发京东全员信：高管降薪 10% 提升员工福利，设百亿住房保障基金》(大河财立方，2022 - 11 - 22，有删改)。

讨论：京东推出"住房保障基金"对内部公众和外部公众有何影响？

四、内部营销环境

1. 企业资源分析

（1）有形资源，包括实物资源和财务资源。

（2）无形资源，主要包括企业的自然科学技术、经营科学技术、企业信誉、企业形象和企业知名度等。有些无形资源可以通过无形资产表现出来，如专利权、著作权和商标权等。无形资源中最重要的一个部分就是人力资源，它是指企业人员的数量和质量的总和。

2. 企业能力分析

企业能力是指企业的各种资源经过有机整合而形成的经济力量。

（1）按经营职能的标准划分，可以分为决策能力、管理能力、监督能力和改善能力。

（2）按经营活动的标准划分，可以分为战略经营能力、生产能力、供应能力、营销能力、人力资源开发能力、财务能力、合作能力和投资能力。

经典案例：张瑞敏砸冰箱

留下了一个"人人是创客"的企业文化，创立了一个无限链接的企业生态，或许，这是张瑞敏放心从这个他奋战了37年的舞台退下的根本。

这个时候，不妨回顾一下2018年，在央视《对话》节目，张瑞敏的一段话——

"我希望自己交班的时候，不是把一个帝国，一个有围墙的花园交给接班人，而是一个生态系统。因为我看到世界上很多企业，因为领导人更换就不行了，这样的例子数不胜数。"

这个企业文化和生态的创立，耗费了张瑞敏毕生心血。

2017年首届人单合一论坛上，曾任海尔集团总裁、和张瑞敏多年共事的杨绵绵说——

"我感受最深的，就是海尔首席执行官张瑞敏先生，他一生都在追求如何开发人的潜能。一个企业，企业的员工，到底怎样才能发挥最大的潜能。为了这个，他终生都在奋斗，用各种各样的方式来实验，得到了人单合一这样一个商业模式。这个模式经过了12年运行，经过了很多曲折，有了一点成效，但远未成功。今后还要再探索，还会再有反复。"

1985年砸冰箱，2015年砸组织，这"两砸"，成了张瑞敏的标签。

1985年，张瑞敏收到一封用户来信，信里说厂里电冰箱的质量有问题。张瑞敏立马带人检查了仓库，发现仓库里400多台冰箱竟然有76台不合格。当时跟干部商量如何处置，有人说，冰箱只是外部划伤，便宜点儿卖给工人。那时候，1块钱能买10斤白菜，1斤多花生油，6两猪肉。一台冰箱2 000多元，是一个普通工人3年多的工资。就算这样，冰箱依然供不应求，抢都抢不上，"纸糊的冰箱都有人买"。张瑞敏却在全体员工大会上宣布，要把这76台不合格的冰箱全部砸掉，而且要生产冰箱的人亲自砸。

对此，张瑞敏表示，"过去大家没有质量意识，所以出了这起质量事故。这是我的责任。这次我的工资全部扣掉，一分不拿。今后再出现质量问题就是你们的责任，谁出质量问题就扣谁的工资。"

2018年12月18日，庆祝改革开放40周年大会在北京举行。在中共中央、国务院授予的100名改革先锋中，张瑞敏作为注重企业管理创新的优秀企业家代表入选。这次大会前，记者在青岛对张瑞敏进行了专访。

"不管是砸冰箱，还是砸组织，都是表象。我一直盯着的，就是怎么让人发挥更大价值。"张瑞敏说。

张瑞敏砸完冰箱后，有跟着砸汽车的。这个阶段，整个中国企业界都在搞全面质量管理。

张瑞敏说："高质量的产品是高素质的人干出来的。你引进了德国的设备、技术，如果人不行，都白搭。"

当时，引进德国利勃海尔技术的中国企业有三家，后来两家都做没了，一家被海尔兼并。

但是，砸了冰箱人的素质就能提上去吗？这只是改变了原来那种干好干坏都一样的观念。

所以，砸组织还是要解决人的问题。

2009年，张瑞敏砸冰箱用过的那把铁锤进了中国国家博物馆。然而，他的"另一砸"却一直伴随着质疑。

在砸组织时，张瑞敏承受的压力，要比30年前砸冰箱时重得多，砸冰箱最多落个"损害国有资产罪"；砸组织，是要把一家8万人的大企业砸碎，再造一个全新的企业文化，从根子上解决问题。

张瑞敏选择了最难走的一条路。

真正做企业的，不会在乎一时毁誉，他们内心最在乎的，是企业的生死，特别是披荆斩棘把企业从一片泥泞中带出来的创始人。

在2018年12月那次专访中，张瑞敏这样对齐鲁晚报齐鲁壹点记者说——

"这件事一定要有结果。这因为这个结果关乎企业生存，这是一定的。"

资料来源：蔡宇丹《怒砸冰箱，立下"军规"……72岁张瑞敏退休，又一商界传奇谢幕》（齐鲁晚报，2021-11-06，有删改）。

讨论：如何理解"砸组织"？

五、竞争者

竞争者，对于一个企业来说，广义的竞争者是来自多方面的。企业与自己的顾客、供应商之间，都存在着某种意义上的竞争关系。狭义地讲，竞争者是指那些与本企业提供的产品或服务相类似，并且所服务的目标消费者也相似的其他企业。

1. 根据产品的替代性程度，可把竞争对手分为不同层次

（1）愿望竞争者。企业把提供不同产品但目标消费者相同的企业看作消费竞争者。

（2）需要竞争者。企业把满足和实现消费者同一需要的企业称为需要竞争者。如空调生产企业是风扇生产企业的需要竞争者。

（3）行业竞争者。行业是提供一种或一类密切相关产品的企业。企业把提供同一类或同一种产品的企业看作广义的竞争者，称为行业竞争者。如摩托车企业和家庭轿车企业，同属车辆制造企业，他们满足消费者的出行需求，可被称为行业竞争者。

微课2.3　竞争者和竞争关系

（4）品牌竞争者。企业把同一行业中以相似的价格向相同的客户群提供类似产品或服务的所有企业称为品牌竞争者。

2. 根据竞争者的反应模式进行分类

（1）从容型竞争者。从容型竞争者认为，消费者对自己品牌的忠诚度高，不会因为竞争对手的攻击而改变品牌选择。

（2）选择型竞争者。有些企业不是对竞争对手的任何攻击行为都有反应，而是有选择性地回应，这类竞争者属于选择性竞争者。

（3）凶狠型竞争者。凶狠型竞争者对向其经营的业务范围发起的任何形式的进攻都会做出最为强烈的反应。

（4）随机竞争者。这种类型的竞争者的反应模式不确定，对某一攻击行动可能采取反击，也可能不采取任何行动。

新鲜案例：周黑鸭和它的竞争者们

从以往的财报可见，2017—2020年，周黑鸭客单价均维持在60元以上，2018年这一数字上涨至63.66元。对比来看，绝味、煌上煌的客单价在25～35元，价格相对亲民。

其次从整体行业来看，去年开始，鸭肉价格同比前年上涨了12%，原材料价格的上涨，导致了卤味产品价格的整体上调。

不断上涨的价格与消费者日益看重性价比的趋势相悖，而且卤味产品作为非必需品，并不具备不可替代性，这也导致了部分消费者的流失。

此外，随着用餐场景的不断变化，年轻消费者们不再拘泥于传统卤味，而是转向产品更为多元的"平替"品牌。

这也给了更多新势力们"分流"市场的机会，在愈加精细化的卤味江湖，有更多细分赛道的新品牌不断涌入。

在电商卤味赛道中，最具代表性的当属王小卤。这个建立于2016年的年轻品牌，用短短几年时间杀出重围，一跃成为受到消费者喜爱的网红品牌，其以一款虎皮凤爪的单品俘获市场，仅用三年时间，销售额从2000万元突破到10亿元。

在热卤赛道，相继出现盛香亭、研卤堂、热卤食光、牛爽爽等品牌。以盛香亭为例，其通过鸡爪、猪脚等食材在同类市场中打差异化，还推出小吃拼盘、特色米粉、沁甜冰粉等创新产品，甚至将火锅与热卤结合，推出子品牌转转热卤，菜品最低仅3元一碟，平均消费在50元左右。

卤味细分赛道中，还包括冷卤品牌、卤味火锅、佐餐卤味等，不乏一些黑马品牌受到消费者和资本青睐，在细分市场一路高歌。以社区冷卤品牌麻爪爪为例，2022年5月获得近亿元的A+轮融资，计划在2023年新开400～500家门店。

新势力们以更新的吃法、做法和玩法，吸引年轻消费群体。这些品牌对应了不同价格带的消费者，满足着消夜、佐餐等更多用餐场景。

曾经一个星期至少要购买一次绝味卤味的"90后"林林，早已转战小区的夫妻卤菜店，"那些现卤的菜品，口味不比绝味差，重点是新鲜，价格还远比绝味便宜。"

而像林林这样的年轻人不在少数。

内卷之下的卤味市场迭代快速，口味变化多元，在为整个市场带来可能的同时，也挤压着传统巨头们的流量空间。

在面对新品牌的增长时，传统卤味则显得有些滞后。从产品来看，餐饮行业从业者李芒认为，"周黑鸭等品牌的问题还在于产品单一，因为消费者都是喜新厌旧的，别人家都是花样百出，你还是这老几样肯定行不通。"

资料来源：高宇哲《上半年表现不一，谁"偷袭"了卤味三巨头？》（网易，2023 - 09 - 04，有删改）。

讨论：

（1）案例中提到的卤味品牌分别是周黑鸭的哪一类竞争者？

（1）餐馆、饮料、饼干等产品是周黑鸭的哪一类竞争者？

六、购买者

我们通常可以把企业的集合称为行业，是市场的卖方，市场的买方则称为购买者。

消费者市场是指为满足自身需要而购买的一切个人和家庭构成的市场。

组织市场是指一切为了自身生产、转售或转租，或者用于组织消费而采购的一切组织构成的市场。它主要包括生产者市场、中间商市场和政府市场。

生产者市场也叫产业市场，是指为了再生产而采购的组织形成的市场。

中间商市场则是指为了转售而采购的组织形成的市场，中间商主要包括批发商、零售商、代理商和经销商。

政府市场是指因为政府采购而形成的市场。

综合案例：淄博烧烤"火了"

"淄博烧烤"的第一波热度出现在3月5日左右，"大学生组团到淄博吃烧烤"这一话题让"淄博烧烤"在小红书及抖音平台出现了第一个热度小高峰；3月10日，淄博市为烧烤专门开了一场新闻发布会，因此在3月11日，微博、小红书及抖音均出现了热度高峰。

4月8日，抖音大V博主摸底淄博10家烧烤摊位，发现没有一家店铺缺斤少两，淄博当地人实在真诚的品质再次把淄博烧烤推上高热度。"淄博烧烤"的传播度迅速扩大，也离不开官方的助推，从加开24列从济南至淄博间的周末往返"烧烤专列"到新增21条定制烧烤公交专线等一系列"保姆式服务"出台，"淄博烧烤"热度在各大平台不断上升，"淄博烧烤"及"淄博"这一城市成为互联网最新顶流。

助推"淄博烧烤"走红的群体是谁？巨量算数数据显示，在抖音平台上，山东省济南市观看"淄博烧烤"相关话题视频的人群最多，其次是北京市和山东省青岛市。而在年龄分布上，不管是18岁的大学生，还是"50岁＋"的中年人，都对"淄博烧烤"十分心动。其中，31～40岁年龄段的人群最爱观看"淄博烧烤"相关视频，占比近三成；其次是 24～30 岁的人群，18～23 岁的人群排名第三。综合来看，18～40 岁的年轻消费群体是"淄博烧烤"的忠实粉丝，占比超八成。

在"淄博烧烤"持续火爆的同时，为营造良好消费环境，淄博官方也发布规范经营者价格行为提醒告诫书，包括烧烤等商户执行市场调节价的，要依法合理制订价格标准，依法明码标价，不得拒绝或不履行价格承诺，不得随意涨价，严禁收取未标明的费用欺诈消费者等。

因此，"淄博烧烤"的整体价格与爆火前相差不大。"淄博烧烤"的价格比较便宜，肉类的价格基本为 1.5～3 元/串，海鲜类价格为 3～6 元/串，素菜价格基本为 1 元/串。而"淄博烧烤"灵魂所在的小饼价格为 2 元/袋，小葱酱价格基本在 5～10 元/份。

有游客表示，即使点上 20 串五花肉，用上一包小饼加蘸料，三四十块就能吃很饱，性价比极高。

淄博市烧烤行业目前正处于快速发展的阶段。企查查数据显示，2012—2014 年，淄博市每年新增注册烧烤企业在 20 家左右；从 2015 年以后，淄博市烧烤企业每年新增注册量均超百家，呈快速增长态势。其中，2021 年，淄博市烧烤新增企业注册量为 620 家，达十年间之最。截至 2023 年 4 月 18 日，不到 4 个月的时间，淄博市烧烤新增企业已达 541 家，比 2022 年全年新增数量只差 40 家。目前，淄博市现存烧烤相关企业 3 220 余家。

自"淄博烧烤"火了以来，淄博成为新晋旅游网红城市，淄博各火车站客流量持续升温，全国各地的游客纷纷去淄博吃烧烤，烧烤成为淄博市的新名片。

据统计，3 月以来，淄博火车站日均发送旅客 1.9 万人次、到达旅客 2 万人次，到发旅客数量呈持续上升趋势，并打破近三年来车站单日到发旅客数新高。尤其是周末时间，客流量更为旺盛。其中 3 月 18 日，淄博站发送旅客 2.38 万人次，到达 3.3 万人次，合计 5.68 万人次，比春运客流量还要大。

3 月 31 日—4 月 23 日，国铁济南局加开 24 列从济南至淄博间的周末往返"烧烤专列"，40 分钟左右就可到达，淄博市客流量再创新高。4 月 15 日，淄博火车站到达旅客 32 602 人次、发送旅客 51 033 人次，到发合计 83 635 人次，创车站单日到发旅客数历史纪录。

淄博烧烤"烤火"了淄博市。OTA 平台数据显示，4 月 14 日、15 日两天，"淄博"火车票搜索增幅位居全国第一，环比增长 988%。4 月 15 日，"北京南—淄博"火车票开售不到 1 分钟就被秒空。

随着游客扎堆出行，淄博也即将迎接近年来最火热的"五一"。数据显示，"五一"期间高铁热门目的地榜单中淄博均位列前十。与此同时，烧烤也带动了淄博市旅游服务业等的发展。OTA 平台数据显示，"五一"期间淄博旅游订单（含酒店、景点门票）同比增长超 2 000%，"五一"期间淄博市的住宿预订量较 2019 年上涨 800%，增幅位居山东第一。

资料来源：刘亚宁《一文看懂淄博烧烤靠什么"火爆出圈"》（钛媒体，2023-04-21，有删改）。

讨论：

（1）请从微观环境的角度分析淄博烧烤为何会"火"。

（2）搜索资料，分析淄博烧烤的供应商、经销商、顾客群体、内部营销环境、公众等微观营销环境因素。

点评：用烧烤带火一座城，背后离不开政策的扶持和完善的发展理念，如开设烧烤高铁专列和公交专线，方便食客们出行，文旅局长们上车站接站，实施青年驿站半价入住，共享单车限时免费，举办淄博烧烤金炉奖，给参加的烧烤店定向发放 25 万消费券等一系列举措，充分体现出当地政府的责任担当和主动作为。

 课后实训

一、实践任务

国产飞机 C919 的微观营销环境。

二、实践步骤

（1）自主学习 C919 作为首个商业航班飞行的信息。

（2）分工合作分析列出 C919 的供应商、竞争者、内部营销环境和客户等群体。

（3）根据数据分析，围绕 C919 的成功之处及对国家工业发展的意义写出小结报告。

三、评价

根据小结报告，由教师给出相应分数。

2.4　购买分析

学习目标

知识目标：了解市场需求的形态及表现形式，了解消费者购买活动的主要参与者；理解消费者市场的含义、特点和类型，理解组织市场的含义和特征；掌握消费者的需求及其购买行为的影响因素，掌握消费者购买决策过程。

技能目标：在营销实践中能运用所学知识分析营销对象的购买行为。

素养目标：塑造正确的消费观、价值观、偶像观，深刻理解消费者权益，增强法治观念。

重点难点

学习重点：消费者市场购买行为分析，组织市场的含义、类型和特点，生产者市场与中间商市场购买行为分析。

学习难点：消费者购买行为模式。

课前活动

一、活动主题

讨价还价。

二、活动步骤

（1）该活动由学生自愿报名，最终确定6名同学，分为3组，进行小品展示。每组中一名同学为店主，一名同学为顾客，情景自拟，准备5分钟后上台进行讨价还价的展示。

（2）每组同学展示完毕，台下同学开始"挑刺"，指出讨价还价过程中的不足。

（3）从消费心理的角度分析"砍价"行为。

三、活动评价

由学生投票决定"最狠顾客奖"与"最黑老板奖"。

课前预习

新鲜案例：海尔与Z世代

海尔智家副总裁、中国区总经理徐萌表示，当前面对疫情后时代的变化，推动商业逻辑的重构是当务之急。他表示，作为企业，重视成本效率和经营效率才是关键，可以说，今后企业更注重成本效率，从而实现企业全流程经营效率；其次是作为企业，对外而言，更注重用户体验，从而实现全流程用户体验升级。

从过去的注重价格到现在注重价值，到全场景化打造，再到 TC 时代依托数字化平台支持，家电行业将实现高质量的发展。徐萌表示，Z 世代人群数接近 2.5 亿，消费增速 400%，已经是家电消费的主力人群。

徐萌认为，"无论市场前景、消费形势如何变化，我们的一切工作仍然以用户为中心。"关于当前消费领域的变化，他总结为三点：消费观念在变化，消费群体在变化，消费的通道在变化。

其一，在过去的很长时间里一直在提倡消费的升级，但是近 3 年来，我们普遍地感受到消费在降级。当前我们敏锐地发现消费需求实际是在全面分级。高收入人群历经疫情时代后，更懂得珍惜当下，享受生活，这一群体带来的高端消费爆发式的增长，也将为高端电器行业的发展带来巨大的空间。

其二，Z 世代群体崛起。随着他们逐渐拥有自己的家庭和孩子，他们在未来 3~5 年、5~10 年也将成为中国消费的主力人群。Z 世代群体的消费理念非常清晰，一站到位，一次就好！如今看来，我们的商业逻辑也将为他们的需求而改变。

徐萌畅谈他对 Z 世代的理解，强调比起一成不变的标准化产品，后者更想要的是"适合"与"适配"。他认为当下家电行业的矛盾也在于产品统一标准化生产和年轻人追求个性生活多变性之间的矛盾。作为海尔智家旗下专为 Z 世代打造的年轻家电品牌，Leader 希望与年轻人共同成长，不仅做年轻人的品牌，更是品牌里的"年轻人"。这也是海尔将年轻人对于家空间的需求转化为研发灵感，来适配多样化生活场景的产品、技术及服务。

其三，消费通道的改变。"在过去的 3 年里，电商爆发式的发展，我们作为零售电器行业，应该清晰地看到人货场的逻辑发生巨大改变，过去的'人找货'变成今天的'货找人'。那么我们做高端家电，要寻找的高端消费群体在哪里？他们的行为轨迹在哪里呢？"面对这个问题，徐萌表示，海尔坚定地与更多优势品牌合作，为用户消费行为的改变缔造更好的消费场景，在高端体验渠道共融共创共生。

对于大家共同关注的高端电器的概念问题，徐萌则以卡萨帝品牌为案例进行了解读并提出了自己的观念。卡萨帝从品牌创立之初的前 10 年，海尔一直在付出，通过对国内高端人群消费理念的洞悉，做消费者喜欢的产品。2019 年随着"三翼鸟"场景品牌的呈现，卡萨帝进行了高端场景行业引领的第二个阶段，2023 年开始，卡萨帝再次调整为高端生活方式的引领者。他坚信，"'心中有用户，市场有空间'，今天我们海尔更要为自己的战略合作伙伴们的发展做考虑，一起站在 Z 世代视角，一起思考，这一群体他们想要什么样的生活方式，今后我们要做的改变就是为这样一个群体的需求而改变自己的商业思维逻辑。"

对于用户的消费在分层，用户的流向在改变，用户价值在不断放大，用户换新需求正不断升温，会员用户的复购机会等问题，徐萌提到，海尔专门搭建了零售用户中心、定制用户中心、商铺用户中心的"三大用户中心"，这三条新赛道最终指向是用户的最佳体验，提高服务能力和效率是关键。26 年来，海尔历尽千帆，却又始终与海尔的战略布局、阶段转型同频共振。如今，海尔进入场景、生态品牌的新赛道，海尔的全新战略蓝图也在徐徐展开。正如徐萌所言："只要我们心中有用户，学会改变，这就是最好的时代。拒绝改变，这就是最坏的时代。"因为心怀用户，所以海尔总能在不同的阶段实现相同的引领，成为新时代美好生活的样板和标杆。

资料来源：王建明、巩彬《海尔徐萌：心中有用户，市场有空间，用户需求至上才能赢得未来》（搜狐网，2023 – 07 – 03，有删改）。

讨论：

（1）如何理解案例中提到的"心怀用户"？

（2）海尔为何会重点分析Z世代的消费需求？

❀ 课中学习

消费者购买行为对于企业的产品设计、营销策略和市场调研等方面产生了很大的影响。企业需要深入分析消费者购买行为，根据数据和市场需求制订相应的营销策略和产品规划。只有通过有效地观察和研究消费者购买行为，企业才能满足消费者的需求，提高企业的竞争力，实现可持续的商业发展。

一、消费者市场需求的形态及营销对策

消费者市场是指为满足自身需要而购买的一切个人和家庭构成的市场。消费者市场是现代市场营销理论研究的主要对象。如果不能正确分析和把握市场需求，就会使市场营销工作迷失方向。根据需求水平、时间和性质的不同，可归纳出八种不同的需求状况。

1. 负需求

负需求指市场上不欢迎这种产品，甚至愿意付出一定代价来躲避该产品。在负需求情况下，应分析市场为什么不喜欢这种产品，是否可以通过产品的重新设计和降低价格等积极营销方案，来改变市场的信念与态度，将负需求转变为正需求。

2. 无需求

无需求指由时间、空间上的原因或者消费者毫无兴趣所造成的暂时性的无需求。这种状态下，应开展刺激市场营销，即通过大力促销及其他市场营销措施，努力将产品所能提供的利益与人的自然需要和兴趣联合起来。

3. 潜在需求

潜在需求是指相当一部分消费者对某物有强烈的需求，而现有产品或服务又无法满足的一种需求状况。在潜在需求状况下，主要工作是开发市场营销，即开展市场营销研究和潜在的市场范围测量，进而开发有效的产品或服务来满足这些需求，将潜在需求变为现实需求。

4. 下降需求

下降需求是指市场对一个产品或几个产品的需求呈下降趋势的一种需求状况。这种状态下的主要工作为重振市场营销，即分析衰退的原因，进而开拓新的目标市场，

改进产品特点和外观，或采用更有效的沟通手段来重新刺激市场需求，使老产品开始新的生命周期，并通过创造性的产品再营销来扭转需求的下降趋势。

5. 不规则需求

不规则需求是指某些产品或服务的市场需求呈现波动状态的一种需求状况。这种状态下的工作是协调市场营销，即通过灵活的定价、大力促销及其他刺激手段来改变需求的时间模式，使产品或服务的市场供给与需求在时间上协调一致。

6. 充分需求

充分需求是指某个产品或服务的目前需求水平和时间等于预期的需求水平和时间的一种需求状况。这是企业最理想的一种需求状况。但是，在动态市场上，消费者偏好会不断发生变化，竞争也会日益激烈。因此，在充分需求状况下应做好维持市场营销工作，即努力保持产品质量，经常测量消费者满意程度，通过降低成本来保持合理的价格，并激励推销人员和经销商大力推销，千方百计维持目前需求水平。

7. 过度需求

过度需求是指市场需求超过了企业所能供给或所供给水平的一种需求状况。在过度需求情况下应降低市场营销，即通过提高价格、合理分销产品、减少服务和促销等措施，暂时或永久地降低市场需求水平，或者是设法降低来自盈利较少或服务需要不大的市场的需求水平。需要强调的是，降低市场营销并不是杜绝需求，而是降低需求水平。

8. 有害需求

有害需求是指市场对某些有害产品或服务的需求。对于有害需求的情况，应做好反市场营销工作，即劝说喜欢有害产品或服务的消费者放弃这种爱好和需求，大力宣传有害产品或服务的严重危害性，大幅度提高价格，以及停止生产供应等。降低市场营销和反市场营销的区别在于：前者是采取措施减少需求，后者是采取措施消灭需求。

新鲜案例：新能源汽车

"新能源车带来的'替代效应'不可忽略。"3月14日，中汽研专家章弘在新京报贝壳财经举办的"全国车企掀起价格战，可以拉动汽车消费'马车'吗"视频云论坛上表示。

今年3月，由东风系掀起的新车降价潮迅速席卷全国。据不完全统计，截至3月20日，已有超30家车企参与此轮"降价潮"，且大多为传统车企旗下的燃油车品牌。

3月1日，东风系在湖北省和政府合作，通过政企综合补贴的形式，对旗下产品开启大幅促销，此后其他品牌也纷纷跟进。

其中，东风雪铁龙C6车型的降价幅度最高达到9万元，随着湖北省促销冲上热搜，各地政府、车企纷纷开启了补贴，掀起了近乎"全国性"的购车潮。

而此轮促销，或许与新能源汽车的竞争力不断加强有关。

"新能源汽车正在逐渐蚕食燃油车的市场份额。"在章弘看来，此次车市"降价潮"虽然有去库存、应对新排放法规等影响因素，但新能源车带来的"替代效应"也不可忽略。

在购买环节，新能源汽车可享受优惠。在使用环节，相比传统燃油车，新能源汽

学习笔记

车除更加智能和具有便捷性能外，综合使用成本也远低于燃油车。

章弘指出，经过十余年发展中国已成为全球最大的新能源汽车市场，中国的新能源汽车产业链在全球市场上有着巨大的竞争力。

无论是我们的电池技术，还是依托于电气化的智能化技术，都在中国乃至全球市场有较为出色的成绩。部分车企走向海外市场，凭借新能源与智能化技术，吸引了很多海外消费者的关注。

在中国汽车市场，基于特斯拉的降价压力、汽车原材料成本下降等因素影响，整个新能源汽车市场也在将产品价格进行下探，这也给燃油车的销售带来了不小的压力。

中国汽车工业协会数据显示，2022年，我国新能源车的产销量已经破700万辆，销量近690万辆，渗透率25.6%。自主新能源汽车品牌市场占有率接近80%，这意味着中国消费者对于新能源车、对于国产新能源车有着较高的认可。

他判断，车市繁荣将持续复苏，预计2023年我国狭义乘用车产销量2 350万辆，作为势头正盛的新能源汽车，销量有望达到800万~850万辆，实现30%~40%的增长。"且随着新能源汽车渗透率的快速提升，我国有望成为全球首个新能源汽车年产销量达到千万辆的国家。"章弘称。

随着"降价潮"愈演愈烈，一系列连锁反应也逐步显现，二手车市场是否会受到影响？

章弘认为，在燃油车领域，优质品牌几乎不会受短时间的市场促销影响。

对于此类企业来说，由于在中国市场已沉淀了近20年，它们的口碑、品牌已经树立。部分合资品牌、豪华品牌的二手车体系也相当成熟，短时间的促销难以影响其长期销量。这也是为什么它们在目前的市场境况下没有跟进"大规模促销"。

资料来源：白昊天《中汽研专家章弘：新能源汽车"替代效应"不容忽视》（新京报，2023-03-22，有删改）。

讨论：

（1）结合案例材料，分析新能源汽车、燃油车、二手车分别属于哪类市场需求。

（2）新能源汽车属于哪类消费品？

（3）新能源汽车市场有何特征？

二、消费品的类型

根据消费者的消费习惯，可分为便利品、选购品和特殊品。

根据消费者的购买态度，可分为热门商品、冷淡商品和理智商品。

根据消费品的技术先进性及需求时代性，可分为时尚商品（或叫新潮商品）、超前商品和过时商品（或称淘汰商品）。

❀ 课内活动

讨论： 你在消费过程中，是否有被侵犯权益的现象？

中华人民共和国消费者权益保护法

三、消费者市场的特点

1. 分散性

消费者市场从交易规模和方式来看具有购买者众多、市场分散、成交频繁的特点，但是交易数量却是零散的，绝大部分产品和服务的交易都需要通过中间商的销售才能完成。因此，针对消费者市场的企业应该特别注意中间商的选择、渠道的设计及管理等工作。

2. 差异性

消费者市场为消费者提供生活消费用品，购买者主要是个人或家庭，这些购买者在购买过程中会受到不同因素的影响而表现出较大的差异性和多样性。随着消费者购买力水平的不断提高，人们更注重个性选择、个性消费，新的市场不断涌现，需求的差异性有不断扩大的趋势。

3. 多变性

消费者市场中产品的类别众多，同类产品较多，消费者的可选择性很强。随着经济飞速发展及技术的进步，新产品在短期内层出不穷，消费者的需求也更加多样化。

4. 替代性

消费者市场产品种类众多，同类产品、功能相似的产品很多。因此，不同产品之间往往存在替代关系，这种情况同组织市场相比差异很大。替代品众多使得消费者市场的竞争异常激烈，人们经常在替代品之间进行选择。例如，相同类别的饮料产品可以相互替代，运动型饮料"脉动"与"劲跑"，茶饮料康师傅"冰红茶"与统一"冰红茶"都构成替代关系。而不同类别的产品也可能相互替代，如饼干和方便面。

5. 非专业性

从购买行为来看，消费者的购买行为具有非专业性。这是因为消费者购买过程不像组织市场的购买决策要经历一系列复杂的手续或审批程序，多数购买行为存在冲动性和自发性，消费者在购买消费品时大多缺乏相关的产品知识和市场知识，受广告宣传的影响较大。从这一特点来看，企业应做好广告宣传，强化企业产品在消费者头脑中的形象，从而有效地引导消费者进行购买。

6. 网络化

随着互联网技术的日趋成熟，电子商务通过网络将消费者带入全新的网络交易时代，消费者的购买行为也随之发生改变。年青一代的消费者已经开始习惯于通过网络来搜索自己想要的商品，并且在网上进行出价、比价，最终完成交易过程。人们的购买模式较传统的线下交易发生了巨大的变化：冲动性购买大幅增加、对便利性要求提高、消费者主动参与产品的定制等，这些行为的改变都与网络经济的飞速发展密切相关。企业在电子商务时代已经不能仅满足于传统的线下宣传，而是要跟随时代的发展，建立自己的网站，在网络上吸引消费者的关注。

经典案例：淘宝与天猫

时间倒回2007年，35岁的张勇在香港第一次与马云见面。据说当天张勇带走了一把有阿里巴巴 Logo 的橙色雨伞，他保存至今。

当时的张勇已经在普华永道工作 11 年，又在盛大从财务总监干到副总裁兼 CFO。坊间津津乐道的传闻是，面对马云问所有求职者的问题"为什么想来阿里"，张勇的回答是"我已经做过 30 亿美元的公司，想做个 300 亿美元的"。

2014 年 9 月 19 日，阿里巴巴在美股上市，首日收盘价为 93.89 美元，市值超过千亿美元。而张勇辞任一号位的第二天，2023 年 9 月 11 日美股收盘时间，阿里巴巴市值达到 2 295 亿美元。

命运的齿轮就此开始转动。见到马云后的一个月，张勇加入阿里，任淘宝网 CFO；2008 年，张勇升任淘宝网首席运营官兼淘宝商城总经理，淘宝开始快速发展；2009 年 3 月，张勇接手淘宝商城，开创性地把"双 11 光棍节"变成了"剁手网购狂欢节"。当年"双 11"，整个平台交易额达到了 5 200 万元，是当时日常交易的 10 倍左右。2009 年，"双 11"的交易额就达到了 9.36 亿元。2011 年，淘宝商城从淘宝网中分拆成为独立平台。2012 年，淘宝商城更名为"天猫"，在短短三年内就实现盈利，成为阿里的核心业务。

2016 年年初，时任阿里巴巴 CEO 张勇在阿里巴巴内部会上指出当年的四大发展方向，其中之一是消费升级。因为张勇不希望大众对淘宝的印象停留在"廉价品"上。因此在很长一段时间里，天猫与淘宝的商家存在一定的"流量隔板"，即给天猫自营商家的流量会更多。

然而，大环境的巨变与竞对的崛起改变了战局。下沉市场开始成为兵家必争之地，而淘宝慢了一拍。中小商家开始"出淘"，也带走了一批用户。高盛的报告曾指出，淘宝天猫的市场份额从 2019 年的 66% 下降到 2022 年的 44% 左右。

2023 年 3 月，马云回国，开始回归阿里巴巴的日常经营和战略决策。据晚点报道，2023 年 5 月中旬，马云在阿里内部一场小范围的沟通会上提出，淘天集团当前面临的竞争局势十分严峻，阿里过去那些赖以成功的方法论可能都不适用了，要"回归淘宝、回归用户、回归互联网"。马云判断，接下来的机会在淘宝，而不是天猫。

资料来源：《从专职阿里云到意外全面卸任，马云为何"食言"张勇？》（搜狐科技，2023 - 09 - 17，有删改）。

讨论：请结合自身实际谈谈淘宝和天猫主要客户群体的购买特征。

四、消费者购买活动的主要参与者

1. 发起者

通常第一个提出或有意向购买某产品或服务的人，是指认识到或感知到未被满足的需要的家庭成员，这种角色可由家庭中的一个或几个成员承担，他们最早提出或想要购买某种产品或服务。

2. 影响者

影响者是指对评价选择、制订购买标准和做出最终选择有影响力的人，他们通过对其他家庭成员施加影响直接或间接影响着购买决策。

3. 决策者

决策者是指对是否买、为何买、如何买与何处买等购买决策做出全部或部分最终决定的人。

学习笔记

4. 购买者

购买者是指实际从事对产品或服务购买的成员，一般是实际采购人。

5. 使用者

使用者是指实际消费或使用产品或服务的人，许多产品或服务都会有多个使用者。

五、消费者需求和购买行为的影响因素

1. 文化因素

文化是指人类在社会历史发展过程中所创造的物质财富和精神财富的总和，是人类知识、信仰、艺术、道德、法律、美学、习俗、语言文字以及人作为社会成员所获得的其他能力和习惯的总称。文化是人们在社会实践中形成的，是一种历史现象的沉淀；同时，文化又是动态的，处于不断的发展变化之中。不同的文化背景会影响消费者对产品或服务的需求、价值观、信仰和行为方式等多个方面。例如，在中国文化中，过年时要送礼，而在西方文化中，圣诞节要送礼，这就影响了消费者的购买行为和消费心理。

（1）基本核心文化。

基本核心文化是某一特定的社会生活方式的总和，包括语言、法律、宗教、风俗习惯、价值观、信仰和工作方式等特有的内涵。文化是决定人们欲望和行为的最基本的因素。

（2）亚文化。

亚文化包括民族亚文化群、宗教亚文化群、种族亚文化群和地理亚文化群。

（3）社会阶层。

社会阶层是根据职业、收入来源、教育水平、价值观和居住区域对人们进行的一种社会分类。它会影响消费者购买地点的选择、消费和储蓄的倾向、消费产品的品位、娱乐和休闲的方式、对价格的敏感程度等。

2. 社会因素

每个消费者都是社会的一员，他的行为不可避免地要受到社会各方面因素的影响和制约。例如，一个人的家庭背景、教育水平和职业身份等，都会影响他们对产品或服务的需求、购买行为和消费心理。

（1）相关群体。

相关群体指能够直接或间接影响消费者态度、价值观和购买行为的个人或集体。按影响程度划分，相关群体包括主要群体、次要群体和其他群体。

（2）家庭。

家庭生命周期可划分为五个阶段：未婚阶段、已婚阶段、满巢阶段、空巢阶段和鳏寡阶段。

（3）角色地位。

不同角色的消费者在购买产品或服务时，表现出来的购买行为是不同的。在购买活动中，消费者一方面要考虑社会的期望，另一方面也要满足自身的心理需求。

3. 个人因素

影响消费行为的个人因素包括年龄、经历、性别、职业、受教育程度、经济状况、生活方式、个性及自我观念等。如不同年龄和经历的消费者对服装款式、色彩、型号、数量、质地和服务等方面的要求也不同。

（1）稳定因素。

稳定因素主要是指个人的某些特征，诸如年龄、性别、种族、民族、收入、家庭、生活周期和职业等。稳定因素不仅能影响参与家庭决策者，而且影响人们决策过程的速度。在决策过程的某一特殊阶段，购买行为也部分地取决于稳定因素。如个性特点和生活方式，相对比较稳定。

（2）随机因素。

随机因素是指消费者进行购买决策时所处的特定场合和具备的一系列条件。有时，消费者购买决策是在未预料的情况下作出的。

4. 心理因素

所谓消费者心理活动过程，是指消费者在购买决策中支配购买行为的心理活动的整个过程。

（1）需求。

消费者需求是指消费者在一定的社会经济条件下，为了自身的生存和发展而对产品产生的一种需要和欲望。美国心理学家亚伯拉罕·马斯洛认为人是有欲望的动物，需要什么取决于已经有了什么，只有尚未满足的需要才影响人的行为，已满足的需要不再是一种动机。

马斯洛在1954年发表的《动机与人》一书中，提出人类"需要层次理论"，也称为马斯洛动机。这个理论认为人的需要可以分为下面五个层次：

①生理需要，指为了满足生存而对必不可少的基本生活物质条件的需要，如衣、食、住、行等，它是人体最基本的需要。

②安全需要，指满足人身安全和健康的需要。我国由于生活水平的提高，对这方面的需要日益增多，如医疗保健品、人寿保险和防盗物品等。

③社交需要，指参与社会交往，取得社会承认和归属感的需要。在这种需要的推动下，人们会设法增进与他人的感情交流和建立各种社会联系。

④尊敬需要，指在社交活动中受人尊敬，取得一定社会地位、荣誉和权力的需要。人们购买高档名贵服装等高档消费品，获取高学历就是这种需要的表现。

⑤自我实现需要，指发挥个人最大潜力，实现理想的需要。自我实现是需要的最高层次，自我实现的人是理想的人，建立人与人之间无条件的关怀和真诚关系，是自我实现的关键。满足自我实现需要的产品有书籍、教育和知识等。

马斯洛认为同一时期，一个人可能有几种需要，但每一时期总有一种需要占支配地位，对行为起决定作用。人们都是最先追求最迫切的需要，在满足了最迫切的需要之后，就会转向满足下一个次迫切的需要。

（2）动机。

动机是指人发动和维持其行动的一种内在动力，是一种升华到一定强度的需要，它能够及时引导人们去探求满足需要的目标。购买动机是直接驱使消费者实行购买行为的一种内部驱动力。消费者购买动机的形成主要有两个因素：需要和刺激。

（3）知觉。

知觉是人脑对直接作用于感觉器官的客观事物各个部分或属性的整体反应。在营销中，知觉比实际情况更重要，因为知觉影响消费者的行为。知觉不仅取决于刺激物的特征，而且依赖于刺激物同周围环境的关系以及个人所处的状况。例如，面对一个滔滔不绝地介绍其保险业务的保险推销员，陈先生可能感到这个推销员的行为过分或不够诚实，而李先生可能认为该推销员很聪明，其介绍有利于自己接受该项保险业务。不同的人对同一刺激物会产生不同的知觉，是因为知觉会经历三种过程，即选择性注意、选择性曲解和选择性记忆。

①选择性注意。选择性注意是指人在同一时间内只能感知周围的少数对象，其他的对象则被忽略了。例如，据估计，平均每人每天要接触到 1 500 个以上的广告，但被感知的广告只有 75 个，而产生实际效果的只有 12 个。

②选择性曲解。选择性扭曲是指人们往往按照已有的想法有选择地将某些信息加以扭曲使之符合自己的意向，然后加以接受。由于存在选择性扭曲，消费者接收的信息不一定与信息的本来面貌相一致。例如，某一产品在消费者心目中已树起信誉，形成品牌偏好，即使一段时间该品牌的质量下降了，消费者也不愿意相信；而另一新的品牌即使实际质量已优于前者，消费者也不会轻易认可，总以为原先的那个名牌货更好些。

③选择性记忆。选择性记忆是指人们只记住那些与自己看法、信念相一致的信息。对于购买者来说，人们往往记住自己喜爱的品牌产品的优点而忘掉其他竞争品牌产品的优点。选择性记忆对强势品牌很有利。这也揭示了为什么许多营销人员不断地向目标消费者重复传递信息，就是为了确保他们的信息不会被遗漏。

（4）学习。

所谓学习，是指消费者在购买和使用产品过程中不断获得知识、经验和技能，不断完善其购买行为的过程。所有消费者的购买行为都是经验积累的结果。学习是指由于后天经验引起的个人知识结构和行为的改变。尽管大部分的学习都是具有偶然性的，但是人类行为（包括购买行为）大都来源于学习。如当一个消费者从一家电商平台买了不能退换的次品后，他就学习到今后再也不能在那家电商平台买东西了。人类学习是为了获得一种在将来做出适应性行为的潜能。

（5）态度。

态度是指消费者在购买或者使用产品的过程中对产品或服务及其有关事物形成的反应倾向，即对产品的好坏、优劣、肯定与否定的情感倾向。态度在人们脑中形成一个架构：对某一事物喜欢或不喜欢，亲近或疏远。态度使人们对相似的事物产生相当一致的行为。因为态度可以节省精力和脑力，并且非常难以改变，所以一个企业最好使其产品与既有的态度一致，而不要试图去改变人们的态度。

新鲜案例：爱吃毛肚

说到吃麻辣火锅必备的食材，问 10 个人可能有 9 个都会提到毛肚。但鲜有人会想到，这份喜爱竟让毛肚成了走私犯罪的选择。

据海关披露，2020年全国立案侦办了394起冻品（含毛肚）走私案件，案值接近300亿元。不惜让人铤而走险的毛肚究竟是什么？国人到底有多爱它？

作为当下最受欢迎的火锅食材之一，吃起来鲜脆爽口的毛肚，和金钱肚、牛肚一样，都出自牛胃。毛肚来自牛的第三个胃，它本身有一层黑色的黏膜，因此未经处理时是黑色的，经过热水焯烫，或酸、碱、双氧水等处理，去掉黑膜后就成了白色的牛百叶（即千层肚）。

毛肚不仅吃起来爽脆，还富含蛋白质、钙、铁、硫胺素等营养成分，但全球来看，懂得欣赏的人并不算多。据说，除了法餐会用到一些毛肚，其他大多被国人拿来烫了火锅。保守估算，光川渝地区的吃货一年就能干掉超12万吨毛肚，全国每年吃掉的数量更多。

毛肚近年在国内越来越火，甚至到了"一肚难求"的地步。一般情况下，1头牛能产4~5公斤毛肚，以中国每年5 000万头的牛出栏量计算，可生产20万~25万吨毛肚，仅靠自产自销，很难满足消费需求。

外国人既不爱吃毛肚，岂不是很方便我们进口？倒也未必。虽然毛肚在国外不受青睐，连香肠等重组肉制品都轮不到它，但也正因为吃得少，许多国家对毛肚的加工、包装和贮存运输缺乏管理，可能存在较高的安全风险。

在严格的检验检疫要求之下，目前只有美国和新西兰获准向中国出口毛肚，俄罗斯、白俄罗斯、哥斯达黎加、立陶宛、乌拉圭等国虽也提出了申请，但还未能审批通过。

虽不能说进口就进口，仍有源源不断的毛肚跨越山海，来到国人的餐桌上。全球进出口统计网站Volza的数据显示，在涉及毛肚的千吨级别大交易中，超过九成都是运往中国。

资料来源：Roxie《全球9成毛肚运往中国？你吃下的可能是走私货》（搜狐四象工作室，2023 – 07 – 28，有删改）。

讨论：

（1）案例中提到"保守估算，光川渝地区的吃货一年就能干掉超12万吨毛肚，全国每年吃掉的数量更多"，这说明购买行为的什么特征？

（2）吃火锅通常是一种群体行为，你是否有一个人到火锅店消费的经历？为什么？

（3）结合自身经历谈谈吃火锅的消费决策过程通常是什么样子的。

六、消费者购买决策过程

消费者的购买决策过程，是指消费者产生购买行为或购买活动的具体步骤。

1. 认识需要

所谓认识需要，即确认需求，就是消费者发现现实状况与其所想达到的状况之间有一定的差距。消费者认识到自己有某种需要时，是其决策过程的开始，这种需要可能是由内在的生理活动引起的，也可能是受到外界的某种刺激引起的。

2. 收集信息

信息收集阶段将通过多种来源获得产品或服务信息，以提高决策理性。信息来源主要有四个方面：个人来源，如家庭、亲友、邻居和同事等；商业来源，如广告、推销员和分销商等；公共来源，如大众传播媒体和消费者组织等；经验来源，如操作、实验和使用产品的经验等。

3. 选择评价

将根据产品或服务的属性、利益和价值组合，形成各种购买方案，并确认购买态度。消费者得到的各种有关信息可能是重复的，甚至是互相矛盾的，因此还要进行分析、评估和选择，这是决策过程中的决定性环节。在这一过程中，信息的充分性、外部条件、个人偏好和不确定因素将影响其选择和评价。

4. 决定购买

实施购买行为是消费者购买决策过程中最为重要、最为关键的环节。这个阶段，消费者将会在不同方案之间形成购买意图和偏好。消费者对产品信息进行比较和评选后，已形成购买意愿，然而从购买意图到决定购买之间，还要受到其他因素的影响，如他人的态度，反对态度越强烈，或持反对态度者与购买者关系越密切，修改购买意图的可能性就越大。

5. 购后行为

消费者购后行为主要包括购后评价和购后行动，将会评估购买获得的价值，并通过行动表达满意或不满意等。消费者购后的满意程度取决于消费者对产品的预期性能与产品使用中的实际性能之间的对比。购买后的满意程度决定了消费者的购后活动，决定了消费者是否会重复购买该产品，甚至还会影响到其他消费者，形成连锁效应。

七、消费者购买行为类型

1. 复杂型购买行为

复杂型购买行为类型指消费者的购买行为的复杂程度高，产品差异性大。对于这种购买行为，企业应当了解并高度参与消费者的信息收集和评价行为，同时还要区别品牌的特征，针对购买决策者推出介绍该产品特性的广告，让消费者对产品产生信任感。

2. 和谐型购买行为

和谐型购买行为类型指消费者的购买行为的复杂程度高，产品差异性小。对于这种购买行为，企业一方面要通过营销策略影响消费者的品牌选择，另一方面要在消费者购买之后向其提供信息，证明其购买的正确性。

3. 习惯型购买行为

习惯型购买行为是指消费者的购买行为的复杂程度低，产品差异性小。这就要求企业可以采用独特包装、促销及价格折扣等方式鼓励消费者试用和购买产品。

4. 多变型购买行为

多变型购买行为是指消费者的购买行为的复杂程度低，产品差异性大。面对这种购买行为，处于不同市场位置的企业要采取不同的策略：若企业处于行业的领先位置，应当注意尽可能地占领货架的有利位置，并通过提醒性的广告词促进消费者建立习惯型购买；若企业处于非领先地位，则应采取降低产品价格与免费试用等方法鼓励消费者进行多品种的选择和新产品的试用。

新鲜案例：现制酸奶

当下的饮品赛道，一股现制酸奶的热潮正席卷而来。

Blueglass Yogurt、茉酸奶等客单价动辄 40～50 元/杯的现制酸奶品牌成为广大年轻消费者的"新宠"。在热门购物中心，它们占据了"旺铺"位置；在社交媒体平台上，它们高频出现在打卡笔记中。

业内人士认为，今年可以称得上是现制酸奶的狂热元年，这条新赛道肉眼可见地"火"了起来，相关企业融资与开店消息不断。但这背后究竟是资本的助推，还是产品实力过硬，仍有待市场的检验。

王一诺是某社交媒体平台的忠实用户。最近，她越来越频繁地刷到各式各样有关酸奶的推文，如"现榨牛油果开心果酸奶奶昔""一杯可代餐""健康美容养颜"等，配上五颜六色的图片，辅以丝滑绵密的口感描述，这让爱喝饮品、爱尝鲜的她十分心动。

公开资料可见，这类现制酸奶产品通常以酸奶为主要原料，搭配上水果、坚果、谷物等，使用"看得见的原料"进行组合，打造出不同风味的产品。

5 月 24 日，记者实地走访北京多家购物中心看到，许多优质商铺的位置开出了大量新的现制酸奶品牌店。在这些品牌门店前，不乏排队购买、打卡拍照的年轻人，其中年轻女性消费者占大多数。

记者发现，仅北京九龙山合生汇一家商场，负一、负二两层楼就入驻了 5 家不同的酸奶门店，分别是 K22 酸奶草莓、Blueglass Yogurt、蓝熊鲜奶、撒露欧洲冻酸奶，以及去山野鲜果酸奶。

从售价来看，Blueglass Yogurt、茉酸奶、撒露欧洲冻酸奶售价较高，单杯为 30～50元；K22 酸奶草莓、蓝熊鲜奶、去山野鲜果酸奶单杯价格为 15～30 元。

消费者程菲菲告诉记者，她是被小红书的某位博主"种草"了 Blueglass Yogurt，听说这个品牌的酸奶不添加糖，夏天没有食欲、吃不下饭的时候可以喝一杯代餐，看菜单用料十分干净、品种丰富，牛油果、菠萝等水果都对身体有益，且 Blueglass Yogurt的产品颜值都很高，所以"今天特地来打卡试试"。

与程菲菲一样，被酸奶美图从线上引流到线下门店的不在少数。多位受访者表示，自己是从社交平台上看到这类酸奶的推文慕名而来的，当下年轻人的社交新方式，就是约着一起打卡"网红店"，如果哪款没喝过，"就是 out，跟不上时代了"。

现制酸奶的不同品牌选择了不同的发展路径，例如，Blueglass Yogurt 以直营为主，而茉酸奶则主打加盟模式。关于未来的发展规划及开店策略，记者通过邮件联系上述品牌采访，但截至发稿未获回复。

资料可见，2021 年，Blueglass Yogurt 获得超 2 亿元 B 轮融资；茉酸奶官方公众号显示，截至 2023 年 3 月，茉酸奶门店已经突破 500 家，覆盖 81 城，并计划在"2023年突破 1 000 家门店，实现百城千店的目标"。

记者梳理发现，这类品牌的目标客群极其清晰——大城市的年轻白领女性。一方面，该消费群体有着严格的身材管理、健康饮食、皮肤保养等诉求；另一方面，她们对于价格敏感程度低、消费实力强劲。此外，这类年轻女性客群通常交际圈广泛，"种草"与"带货"的能力也极强。

此外，这些现制酸奶品牌的门店选址"高举高打"，十分高调，基本上只挑一线城市的高端写字楼或热门商圈，精准定位中高端消费人群。

在线上推广方面，这类品牌选择了女性用户居多的小红书精准投放。同时，搭配牛油果等网红水果和时髦的包装设计，让"高颜值"成为产品标签。冲着这一点，消费者十分乐于在社交媒体平台上分享现制酸奶的美图。其中，借助希腊酸奶（通过过滤/滤除乳清后得到的高浓稠酸奶制品），Blueglass Yogurt"倒杯不洒"的特点更成为小红书用户笔记中妥妥的出圈图。

资料来源：贺阳《现制酸奶火了，40 块钱一杯主打一个贵？》（中国商报，2023 - 05 - 28，有删改）。

讨论：

（1）购买现制酸奶是何种购买行为类型？

（2）现制酸奶购买者的购买决策受什么因素的影响？

（3）消费升级对现制酸奶市场的发展有何影响？

八、生产资料市场的含义和主要特征

生产资料市场是进行生产资料交换的场所。它与消费品市场的根本区别在于：这个市场的购买者主要是生产性企业，而不是个人消费者；购买产品是为了制造其他产品，而不是为了个人或家庭消费。因此，与消费品市场相比，生产资料市场具有下面这些不同的特点：

（1）市场成员特性：购买量大、购买者数少、购买者集中及买卖双方关系密切。

（2）需求特性：引申性需求、需求弹性低、联合需求和波动性大需求。

（3）购买特性：专业的购买、参与购买决策的人较多、直接采购、可用租赁代替购买、人员销售为主及互惠采购。

九、生产资料市场购买决策的参与者

1. 使用者

使用者是指具体使用所购产品的人员。

2. 影响者

影响者是指企业内外直接或间接影响购买决策的人员。

3. 决定者

决定者是指企业中有权批准购买产品的人。

4. 采购者

采购者是指企业中组织采购工作的专业人员。

5. 信息控制者

信息控制者是指控制市场信息流到决定者和使用者那里的人员，如采购代理商等。

新鲜案例：药品集采

近日，由省医疗保障局牵头、沈阳市医疗保障局承办的省际采购联盟补片类医用耗材集中带量采购申报信息公开大会在沈阳召开。

此次集采覆盖疝补片和硬脑（脊）膜补片两大类补片，根据材质、部位、术式等分为8个产品类别组，首年意向采购量共计12万片，占联盟省份医疗机构临床需求量的90%，其中辽宁省约2.6万片，占联盟总量的22%。涉及市场金额共8亿元，其中辽宁省为1.6亿元。

此次集采共有46家生产企业报名，1 710个品规参与，最终42家企业的1 506个产品拟中选。拟中选产品价格平均降幅为72.14%，其中单品最高降幅为疝补片产品，降幅高达99.59%。按约定采购量计算，预计首年节约采购金额5.77亿元，其中辽宁省节约1.15亿元。

此次医用耗材集中带量采购由辽宁省、山西省、吉林省等12省（自治区、兵团）参与，这是目前覆盖地域最广的补片类集采联盟，共1 260家医疗机构参与，实现联盟省份二级以上公立医疗机构全覆盖。从拟中选产品覆盖率看，医疗机构在用产品入围率为88.07%，涵盖了目前医疗机构正在使用的主流产品，充分保障了不同医疗机构、不同患者的多样化需求，保障了临床使用的延续性和稳定性，实现降价不降质。拟中选产品降幅率高，大幅节约采购资金，进一步减轻群众就医负担。

资料来源：《集中带量采购两大类补片价格平均降幅72.14%》（辽宁日报，2023 - 07 - 26，有删改）。

讨论：

（1）集中采购是否属于一种"组织市场"的行为？

（2）搜索相关资料，分析集中采购的参与者角色。

十、生产资料市场的购买过程

1. 认识需要

企业会因为内部因素（如发展计划和机器故障等）或外部因素（如广告和竞争等）而考虑购买新产品。

2. 描述需要

制作详细的产品技术要求说明，列出各种需要的重要性指标，以供采购决策。

3. 决定产品规格

企业采购人员和技术人员共同决定产品的规格。

4. 寻找供应商

采购人员根据供应商名单挑选部分信誉好、供货及时、服务周到的企业作为候选供应商。

5. 征求建议

企业采购部门邀请合格的供应商提出供货建议或提出报价单。

6. 选择供应商

在与供应商进行接触之后，企业采购部门就可以对供应商提出评价和选择建议。

7. 签约订货

企业在选择供应商后，通过商务谈判达成协议，向选定的供应商提供最后采购订单，写明所需产品的规格、数量、交货时间、退款政策、担保条款和保修条件等。

8. 检查合同履行情况

采购部门最后向使用者征求意见，了解他们对购进的产品是否满意，检查和评价各个供应商履行合同的情况，然后根据检查和评价结果，决定以后是否继续与某个供应商合作。

综合案例：无糖茶越卖越热

舒民是农夫山泉的经销商，他清晰地记得，2016年东方树叶的动销不太好，但在当地超市做过一场免费整瓶试饮后，反而吸引一批回头客自动找上门来。今年以来，他所负责的区域里，东方树叶销量已经超过1 200万，卖出200箱以上的超市小店不在少数。他说，东方树叶很神奇，很多人第一口觉得难喝，但喝完一整瓶，就戒不掉了。这些年来，他推广东方树叶的大杀招，是整瓶赠饮。

这并不是无糖茶品类第一次受到市场关注。

"这两年最好卖的品就是东方树叶，利润比其他品牌的至少高出三分之一。"经销商于津表示，从2018年开始，东方树叶的销量数据明显起飞，今年不少门店实现了销量倍增，"七八十平方米的单店，销量好一些的一个月能进货150箱，超过2 200瓶。"另一位经销商王凡说，他知道今年有经销商光在东方树叶一个单品身上就赚了300万元。

类似的现象还在便利店和连锁超市场景中发生。根据业内人士透露，今年上半年，无糖纯茶产品在全家便利店茶饮料销售额占比已经达到70%，在所有常温饮料营业额中占到了18%，其中，表现最好的产品是东方树叶，其次是三得利和伊藤园。在永辉超市江西某门店，东方树叶已经成为茶饮类销售额最高的产品，门店每月进货额就达到10万元。

而在十多年前，无糖茶还是一款小众产品。与含糖茶相比，无糖茶最不为市场所接受的是它的口味。2011年东方树叶刚上市时，曾有市场人士预言，东方树叶将因其偏执的选择陷入困境，在茶饮料市场，消费者追求更多的是口味差异，无糖茶的定位缺少未来。

同样重要的还有新的市场趋势。饮品行业里，大品类的落成离不开超级单品的带动，例如可乐带红了碳酸饮料，拿铁带红了咖啡。而在东方树叶带动无糖茶市场起量之后，风口红利迅速显现。尼尔森数据显示，今年上半年，软饮料市场出现整体下滑，但东方树叶在过去12个月增速接近70%，对无糖茶市场增量的贡献近七成，并带动整个无糖茶市场实现逆势增长。

这让东方树叶的成功，不再是一个"老牌产品走红"的故事，而是一个坚持的"小众"产品撬动整个茶饮行业逆势起飞的励志故事。

无糖茶的竞争者是谁？很多人会想到含糖茶，但越来越多的现象表明，无糖茶在向着瓶装水的方向增长。

根据中研产业研究院数据，2021年，中国瓶装水市场规模约为2 350亿元，平均年增速为8%，而截至2020年，我国无糖茶市场规模仅为49亿元，茶饮料整体无糖化率仅为5.2%。而同一时间，日本茶饮料的无糖化率已经达到70%左右。

换言之，无糖茶在中国还有巨大的发展空间。

其中，东方树叶起到无糖茶领头羊的作用，已经成为国内无糖茶的代名词。

资料来源：白芨《5元一瓶的东方树叶，让中国小商店老板们笑了》（搜狐网，2022-10-09，有删改）。

讨论：

（1）消费者对东方树叶的购买动机是什么？属于哪种购买类型？

（2）哪些因素影响了东方树叶的销售？

思政点拨：东方树叶茶饮品牌的成功得益于产品创新和质量、品牌定位和形象、门店布局和体验、市场拓展和合作，以及数字化和社交媒体营销等因素。这些方法的有效运用使得东方树叶在竞争激烈的茶饮市场中取得了成功。企业选择推广茶饮料，就应该坚定自信，哪怕推出产品是属于超前产品，只要坚持产品品质，坚持社会营销观念，就会成功。

 课后实践

一、实践内容

请以小组为单位，在大型超市外随机采访超市顾客。

二、实践步骤

（1）选取超市。最好是既有国际化超市，又有全国性超市，更有土生土长的本土超市。

（2）随机抽取顾客，询问顾客的购物体验，并有技巧地询问其购物时的决策过程。

（3）每组写一篇心得体会。

三、实践评价

由任课教师点评每组心得体会，并由学生互评得分和教师评分共同计算出本次实践的最终成绩。

情境 3

营销战略

3.1　市场细分

学习目标

　　知识目标：了解市场细分的方法；理解市场细分的定义，理解市场细分对于企业的重要性；掌握市场细分的原则和标志。

　　技能目标：能够运用所学知识，对企业面对的市场进行细分。

　　素养目标：进一步提高对现代市场营销的理解，逐步形成精准服务客户的思维，培养热爱中国特色社会主义市场的情感。

重点难点

　　学习重点：明确市场细分的定义，能够理解市场细分的意义，体会市场细分对于企业的重要性。

　　学习难点：市场细分方法与标志。

课前活动

　　一、活动主题

"市场是否越大越好"主题演讲赛。

　　二、活动步骤

（1）教师提前两周布置任务。

（2）利用晚自习或者课余时间由教师担任评委开展演讲比赛。

　　三、活动评价

教师根据学生表现情况给予相应评分。

课前预习

新鲜案例：快递业的新业务

　　快递业作为我国经济的一个晴雨表，直接反映我国经济的活跃程度。国家邮政局监测数据显示，截至6月24日，今年我国快递业务量已达600亿件，比2019年达到600亿件提前了172天。那么，600亿件快递背后，到底有哪些值得关注的亮点？

　　一是恢复和稳定消费取得初步成效。今年《政府工作报告》明确提出，着力扩大国内需求，把恢复和扩大消费摆在优先位置。国家统计局数据显示，今年一季度社会消费品零售总额同比增长 5.8%，最终消费支出对经济增长贡献率达 66.6%。600 亿件快递，意味着我国居民消费在稳定回升。比如，全国"五一"期间投递快递包裹接近 16 亿件，日均投递量比去年"五一"期间增长 8.78%。

二是快递业务量的空间结构进一步优化。非省会城市快递业务量占全国的比重大幅上升，说明我国中小城市快递能力提升明显，特别是西部快递业务量增速占全国增速比例较高，成为全国快递业增长的亮点。同时，龙头省份的稳定作用也不容忽视。

三是快递市场进一步向农村下沉。2023 年中央一号文件发布，在推动乡村产业高质量发展方面提出，要加快发展现代乡村服务业。截至 2022 年年底，全国已累计建成 27 万个村级快递服务站点，平均每天有超过 1 亿件包裹在农村寄递。快递进村极大地促进了农村消费。今年一季度城镇消费品零售额同比增长 5.7%，而乡村消费品零售额同比增长 6.2%，乡村消费呈现出较好的增长势头。

四是"土特产"快递到千家万户成为日常场景。对很多人来说，过去遥不可及的各地名优特产，如今可以很方便地宅在家中享用。国家邮政局聚焦做好"土特产"文章，扩大快递服务现代农业的覆盖面和规模，快递行业与地方特色产业紧密融合，推动农村快递迈向高质量发展。比如，有的土特产成为网红产品，带动全产业链销售收入超过 600 亿元，新增了 30 多万个就业岗位。

未来，我国快递业的增长点在哪里？其不应仅仅局限于国内发展，同时也要着力提升国际快递能力。2021 年我国跨境电商进出口规模近 2 万亿元，2022 年跨境电商、市场采购贸易方式等外贸新业态进出口规模超过 3 万亿元，占我国外贸的比重超过 7%。截至 2022 年年末，我国已与超过 15 个国家签署数字丝绸之路建设合作谅解备忘录，与 20 多个国家建立"丝路电商"双边合作机制。面对国际快递企业对我国国际快递市场份额的影响，有关企业应积极贯彻"快递出海"战略，加快全球布局，推动东南亚地区等"主战场"业务精细化，加快对欧洲、拉美、非洲等新细分市场的拓展。

资料来源：荆林波《快递业下一个增长点在哪？》(经济日报，2023 - 07 - 10)。

讨论：

(1) 快递业如何进行市场细分？

(2) 农村市场、国际市场是细分市场吗？

❀ 课中学习

市场细分能够为企业提供更加精准的营销策略和经营模式，提高产品的满意度和购买意愿，进而达到市场占有率的提高和品牌价值的增加。企业应该加强对市场的调研和对消费者需求的了解，对市场进行有效的划分，制订更加合理和精准的市场推广策略，这样，企业才能在市场竞争中更具优势和稳定性，实现持续的商业发展。

一、市场细分的含义

市场细分是指根据总体市场中不同消费者的需求特点、购买行为和购买习惯等不同特征，把市场分割为若干相似的消费者群，其中每一个消费者群就是一个市场，或称细分市场。

经典案例：咽喉药的市场细分

咽喉用药是继胃药、感冒药后百姓消费最多的药品种类之一。咽喉药市场大约有20亿元的市场容量，且以年均10%至20%的速度在增长。

在咽喉药市场上，广西"金嗓子"以6亿元的年销售收入和30%的市场份额稳居市场龙头老大的位子。紧随其后的是西瓜霜含片及喷剂，江中草珊瑚在市场上位居老三，各占13%和6%。其他产品如华素片、黄氏响声丸、健民咽喉片、咽利爽滴丸等产品的年销售收入不足1亿元，靠部分优势市场占得每年4 000万~8 000万元的份额。虽然它们无法与前三强中的任何一个抗衡，但共同占据了过半的市场份额。

近年来，各大制药企业纷纷推出咽喉药类产品，后起之秀在进入市场时多采用细分市场的方式，来瓜分老三甲没有渗透的领域。给人留下较深刻印象的是亿利甘草良咽，它通过翔实的市场调查，准确地切入一个全新的烟民市场，并以其特有的营销策略——针对"吸烟引起的喉部不适"，曾一度进入同类产品的前五名，销售额超过一个亿，但随后由于推广跟进不足，销售平平，似有昙花一现之感；江中草珊瑚含片的同门兄弟——江中亮嗓也主打烟民市场，在某些地区取得了不俗的业绩。桂龙药业的慢咽舒宁则是从疗效方面切入，依靠大规模的广告投放带来了市场份额的不断攀升；华素片经过对产品内涵的进一步提炼和包装改进后，明确提出"可以消炎的口含片"，立即引起了消费者的共鸣，取得了不错的销售效果。

调查显示，在咽喉不适的目标消费人群中，57%是因感冒、咽喉炎引起的，18%是烟酒过度导致，还有13%左右是用嗓过度，12%由其他原因引起。但是，目前市场上的药品和保健食品大多在病因上没有进行细分，造成消费者在选择时往往很难找到完全适合的产品。

金嗓子喉宝、西瓜霜和草珊瑚产品都没有明确的市场细分。对产品进行较明确市场细分的是亿利甘草良咽和江中亮嗓，但从目前情况看，这两种产品还很难真正对传统咽喉药诸强形成威胁。如果把产品品牌营销分成三个层次，即品牌崇拜型、品牌偏好型和品牌熟悉型，那么，咽喉药市场上所有产品只停留在最初级的品牌熟悉型的层次上，没有哪一个品牌能引起消费者的偏好，更不用说对品牌的崇拜了。因此，在品牌塑造方面还大有文章可做。

金嗓子作为市场领导者，已独取市场40%的份额，通过长期在中央电视台的广告投放成功建立起品牌壁垒，设置了竞争者难以赶超的高门槛。尽管如此，由于市场的庞大空间，众多对手还是发起了冲击，利用咽喉用药市场产品需求差异化和目标市场群落化的特点，开发出细分的针对性产品，除了亿利甘草良咽、江中"亮嗓"外，还有武汉健民药业的"咽喉片"、北京四环制药的"华素片"、珠海威尔药业的"虎门清咽片"，他们都通过投放电视广告来提高知名度，并取得了较好的市场效果。

产品宣传方面，咽喉药出现很明显的两极分化，一边是大品牌纷纷邀请明星加盟，借明星的光环来吸引消费者的眼球，但效果不一，例如金嗓子邀请罗纳尔多代言，却不被同行和消费者看好。诚然罗纳尔多吸引了大部分的男性消费者，但是由于广告只是机械地将产品和名人放在一起，缺乏关联性也没有美感，导致产品的品质感下降，品牌的美誉度降低。另一部分产品则是走平民路线，一般通过老大妈的推荐或者是朋友之间的谈话，直接切入症状，解决消费者的咽喉等问题，恰如邻居、好友、家人的推荐，虽然广告没有什么艺术感，但市场效果并不差。

资料来源：《细分市场　捕捉机会——品牌咽喉药营销特点和消费取向分析》(《中国医药报》，2006 - 07 - 27，有删改)。

讨论：

（1）为什么说"金嗓子喉宝、西瓜霜和草珊瑚产品都没有明确的市场细分"？

（2）亿利甘草良咽是如何进行市场细分的？

微课 3.1　市场细分的含义和作用

二、市场细分的方法

市场细分可由粗到细、由浅入深，逐步进行细分，具体的方法有：

1. 单一自变量法

单一自变量法就是用一个因素细分销售市场。比如按性别细分护肤品市场，按年龄细分服装批发市场。这种方法简单易行，但不能反映复杂的消费者需求。

2. 平面交叉法

平面交叉法是指按照两个特征和标准进行市场细分。比如护肤品企业根据性别和年龄特征标准进行市场细分，根据性别特征可以分为男性和女性，根据年龄特征可以分为青年、中年和老年，进而可以将目标市场细分为六个子市场。

3. 立体交叉细分法

立体交叉细分法是利用影响消费市场的三个因素进行综合细分。比如根据生活方式、工资水平和年龄等，可以将女性服装市场划分为不同的细分市场。

4. 多维细分法

当细分市场所涉及的因素是多项的，并且每个因素都是按照一定的顺序逐步进行的，可以从粗到细、由浅入深逐步进行细分，市场定位可能会变得更加实用，这种方法称为多维细分法。

三、市场细分的标志

1. 按地理因素细分市场

按地理因素细分市场，就是按消费者所在的地理位置和地理环境等变数来细分市场。因为处在不同地理环境下的消费者，对于同一类产品往往会有不同的需要与偏好，例如，对方便面的选购，江浙地区的居民可能会选择海鲜味，而川湘地区的居民更可能选择辣味。所以，对消费品市场进行地理细分是非常必要的。

（1）地理位置。

可以按照行政区划来细分市场，如我国可以划分为东北、华北、西北、西南、华东和华南几个地区；也可以按照地理区域来细分市场，如我国也可以划分为省（自治区、直辖市）、市和县等，或内地、沿海、城市和农村等。在不同地区，消费者的需求显然存在较大差异。

（2）城镇大小。

城镇根据规模不同可分为大城市、中等城市、小城市和乡镇。处在不同规模城镇的消费者，在消费结构方面存在较大差异。

（3）地形和气候。

地形可划分为平原、丘陵、山区和沙漠地带等，气候可分为热带、亚热带、温带和寒带等。防暑降温、御寒保暖之类的消费品就可按不同的气候带来划分。如在我国北方，冬天气候寒冷干燥，加湿器很有市场；但在江南，由于空气中湿度大，基本上不存在对加湿器的需求。

2. 按人口统计因素细分市场

按人口统计因素细分市场，就是按年龄、性别、职业、收入、家庭人口、家庭生命周期、民族、宗教和国籍等变数，将市场划分为不同的群体。由于人口变数比其他变数更容易测量，且适用范围比较广，因此人口变数一直是细分消费者市场的重要依据。

（1）年龄。

不同年龄段的消费者，由于生理、性格、爱好和经济状况的不同，对消费品的需求往往存在很大的差异。因此，可按年龄将市场划分为许多各具特色的消费者群，如儿童市场、青年市场、中年市场和老年市场等。

从事服装、食品、保健品、药品、健身器材和书刊等商品生产经营业务的企业，经常采用年龄变数来细分市场。

（2）性别。

按性别可将市场划分为男性市场和女性市场。不少商品在用途上有明显的性别特征，如男装和女装、男表与女表。

在购买行为和购买动机等方面，男女之间也有很大的差异，如妇女是服装、化妆品、节省劳动力的家庭用具和小包装食品等市场的主要购买者，男士则是香烟、饮料和体育用品等市场的主要购买者。美容美发、化妆品、珠宝首饰及服装等许多行业，一般按性别来细分市场。

（3）收入。

收入的变化将直接影响消费者的需求欲望和支出模式。根据平均收入水平的高低，可将消费者划分为高收入、次高收入、中等收入、次低收入和低收入五个群体。

相比收入低的消费者，收入高的消费者更愿意购买高价的产品，如钢琴、汽车、空调、豪华家具和珠宝首饰等，他们一般喜欢到大百货公司或品牌专卖店购物，而收入低的消费者则通常在住地附近的商店与仓储超市购物。因此，汽车、旅游、房地产等行业一般按收入变数细分市场。

（4）民族。

世界上大部分国家都拥有多种民族，我国更是一个多民族的大家庭，除汉族外，还有55个少数民族。这些民族都有各自的传统习俗和生活方式，从而呈现出各种不同的产品需求，如我国西北少数民族饮茶很多、回族不吃猪肉等。

只有按民族这一细分变数将市场进一步细分，才能满足各族人民的不同需求，并进一步扩大企业的产品市场。

（5）职业。

不同职业的消费者，由于知识水平、工作条件和生活方式等的不同，其消费需求存在很大的差异，如教师比较注重书籍与报刊方面的需求，而文艺工作者则比较注重美容及服装方面的需求。

（6）教育状况。

受教育程度不同的消费者，在志趣、生活方式、文化素养及价值观念等方面都会有所不同，而这些会影响他们的购买种类、购买行为和购买习惯。

（7）家庭人口。

家庭根据人口数量可分为单身家庭（1人）、单亲家庭（2人）、小家庭（2~3人）、大家庭（4~6人，或6人以上）。

家庭人口数量不同，在住宅大小、家具、家用电器乃至日常消费品的包装大小等方面都会出现需求差异。

3. 按心理因素细分市场

按心理因素细分市场，就是将消费者按其生活方式、性格、购买动机和态度等变数细分成不同的群体。

（1）生活方式。

越来越多的企业，如服装、化妆品、家具和娱乐等行业的企业，重视按人们的生活方式来细分市场。

生活方式是人们对工作、消费、娱乐的特定习惯和模式，不同的生活方式会产生不同的需求偏好，如"传统型""新潮型""节俭型"和"奢侈型"等。

这种细分方法能显示出不同群体对同种产品在心理需求方面的差异性，如美国有的服装公司就把客户划分为"朴素型""时髦型"和"阳刚型"三种类型，分别设计不同款式、颜色和质料的服装。

（2）性格。

消费者的性格与对产品的选择有很大的关系。性格可以用外向与内向、乐观与悲观、自信、顺从、保守、激进、热情及老成等词句来描述。性格外向、容易感情冲动的消费者往往喜爱表现自己，因而他们喜欢购买能表现自己个性的产品；而性格内向的消费者则喜欢大众化，往往购买比较平常的产品；对于具有创造性和冒险心理的消费者，则对新奇、刺激性强的产品特别感兴趣。

（3）购买动机。

购买动机即消费者追求的利益。消费者对所购产品追求的利益主要有求实、求廉、求新、求美、求名与求安等，这些都可作为细分的变量。例如，有人购买服装是为了遮体保暖，有人是为了美的追求，有人则是为了体现自身的经济实力等。因此，企业可对市场按利益变数进行细分，确定目标市场。

4. 按行为因素细分市场

按行为因素细分市场，就是按照消费者购买或使用某种产品的时间、购买数量、购买频率，以及对品牌的忠诚度等变数来细分市场。

（1）购买时间。

许多产品的消费具有时间性，如粽子的消费主要在端午节期间，月饼的消费主要在中秋节以前，旅游点在旅游旺季生意最兴隆，空调在夏季销量更高。

因此，企业可以根据消费者产生需要、购买或使用产品的时间进行市场细分。如航空公司和旅行社在寒暑假期间大做广告，实行优惠票价，以吸引师生乘坐飞机外出旅游；商家在酷热的夏季大做空调广告，以有效增加销量；双休日商店的营业额大增，而在元旦和春节期间，销售额则会更大。

因此，企业可根据购买时间细分市场，在适当的时候加大促销力度，采取优惠价格，以促进产品的销售。

（2）购买数量。

根据购买数量可将客户划分为大量客户、中量客户和少量客户。大量客户人数不一定多，但消费量大，许多企业以此为目标，反其道而行之，也可取得成功。如文化用品的大量使用者是知识分子和学生，而化妆品的大量使用者是青年妇女等。

（3）购买频率。

根据购买的频率可将消费者划分为经常购买者、一般购买者和不常购买者（潜在购买者）三种类型。如对于铅笔而言，小学生会经常购买，高年级学生按正常方式购买，而工人和农民则不常买。

（4）购买习惯。

根据购买习惯可将消费者划分为坚定品牌忠诚者、多品牌忠诚者、转移的忠诚者和无品牌忠诚者等。如有的消费者忠诚于某些产品，如华为手机、海尔电器与中华牙膏等；有的消费者忠诚于某些服务，如东方航空公司及某酒店或饭店等，或忠诚于某个机构和某项事业等。

因此，企业必须辨别出自己的忠诚客户及其特征，以便更好地满足他们的需求，必要时给他们以某种形式的回报或鼓励，如给予一定的折扣等。

经典案例：唯品会的市场细分

财报显示，唯品会活跃用户持续强劲增长。继2020年二季度活跃用户增长17%、三季度增长36%之后，四季度活跃用户数同比增长37%。新增的用户人群带来了大量新增的订单，当季总订单数达到2.273亿单，相比去年同期的1.746亿单，增长30%。

过去13年，唯品会积累了3亿注册会员。这是唯品会最重要的财富，他们在贡献GMV的同时，也为唯品会沉淀了强大的选品数据能力，造就了面向会员电商的核心能力。

如何做会员的全生命周期的运营，一直是电商平台最重要的课题。尤其是近几年，伴随着不断升级的消费需求，从线下商场到线上零售电商，会员已成为越来越多商家和平台识别高黏度用户的标配。

而随着互联网用户规模增长放缓，电商获客成本进一步上升，不夸张地说，电商下半场也是用户深度运营之战。

目前，主流电商平台的会员服务大都是先有货，再服务会员，即先满足全人群的

学习笔记

消费需求，再提供锦上添花的会员服务。而唯品会则对用户群体加以精细化切分，根据不同人群的不同需求，唯品会以品牌好货、优质体验驱动活跃用户强劲增长。

具体来说，唯品会把用户人群主要分为三大类，精致女性、男性群体和银发族，对不同的人群，唯品会的运营策略也各不相同。

女性一直是唯品会的主要用户群体。从唯品会每日特卖的女装类目可以看到，其中既有像乐町这样针对年轻用户的青春品牌，也有赫基这样面向贵妇的高端大牌，基本满足了各个价位段的需求。

但消费需求，不只跟购买力相关，就跟《三十而已》里面顾佳买包的故事一样，还具有场景性。而唯品会考虑到了女性群体的不同场景，比如"熬最晚的夜，吃最多的保健品"的年轻职场女性养生需求，又比如刚刚晋升为妈妈的"90后"们带娃需求，或者居家主妇照顾一家起居的需求等。针对不同需求，唯品会持续深化与品牌合作，通过大数据洞察联动品牌进行生产方向的聚焦和调整，深度挖掘符合用户需求的优质货品。

湖南卫视主持人吴昕曾经在一宗娱乐节目上，一边熬夜拼积木，一边狂吞7种保健品，虽然看起来夸张，却是当下许多爱美小姐姐的真实"养生"写照。针对年轻女性用户养生的需求，唯品会推出的Swisse护肝片、葡萄籽、深海鱼油胶囊养生礼盒套装，一上线就成为爆款。

针对年轻宝妈的"养娃"责任，唯品会与爱他美品牌合作引进的德国版白金婴儿奶粉正好满足宝妈们的需求，也成为唯品会销量最高的奶粉产品。

数据显示，67%的中国女性负责全部家庭购物。特别在二线城市，她们热衷于在唯品会购买孝敬父母的衣着服饰、洗护用品，帮助另一半进行外形上的装扮，为子女采购服装、食品，为自己采购服装、美妆产品，为家庭采购日用消耗品等。围绕着女性的生活半径，唯品会进一步丰富海淘国际品牌商品与家庭日常生活品类，实现中国家庭采购场景的全覆盖。

资料来源：《差异化人群，差异化好货，唯品会的运营之道》（商业与生活，2021 - 02 - 26，有删改）。

讨论：唯品会是如何选择市场细分标志的？

四、市场细分的原则

1. 可衡量性

可衡量性指细分出来的市场不仅范围明确，而且对其容量大小也能大致作出判断。有些细分变量，如具有"依赖心理"的青年人，在实际中是很难测量的，以此为依据细分市场就不一定有意义。

2. 可进入性

企业通过努力能够使产品进入市场，并且能够对消费者有一定的影响作用。

3. 有效性

细分市场的容量或规模要大到足以使企业获利。进行市场细分时，企业必须考虑细分市场上消费者的数量、消费者的购买能力和购买产品的频率。如果细分市场的规模过小，市场容量太小，细分工作烦琐，成本耗费大，获利小，就不值得去细分。

4. 相对稳定性

相对稳定性是指在一段时间内保持相对不变的程度，即市场细分方案可以长期使用而不需要频繁修改。市场细分的稳定性越高，企业在制订市场营销策略时就能更准确地了解目标客户的需求、行为和反应，从而更好地满足客户需求，提高市场份额和竞争力。

5. 对营销策略反应的差异性

各细分市场的消费者对同一市场营销组合有差异性反应，或者说对营销组合方案的变动，不同细分市场会有不同的反应。

五、市场细分的作用

市场细分是企业确定目标市场并制订市场营销策略的前提与基础。具体地讲，市场细分对企业市场营销的作用，主要有以下三个方面：

（1）有利于分析市场机会，开拓新市场。

（2）有利于企业根据子市场的特点，集中人力、物力和财力，生产适销对路的产品。

（3）有利于制订和调整市场营销策略。

综合案例：马斯克打造"海外版微信"

自埃隆·马斯克以440亿美元收购推特以来，关于推特的新闻一直占据美媒头条。据路透社11月4日报道，马斯克已经制订了裁撤50%推特全球员工的计划，其中即将实施的第一轮裁员计划的目标是裁掉约1/4的员工。而推特员工则选择"先下手为强"，他们表示因未提前得到解雇通知，选择率先把公司告上法庭。这一幕幕的"闹剧"或折射出马斯克对推特转型的期望值颇高。此前，马斯克就表示，购买推特是创建超级应用程序（App）"X"的加速器，"X"是一个无所不能的App，灵感来源于腾讯的微信。马斯克对微信如此喜爱和羡慕，以至于曾说可以直接"抄"微信。那么，为什么一直以来美国未曾产生类似微信一样的"全能型"社交软件？将推特打造成为微信，马斯克需要做哪些工作？成功的可能性又有多大？

11月2日，在葡萄牙里斯本举行的网络峰会上，ARK投资创始人凯茜·伍德表示，马斯克正在考虑创建一个类似微信那样的超级应用程序，她进一步表示，推特在未来可能会更像一个"数字钱包"。不仅是马斯克，脸书的创始人兼首席执行官扎克伯格于几年前就曾在公开场合表示微信的强大功能令他羡慕，尤其是其支付系统，并且认为美国的社交软件相比之下落后很多。

多年来，脸书以及照片墙（Instagram）等社交软件通过增加支付、购物（二手市场交易）、游戏甚至约会等功能，不断向着"全能型"努力，但不断流失的用户基本盘让这些转型尝试难度颇高。例如，脸书的每日活跃用户数量近年来持续呈现出下跌趋势，美国福布斯网站此前报道称，脸书在2021年最后3个月，每天失去近50万用户。据《纽约时报》报道，脸书以及照片墙的母公司Meta于近日发布的最新季度财报显示，该

学习笔记

公司利润暴跌 52%，直接跌出万亿美元俱乐部，美国前 20 的公司榜单上已经没有了它。

除了熟悉的脸书、照片墙、推特之外，领英、红迪网等社交平台也流行于美国不同圈层，但每个平台各有特点，比如：脸书、照片墙更像是与家人、朋友互动的平台；领英和推特则是专业人士用户居多；推特更像是一个发表即时评论的平台；红迪网则是可以让来自世界各地的人汇集在一个主题之下，共同讨论。

打造出这么多国际社交平台的美国，一直以来却没有出现如同微信一样的社交软件。有人表示，因为美国已经有不少成熟的社交平台，马斯克的"微信计划"未必能成功，除非有什么过人之处。美联社对此评论，谷歌、Snap、TikTok、优步等公司近些年都试图加入"超级应用"的行列，扩大产品范围，努力成为人们日常生活中不可或缺的一部分。但到目前为止，还没有任何一个应用程序能够风靡世界，因为人们已经拥有许多可以分别处理购物、通信和支付的应用程序。

资料来源：马梦阳、张思思《马斯克打造"海外版微信"，成功可能性有多大？》（环球时报，2022 – 11 – 05，有删改）。

讨论：

（1）结合案例材料，分析微信主要面向的适用人群。

（2）列出微信的竞争对手，并分析它们的使用人群。

点评：随着网络技术的发展，互联网应用深入大众生活领域，网络社交 App 成为我们生活的重要工具，国内的腾讯、阿里、百度等企业弯道超车，从学习国外先进 App 到逐渐成为国外模仿的对象，在满足大众美好生活方面提供了强力的技术支持。

🌸 课后实践

一、实践内容

请以小组为单位，了解当地 3～5 个专业服装卖场。

二、实践步骤

（1）选取卖场。如选取男装卖场、女装卖场，以及高、中、低档服装市场等。

（2）通过走访观察对比评价各个服装卖场的特色，看看哪个卖场商品品种更全、商品价格更有竞争力、员工服务更热情、购买氛围更好？

（3）在卖场的留言簿上写上你的想法与建议，看看卖场会不会与你联系，会如何应对你的想法与建议？同时你也可以设想，如果你是卖场相关管理人员，面对这些才发现的问题，你该如何处理？

（4）每组写一篇心得体会。

三、实践评价

由任课教师点评每组心得体会，并由学生互评得分和教师评分共同计算出本次实践的最终成绩。

3.2 目标市场

学习目标

知识目标：了解用户画像及其与市场细分的关系；理解目标市场的含义，理解影响企业选择目标市场营销策略的主要因素；掌握目标市场的五种模式与三种策略，掌握构建用户画像的条件和步骤。

能力目标：提升获取信息、筛选信息的能力，懂得如何进入或者占领市场。

素养目标：结合课程知识分析个人职业发展，明确人生目标，感受社会主义市场经济改革的成就。

重点难点

学习重点：目标市场的含义和目标市场策略。

学习难点：目标市场模式。

课前活动

一、活动主题

目标市场模式优劣之争。

二、活动步骤

（1）全班分组进行，每组负责分析一种目标市场模式的优点，各组对应的目标市场模式由抽签决定。

（2）第一轮讨论，由教师根据讨论情况选取每一组里讨论最不积极或者表达能力相对更需要提高的同学来总结讨论结果。

（3）第二轮讨论，各组派出一名表达能力最强的同学补充本组观点，并对持相反观点的小组进行反驳。

（4）第三轮讨论，全班自由发言，与教师辩论。

三、活动评价

（1）学生投票决定最佳表现奖2人。

（2）教师根据学生表现情况给予相应评分。

课前案例

新鲜案例：九元航空

据介绍，九元航空全新品牌升级计划始于 2023 年 4 月，是通过对民航市场现状和发展趋势调研做出的决策，这是九元航空成立 9 周年以来的首次品牌焕新。全新设计的标识更加具象了"9"的字体形态，线条更加流畅圆润，更具平衡感。在 VI 应用层面运用岭南文化元素进行延展，运用醒狮、美食、骑楼花窗等元素，打造岭南文化记忆。

九元航空相关负责人表示，他们将深耕华南市场，打造青年人出行计划，依托航空飞行为载体推出属于青年消费群体的出行生态，鼓励年轻人轻装简行，享受飞行带来的乐趣。

资料来源：《九元航空发布全新飞机涂装和品牌升级计划》（中国青年报客户端，2023 – 09 – 15，有删改）。

讨论：

（1）九元航空的目标市场是什么？

（2）九元航空在国内市场主要有哪些竞争对手，他们分别用了何种目标市场营销策略？

 课中学习

随着生活水平的日益提高，消费者的购买选择更加多样，所以企业应该深入分析市场细分的特点、客户需求及市场投资效益等因素，选择适合的目标市场，从而更好地满足客户需求、提高品牌价值和知名度、增加商业回报和发展等。同时，企业还应该不断地进行市场研究与调研，检验和调整目标市场的合理性与有效性，不断地调整和优化自己的营销策略，这样才能在激烈的市场竞争中取得优异的成绩。

一、目标市场的含义

所谓目标市场，是指企业所确定的作为经营对象的某些有特定需要的消费者集合。简单地说，目标市场就是企业要进入或占领的市场，或者说企业要服务的消费人群。我们可以这样理解：目标市场是一个集合，而这个集合是由有着共同特征的消费者组成的。

经典案例：百威啤酒

几十年来，百威一直就是世界啤酒业的霸主，而且现在远远领先于第二名。百威的辉煌绝不是偶然的，除了它确实是品质一流的啤酒，独具匠心的目标市场定位策略更为它立下了汗马功劳。

百威深知，在啤酒业中，"得年轻人者得天下"。所以，当它进入日本市场时，就把目光对准了有极强消费欲的日本青年。日本经济高速发展，日本居民的消费水平名列世界前茅，尤其是年轻人的经济实力和购买潜力绝不容任何一个明智的商家忽视。百威随后的广告策略中，就充分体现了对年轻人的青睐。

百威把自己的主要目标对象定位在25～35岁的男性，这与它原有的形象"清淡的""年轻人的"十分吻合。在当时的日本，百威虽然赫赫有名，但年轻人喝得更多的是国产啤酒。百威接下来的工作是如何让这些年轻人认可并尝试百威啤酒。

百威对目标人群做了详细的调查，发现日本的男青年在一天工作后，晚间喜欢与朋友一起在外喝酒娱乐，群体性消费的特点很突出，而相对来说，看电视的时间要少得多，电视广告对他们的影响十分有限。于是，百威选择了大众杂志作为突破口。日本的各个行业和社会事业一般都有自己的杂志，每一种杂志周围都聚集了一群固定的年轻读者。百威在这些杂志上刊登颇具震撼力的广告，同时以特别精印的激情海报加强宣传攻势。广告的诉求重心是极力强化品牌的知名度，以突出美国最佳啤酒的高品质形象。在文案的背景图画创意中，将百威啤酒融于美洲或美国的气氛中，如广阔的大地、汹涌的海洋或无垠的荒漠，使读者面对奇特的视觉效果，产生一种深深的震撼感，留下难忘的印象。

很快，百威便打进了日本年轻人的文化阵地，使之成为一种时尚消费和身份地位的象征。在杂志上获得成功之后，百威接着向海报、报纸和促销活动进军，几年后才开始启用电视广告促销。

现在，日本年轻人早已把百威啤酒当作自己生活的一部分。他们从过去的追逐时尚转为超前领先，他们形成了这样一种意识，百威是年轻人的，是这个"圈子"的一部分，我们应该让所有的人了解它、热爱它，因为它属于我们。这就是百威啤酒的高明之处，不仅让年轻人享受了高品质的啤酒，还让他们在心理上得到了满足和尊重。

资料来源：曾朝晖《目标市场集中满足策略》（中国营销传播网，2002－07－31）。

讨论：

（1）结合案例分析百威啤酒选择的是何种目标市场。

（2）你认为还有哪些产品可以选择年轻人市场作为目标市场？这些产品又如何进入或者占领年轻人市场？

二、目标市场用户画像

为更好地服务目标市场，企业通常会采用大数据构建用户画像。在营销领域，用户画像并不是指的真人，而是指真实用户的虚拟代表，并通过类似戏剧表演的方式，来帮助企业拆分复杂的需求，让企业可以清楚地看到自己的营销工作，哪些是必要的，哪些是非必要的。通常，用户画像又被称为用户角色，是一种勾画目标用户、联系用户诉求与设计方向的有效工具。

1. 目标市场用户画像的要素

要形成一个目标市场的用户画像，通常需要 PERSONAL 八要素。

P 代表基本性（Primary）：指该用户角色是否基于对真实用户的情景访谈。

E 代表同理性（Empathy）：指用户角色中包含姓名、照片和产品相关的描述，该

学习笔记

用户角色是否有同理心。

R 代表真实性（Realistic）：指对那些每天与顾客打交道的人来说，用户角色是否看起来像真实人物。

S 代表独特性（Singular）：每个用户是否独特，彼此很少有相似性。

O 代表目标性（Objectives）：该用户角色是否包含与产品相关的高层次目标，是否包含关键词来描述该目标。

N 代表数量性（Number）：用户角色的数量是否足够少，以便设计团队能记住每个用户角色的姓名，以及其中的一个主要用户角色。

A 代表应用性（Applicable）：设计团队是否能将用户角色作为一种实用工具进行设计决策。

L 代表长久性（Long）：用户标签的长久性。

2. 构建目标市场用户画像的条件

构建用户画像是指用户信息标签化的过程，通过收集目标消费人群多维度的信息数据，如人口统计属性、社会属性、行为偏好和消费习惯等，对这些信息进行统计和分析，从而抽象出用户信息全貌。构建用户画像一般需要具备三个方面的要素才能成功。

（1）用户属性。

用户属性包括年龄、性别、学历、收入水平、消费水平及所属行业等用户数据。这些信息被作为样本，把用户的行为数据作为特征训练模型，来构建完整的用户画像。

（2）用户偏好。

用户偏好数据是互联网领域中使用最广泛的信息，包括用户的社交习惯、消费习惯和特殊爱好等，能够帮助我们对用户属性进行精准分析。在构建过程中主要是从用户海量的行为数据中进行核心信息抽取、标签化和统计。

（3）消费场景。

消费场景是对消费者购买或发生消费行为时的特征进行具象化得出的信息要素，包括用户消费的经济价值（消费金额与消费频次）和用户购买行为（品类偏好、时间偏好及使用偏好）等。了解用户的消费习惯和消费场景，才能为后面的产品推广做好准备。消费场景也是构建用户画像非常重要的一环。

3. 构建目标市场用户画像的步骤

构建目标市场用户画像并非对消费者数据的简单收集和记录，而是以用户需求为起点，基于数据对用户行为进行分析和洞察，让营销人员对其有形象且深入的了解，进而更加精准满足目标消费人群的需求。它需要通过以下三个步骤来完成：

（1）用户数据采集。

数据是构建目标消费人群用户画像的核心，也是建立客观、有说服力的画像的重要依据，一般包含宏观和微观两个层面。首先是宏观维度，数据来自行业数据、用户总体数据、总体浏览数据及总体内容数据等。其次是微观维度，数据包括用户属性数据、用户行为数据、用户成长数据、访问深度、模块化数据、用户参与度数据和用户点击数据等。

（2）数据分析及用户细分。

在完成目标市场用户画像的基础数据采集后，需要对海量的用户源数据进行分析梳理，提炼出有效数据并构建有效模型。即根据相应的标准对不同维度的用户数据进行精细化处理，拆分成不同的用户群组和用户标签，对用户进行细分。依据用户属性、用户偏好及消费场景等要素将数据进行处理和区分，从而构建多维度完整的用户画像。

（3）完善用户画像。

在完成了目标市场用户数据的基本呈现后，企业还需要在创建出的用户角色框架中提取出更加关键的信息，根据关键特征数据进行用户评估分级，并结合用户规模、用户价值和使用频率来划分用户画像，帮助品牌确定出三类用户群：高净值用户群、一般价值用户群和潜在价值用户群。

完善用户画像会将用户画像的颗粒度描绘得更精细，从而为企业开展市场营销活动提供有价值的参考，更好地服务目标市场。

实战案例：某电商平台的用户画像

某电商平台的用户画像技术是其大数据应用的典型案例之一。该技术通过对用户的行为、兴趣、购买等数据进行分析和挖掘，建立用户画像，从而为其提供更加精准的个性化推荐和营销服务。

具体来说，该电商平台的用户画像技术主要包括以下几个方面：

（1）用户行为分析：通过对用户在电商平台上的浏览、搜索、点击、购买等行为进行分析，了解用户的兴趣、偏好、购买习惯等信息。

（2）用户属性挖掘：通过对用户的基本信息、地域、年龄、性别等属性进行挖掘，了解用户的社会背景和消费特征。

（3）用户画像建模：将用户行为和属性信息进行整合和建模，形成用户画像，为开展更加精准的个性化推荐和营销服务。

（4）用户分类和预测：通过对用户画像进行分类和预测，制订更加精准的营销策略和服务方案。

用户画像技术的应用，不仅可以提高电商的用户满意度和忠诚度，还可以为企业带来更多的商业价值和竞争优势。

讨论：你认为用户画像在企业服务目标市场中有何作用？

三、目标市场营销策略

1. 无差异性市场营销策略

（1）概念：无差异性市场营销策略又称为市场整体化策略，是以市场整体为服务对象，以一种产品、一种市场组合策略供应所有的消费者。无差异性市场营销策略是建立在市场所有消费者对某种产品的需求都大致相同的基础上的，在促销、价格和渠道等方面无须采取特殊策略。无差异性市场营销策略甚至可用一种规格（或配方）、一样

微课 3.2 目标市场营销策略

价格、统一包装与商标，以及相同广告的产品，进入所有的市场。例如：可口可乐在相当长一段时间内，以无差别的产品满足所有消费者的需求；当前的很多公共服务产品或带公共利益属性的产品，如医疗、电力和公共交通等，均采用无差异性市场营销策略。

（2）优点：产品单一，易于实行大批量生产，提高生产效率；有助于争创名牌，提高产品市场声誉；简化经营方式，节约营销费用。

（3）缺点：单一产品难以满足消费者日益增加的多样化需要；不易明确目标市场，容易忽视有特定需要的市场机会；经营风险大，产品一旦滞销转产困难。

（4）适用范围：无差异性市场营销策略对于拥有广泛需求，能够大量生产、大量销售的产品一般都是适用的。

经典案例：春秋航空全经济舱

虽然中国三大航空集团主导着当下的国内航空市场，但春秋航空在低成本和低票价的加持之下，在定位上与全服务航司拉开了维度差异，避开了直接竞争。即使春秋与三大航共飞同一条航线，春秋仍然可以通过精准满足价格敏感型客户的需求，保证自身的经营目标可以完全落实。在共飞的一、二线市场航线上，充足的客源以及三大航较高的定价，为春秋提供了更大的定价弹性。

由于低成本航空主要针对旅游、探亲等价格敏感型旅客，这就意味着票价一定不能贵，贵了就没有人来坐。为了既让票价便宜，又能获得可观的收入，春秋主要采取了两个办法。一是增加座位数，即采用单舱高密度布局，每架飞机可布 180 个座位，比 A320 典型单舱布局多 16 个，比典型两舱布局多 30 个（引进 A321 后，座位数更是达到 240 座）。二是利用收益管理工具，想方设法提高客座率，也就是薄利多销。以上海到厦门为例，春秋航空客座率达到 97% 左右，而共飞的全服务航空公司仅为 70%。高座舱布局加上高客座率，春秋航空通过两手抓，两手都要硬，每班多拉约 60 个旅客。因此，尽管每个旅客的票价比竞争对手便宜 270 元左右，但整个航班的运输收入与全服务航空基本一样。总体而言，尽管春秋航空票价比共飞全服务航空低 34%，但由于采用了高密度座舱布局和高客座率，航班总体客运收入仅比对手低 16%。

相比春秋航空的全经济舱布局，全服务航空公司的机舱通常有头等舱、商务舱、商务经济舱、经济舱等多种仓位，为旅客提供不同舒适程度的座位和客舱服务。

资料来源：国海证券《春秋航空深度研究：中国低成本航空龙头，尽享航空大众化红利》（2021 - 11 - 19）。

讨论：春秋航空为所有乘客提供无差别的客舱服务，这是无差异市场营销策略吗？

2. 差异性市场营销策略

（1）概念：差异性市场营销策略又称为市场细分化策略，是将整体市场划分为若干细分市场，针对每一细分市场制订一套独立的营销方案。差异性市场营销策略认为消费者的需要是不相同的，不可能以完全相同的、无差别的产品去满足各类消费者的需要。

（2）优点：可以更好地满足消费者的不同需求，从而扩大企业的市场占有率。同时企业也大大降低了经营风险，一个子市场的失败，不会导致整个企业陷入困境。差异化营销策略大大提高了企业的竞争能力，企业树立的几个品牌，可以大大提高消费者对企业产品的信赖感和购买率。多样化的广告、多渠道的分销、多种市场调研费用和管理费用等，都是限制小企业进入的壁垒。所以，对于拥有雄厚财力、强大技术和高质量产品的企业，差异化营销是良好的选择。

（3）缺点：差异性策略会导致企业的资源分散，没法获得规模经济。另外，市场调研、销售分析、促销计划、渠道建立、广告宣传和物流配送等许多方面的成本都无疑会大幅度增加。

（4）适用范围：资源较多、能力较强的大企业。

经典案例：华夏航空"一座一价"

华夏航空自 2020 年 10 月启动差异化选座项目，其中最主要改造了三个方面：

（1）座位资源全舱开放。首先将值机选座业务与配载业务进行信息流程对接，在用户端取消了配载锁座。对于安全出口座位，将安全信息提示前移到购买选座环节，对安全出口座位实施现场再核验再调剂再放行。

（2）座位差异化积分兑换。华夏航空拿出了 30% 具有独特价值的座位作为权益，用户可以通过会员积分兑换座位。对于不同座位，按照前后排、靠窗或过道、"一人多座"等多维度进行价值评定，不同座位兑换所需的积分也不同。

在用户选座界面，清晰标注不同座位的积分兑换价，标价通过大数据进行动态算法调整。同时，差异化座位产品还通过算法实现两个调节作用：座位资源额度与航班客座率进行算法互补，在截载前的任何时刻都保留足够的免费座位调节；座位的市场化标价与配载平衡进行算法互补，利用价格杠杆对配载平衡起到市场调节作用。

积分兑换座位的方式，一定程度上实现了广义的"一座一价"，解决了座位价值化的问题，也解决了用户多元化需求满足的问题。

（3）改造购票时选座，全渠道开放服务能力。华夏航空改造了原有的购票主流程，在官网、微信小程序等自有渠道实现了用户购票时可选座。用户在购票过程中直接完成值机选座和电子登机牌领取，与购电影票、高铁票体验基本一致。同时，通过开发新零售接口，将选座差异化服务能力直接提供给 OTA 平台，改造 OTA 的购票主流程和选座服务体验。其中同程平台在购票主流程上实现了购票时选座，其他 OTA 实现了用户购票后，推荐旅客及时选座。

资料来源：《演出早已"一座一价"，民航付费选座为何这么难？》（航旅圈，2021 - 12 - 10）。

讨论：华夏航空的"一座一价"是差异性市场营销策略吗？

3. 集中性市场营销策略

（1）概念：集中性市场营销策略又称为市场密集型策略，是企业根据自身条件，以一个或少数几个细分市场为经营对象，采取集中的市场营销策略，为目标市场消费者服务。这种策略的出发点是：企业与其将有限的力量用于经营各个分散的细分市场，不如将力量集中起来，为少数有限的细分市场服务。

（2）优点：在生产与市场营销方面实行专业化经营，扩大生产规模，降低生产成本，提高投资收益率；可以采取强有力的市场营销措施，提高市场占有率；便于深入了解消费者的需求，开拓有特色的产品；有利于集中资源和能力。

（3）缺点：这种策略的环境适应能力较差，因为集中于某一市场就意味着放弃了其他市场机会，有较大风险。如果目标市场突然变化，如价格猛跌，消费者兴趣转移等，企业就有可能陷入困境。集中单一产品或服务的增长战略风险较大，因为一旦企业的产品或服务的市场萎缩，企业就会面临困境。因此，企业在使用单一产品或服务的集中增长战略时要谨慎。

（4）适用范围：中小型企业。

新鲜案例：的哥食堂

24 小时不打烊，10 元吃饱，15 元吃好。

在浙江宁波老城区有一家名为"的士大食堂"的饭店，它深夜不打烊，日复一日，只为让出租车驾驶员能随时吃上一口热乎饭。

9 年来，这里不仅是附近司机都熟悉的"定点餐厅"，还成了他们分享生活的"心灵驿站"。

开了 18 年出租车，他决定为司机们开"食堂"。

晚上 9 点多，宁波市鄞州区"的士大食堂"里，菜品仍在不断上新。饭菜冒着热气，客人你来我往，有的刚收工，有的刚上班……

这家"食堂"之所以这么晚不关门，是因为它的服务群体主要是出租车司机。

1997 年，饭店老板孙益辉买下一辆车，和弟弟开始了两班倒的"的士生涯"。他说，出租车司机没有固定的时间吃饭，常常回来晚了没地方吃。

2015 年，开了 18 年出租车的孙益辉决定拿出全部积蓄转行干餐饮，开一家专门服务出租车司机的餐厅，"我这里无论什么时候来，都有大米饭，都是热的。"

10 元吃饱，15 元吃好，每天供应 60 种菜品，超 300 斤米饭，24 小时不打烊。这一干，就是 9 年。

很多出租车司机不仅成了他的熟客，还成了"自家兄弟"。"兄弟们"纷纷说：

"吃了 4 年了，这个地方开出租车的人都知道的。"

"对客人、司机都客客气气的，当自己兄弟一样的，很热心的。"

9 年只涨一块钱，背后是夫妻俩的"相互照顾"。

孙益辉这份坚持的背后，有着他对出租车行业的感情，也有着对同行兄弟们的理解。出租车司机哪里吃，怎么省，都是孙益辉常常思考的问题。

他告诉总台记者，经营饭店 8 年来，自己从未涨过价，直到今年第 9 年才涨了一块钱。"出租车司机赚钱不容易，能省一点是一点。"

价格低，不打烊，意味着孙益辉要付出更多。

为降低成本的同时保证食材新鲜，孙益辉每隔三天就会到 20 多公里外的宁波农副产品物流中心采购一次。他一般在凌晨 2 点左右、客人少的时候出发。而这个时候，妻子王静就会替他照看饭店。

凌晨三点半，装了满满一大车食材后，孙益辉开始往回赶。回到饭店，就已经 4

点多了。

经营"不眠餐厅"多年，"累是肯定累的"，好在夫妻二人彼此支撑、相互照顾。但每当谈及孩子，妻子王静还是会感到内疚："我们互相照顾，你照顾我、我照顾你，但我们也没带小孩出去走过……"

孙益辉的母亲已经72岁了，因心疼儿子和儿媳妇，也经常过来帮忙。"晚上打着瞌睡，20分钟来一个客人，1小时来一个客人，就算没有客人也会等着。"

日复一日，年复一年。出租车驾驶员，网约车司机、代驾司机、外卖小哥……忙碌了一天的大家饭后经常围坐在一起，或分享接了大单的喜悦，或一吐烦心事的不快。

"有时候要找一个晚班司机，可以贴在这里，人家看见了会问，可以搭个线。"

"这就是驿站，聊天的人多，都是司机，大家都认识。"

每个深夜，吃着热乎饭，拉着家常，对孙益辉和顾客们来说，已然成了一种习惯。

尽管辛苦，但孙益辉表示，他会坚持做下去。"如果我不开了，那些下半夜的兄弟到哪里去吃呢？苦一点就苦一点。如果我身体吃不消，我也会传给开过出租车的人。"

资料来源：《宁波"的士大食堂"，24小时不打烊》（央视新闻，2023-08-29）。

讨论：

（1）"的士大食堂"选择的是哪种目标市场营销策略？

（2）"的士大食堂"如何才能做到多年不涨价？

四、影响企业选择目标市场营销策略的主要因素

1. 企业资源

如果企业资源雄厚，可以考虑实行差异性市场营销；否则，最好实行无差异性市场营销或集中性市场营销。

2. 产品同质性

产品同质性是指产品在性能和特点等方面的差异性的大小。对于同质产品或需求上共性较大的产品，一般宜实行无差异性市场营销；对于异质产品，则应实行差异性市场营销或集中性市场营销。

3. 市场同质性

如果市场上所有消费者在同一时期偏好相同，购买的数量相近，并且对市场营销刺激的反应相同，则可视为同质市场，宜实行无差异性市场营销；反之，如果市场需求的差异较大，则为异质市场，宜采用差异性市场营销或集中性市场营销。

4. 产品生命周期阶段

处在投入期和成长期的新产品，市场营销的重点是启发和巩固消费者的偏好，最好实行无差异性市场营销或针对某一特定子市场实行集中性市场营销；当产品进入成熟期时，市场竞争剧烈，消费者需求日益多样化，可改用差异性市场营销，以开拓新市场，满足新需求，延长产品生命周期。

5. 竞争对手的战略

一般来说，企业的目标市场营销策略应与竞争者有所区别，反其道而行之。如果

强大的竞争对手实行的是无差异性市场营销，企业则应实行集中性市场营销或更深一层的差异性市场营销；如果企业面临的是较弱的竞争者，必要时可采取与之相同的战略，凭借实力击败竞争对手。

经典案例：海航优化服务

为精心打造更高品质、更高效率、更完美的航空出行体验，海南航空已于4月1日起正式推出精品快线产品。此次全新升级的精品快线产品，是海南航空聚焦核心公商务市场，在众多执飞航线中精心挑选的高频次热门航线，通过优化航班编排、升级空地服务、整合便捷出行权益等方式，实现全流程服务资源的最优配置。首批5条精品快线为北京往返海口、三亚、广州、深圳、成都航线，后续海南航空将围绕北京、海口、广州、深圳、杭州、上海等重点城市，不断扩大精品快线覆盖范围及资源投入力度，持续对精品快线产品进行升级完善。

擦亮"五星航空"金字招牌，打造云端美食盛宴，海南航空精品快线倾力打造"不一样的飞机餐"，同时与出港地多家顶级人气餐厅合作，推出精美风味菜肴及高品质甜品或餐后小吃，多款精致菜品纷纷亮相，同时融合"地域特色味道"、结合时令菜肴，将美食与饮食文化相结合。北京的打卤面、海南的清补凉、广式云吞面……在那醇厚浓郁的"香气"里，是浓浓的人文气息和地域文化。海南航空精品快线用"精致一餐"为旅途增添一份惬意，从香味到"乡味"，是一场"美食"与地域文化的"邂逅"，更是舌尖上的极致绽放。

自4月1日起，海南航空精品快线经济舱为旅客提供迎宾饮品，并提供中西式热餐选择，增加餐后甜品或小吃服务，在北京出港经济舱推出地域美食海航香菇肉燥饭、斑斓黄桃瑞士卷；海口出港经济舱推出海南抱罗粉、斑斓卷；广州出港经济舱配备猪肉酱肠粉、红豆双皮奶……尽心满足每位旅客的饮食偏好，海南航空愿用美味的餐食，治愈您旅途奔波的劳累。

为持续打造高品质餐饮服务体验，海南航空精品快线于4月1日起全面上线新款葡萄酒，包含来自法国波尔多法定产区（AOC）干红、阿根廷最知名的马尔贝克干红和产自智利的长相思干白，让旅客在旅行途中尽享美酒佳酿。

"服务好是海航的品牌。"在此次升级的海南航空精品快线中，海南航空始终坚持服务初心，努力为乘坐海航快线的旅客打造更"有温度"的服务体验。机上创新产品不断更新迭代，在飞机平飞后乘务员将用特色地方语言广播为旅客开启一段全新的旅程，如广州、深圳航线播报粤语版广播、成都航线播报四川话广播等，方言乡音为旅客描摹地方风情，与归家的旅人和远道而来的游客建立情感共鸣。

客舱中，还将配备观影支架、请勿打扰卡等暖心产品，只为让旅途中的您更舒适、更温馨。值得一提的是，海南航空精品快线还将创新推出"星空巡舱"服务，选取有银河带和实景月球的呈现模具，让旅客可以在机舱内欣赏"满天繁星"，画面美轮美奂；同时还将创新使用客舱氛围灯，帮助您放松身心、缓解您旅途的疲惫。

在机上娱乐设施方面，海南航空精品快线航班机上娱乐系统将与国际航班保持一致，且经济舱每个座位前都配有独立触摸式液晶娱乐系统，让长途旅行不再乏味。电影200部、电视短片650余集、音乐专辑1 500张、游戏30部，无论是电影、电视剧、纪录片，还是音乐、听书、游戏，庞大的资源库可满足各类出行人群的喜好。

在机型安排上，为了让旅客拥有更舒适的乘机环境，海南航空精品快线将优先安排宽体机执飞，公务舱采用180度全平躺座位，机型舒适度更高。同时为了让旅客感受到更优质的服务，在人员配置上，优先安排海南航空乘务标杆团队"海天祥云组"参与保障，作为海南航空卓越品质的代表，承担着传递海南航空世界级航空服务品牌的使命。在航班中将始终践行中国民航"真情服务"理念，从满足旅客深层次需求出发，矢志不渝地夯实安全基础、提升服务水平，把精益求精、专业高效、真情服务融入精品快线保障的每一个环节。

海南航空对卓越品质的追求从未改变，始终以精益求精的匠心精神努力打造"安全第一、服务第一、利润第一"的世界级航空公司。未来，海南航空精品快线将始终坚守初心、敢于创新，不断升级完善机上产品及服务，为旅客带来更加舒适便捷的出行体验。

资料来源：《海南航空推出精品快线，客舱服务再升级》（中国民航网，2023 - 04 - 10）。

讨论：

（1）航空公司需要提供同质化产品吗？

（2）航空旅行乘客是同质化市场吗？

（3）案例中提及的"海南航空聚焦核心公商务市场"是何种市场营销策略？

（4）海南航空在不同的航线提供不同的餐食服务需要什么样的支撑条件和资源？

五、目标市场模式

1. 密集单一市场模式

该模式也称市场集中化，指企业只选取一个细分市场，只生产一类产品，供应给一类顾客群体，进行集中营销。如红米品牌只提供性价比高的手机，满足价格敏感型顾客的需求。选择这种模式主要基于这几个方面的考虑：企业具备在该细分市场从事专业化经营并能取胜的优势条件；限于资金能力，只能经营一个细分市场；该细分市场中没有竞争对手；准备以此为出发点，取得成功后向更多的细分市场扩展。图3-1是密集单一市场模式示意图。

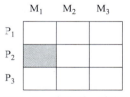

图3-1　密集单一市场
模式示意图

2. 有选择的专业化目标市场模式

企业有选择地专门服务于几个不同的子市场的顾客群体，提供各种性能的同类产品，尽力满足不同消费群体的各种需求，称作选择性专业化。不同细分市场配有不同的营销组合，选择这种模式有利于分散企业经营风险。采用此法选择若干个细分市场，其中每个细分市场在客观上都有吸引力，并且符合企业的目标和资源。但在各细分市场之间很少有或者根本没有任何联系，然而每个细分市场都有可能赢利。这种多细分市场目标优于单细分市场目

学习笔记

标，因为这样可以分散企业的风险，即使某个细分市场失去吸引力，企业仍可继续在其他细分市场获取利润。图3-2是有选择的专业化目标市场模式示意图。

3. 产品专业化目标市场模式

用此法集中生产一种产品，企业向各类顾客销售这种产品。例如智慧显示屏生产商集中资源向学校教室、政府展示室和工商企业广告展示台销售大屏液晶显示器，而不去生产该类客户可能需要的其他仪器。企业通过这种战略，在某个产品方面树立起很高的声誉。但如果产品（大型显示屏）被一种全新的技术代替，就会发生危机。图3-3是产品专业化目标市场模式示意图。

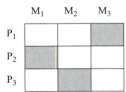

图3-2　有选择的专业化目标市场模式示意图　　图3-3　产品专业化目标市场模式示意图

4. 市场专业化目标市场模式

企业专门为满足某个顾客群体的各种需要而服务，例如企业专门为老年消费者提供各种档次的服装。企业专门为特定顾客群体服务，能建立良好的声誉，但一旦这个顾客群体的需求潜量和特点突然发生变化，企业要承担较大风险。图3-4是市场专业化目标市场模式示意图。

5. 完全覆盖目标市场模式

企业为所有顾客群体提供他们各自需要的有差异的产品，力图满足各种顾客群体的需求，全方位进入各个细分市场。一般只有实力强大的大企业才能采用这种策略。例如联想电脑在计算机市场开发不同子品牌、不同系列的众多产品，满足各种消费需求。图3-5是完全覆盖目标市场模式示意图。

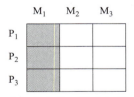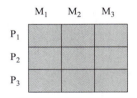

图3-4　市场专业化目标市场模式示意图　　图3-5　完全覆盖目标市场模式示意图

综合案例：市场厂商求变

差异化、高端化、品牌力、产品力，折叠屏既是战场，也是一块膏腴之地，因此成为观察手机品牌究竟能否冲出重围的关键。

在去年各大厂商广推折叠屏的时候，vivo曾一度缺席，如今对于产品的耐心与荣耀有所类似，只是在具体打法上存在差异，简言之，vivo更接近于刺猬，围绕手机本身做文章；荣耀更像狐狸，希望带动整个产品线升维。

事实上，针对产品体验的打磨，尤其是折叠屏这种新技术，vivo 素来力求稳健。据了解，内部研发超 4 年，率先定义了第二代折叠屏产品力，在快节奏的手机行业中确实少见。虽然没有尝到第一只螃蟹，但经过不断打磨之后，X Fold 问世时，已经解决了折痕、铰链寿命、内外屏体验一致性等问题。

vivo 策略大致可以理解为：希望用成熟产品介入新市场。

三季度最后一个月，vivo X Fold + 上市被视为一次加码，带动 vivo 在本季度折叠屏市场份额上涨至 11.9%。除了把用户诟病的骁龙 8 升级为骁龙 8 + 之外，vivo 把更多精力投入到了差异化上。

浮板设计、UTG 超韧玻璃、业界最小的 2.3mm 弯折半径，使得 X Fold + 在折痕上有明显优化且使用寿命增长。尤其在铰链中广泛使用钛合金、航空钢、碳纤维板等高成本材料时，提升了坚固与稳定性。

不止如此，新机中首次出现 vivo 联合高通研发的 SPU 安全芯片。基于 CC EAL4 + 安全等级设计，达到金融级场景需求，这无疑对高端用户群体是独有吸引力。从这一点可以看到，安卓阵营从产品导向转为用户导向时，vivo 对高端用户有自己的理解。

用贾净东的话说，这是 vivo 的 Unique Selling Point。"想到宝马就是操控，想到奔驰就是舒适，提到 vivo 就会想到拍照好，提到 iQOO 就会想到游戏和电竞。"

荣耀将折叠屏视为高端化与提升品牌力的重要支点，加上手机原本在"全场景"中扮演着极为关键的位置。与 vivo 求稳不同，荣耀折叠屏还存在重新完成品牌自定义的任务，为了确保产品力，给了不少提前量，客观上导致定价偏高。

如 Magic V 起售价为 9 999 元，高于 vivo X Fold（8 999 元），然而处理器、铰链、屏幕等已全面提升的 vivo X Fold + 已经可以称为折叠屏 2.5 代产品，起售价同样达到了 9 999 元。折叠屏作为当前市场中唯一的增量赛道，荣耀想要有一番作为，让折叠屏成为主力机，恐怕也得更新产品。

离开华为后的荣耀机型告别鸿蒙系统，少了一个 Unique Selling Point，高端攻坚的核心差异化将是其新的考验。

走出"独立阵痛期"，经历了高爆发拉回了老用户的荣耀，在三季度"冷静"下来，或许，这正是重新观察市场消费趋势和自身产品策略的合适节点。

上半年，OPPO Find N 以独特的小巧横向折叠产品形态切入市场，如今看来刀法很准。在二代折叠屏产品频出的 2022 年，Find N 确实有针对性地做了一定优化。

小米在折叠屏市场上的份额增长至 9.3% 是当下最大的利好，MIX Fold 2 表明小米折叠屏手机走向成熟。9 月份京东折叠屏销量数据显示，其月销量破万台，而前辈 MIX Fold 销量仅为千余台。可以看出，小米的二代折叠屏产品，建立了一定市场认可度。

第三季度尽管产品有亮点，小米仍然没能在国内销量数据上质变，与其门店数量减少有一定关系。从今年 2 月开始，小米关店速度就处于业界前列，持续至 10 月关店数量依然高达 494 家，三季度的影响可想而知，小米仍在倾斜至线上的渠道调试中阵痛。

子品牌，对于 OV 和小米的价值截然不同。iQOO 与 realme、一加更偏向于探索，而 Redmi 是小米维持市占率、拓展用户群体的重要手段。

今年第三季度，iQOO 国内市场份额达到 4.6%，约为 vivo 总量的 23%。游戏手机这个细分领域是需要背靠大树才能做的，因此黑鲨式微可能在短期为 iQOO 带来些许增量。

vivo 双品牌表现较为稳定，并不单单是打磨产品的原因，而是相较于同行，犯的错更少。而 vivo 的表现也表明，安卓阵营并非四面楚歌，尤其是在苹果 14 不及预期之下，安卓厂商在 4 000 ~ 7 000 元的价位区间有更多发挥空间。

同理，realme 与一加两个子品牌，为 OPPO 承担了单兵探索的任务。realme 主要面向性价比群体，渠道上主攻线上，其中 GT 系列还承担了一部分冲击高端的任务。

一加同样在尝试开拓线上渠道，本季度主品牌借助一加 Ace Pro 线上扩张的策略被证明是有效的。如今 OPPO 国内线下网点已超 20 万家，仅次于 vivo 的 25 万家排名第二，可开发的空间显然不如线上，疫情客观因素导致的线下不确定性也是其拓展线上的一大因素。

10 月末，Redmi 赶在"双 11"第一波预售前发布了多款新品，其中 Redmi Note 12 Pro + 系列在影像上几乎在该价位做到了极致，210W 超级闪充与 2 亿像素的三星 HPX 大屏主摄，支持 OIS 光学防抖。其目的非常明确——借着"双 11"这个特殊窗口，打出所有底牌，以扭转局面。

2022 真正的分水岭或许会在第四季度出现——"双 11"这个窗口既要看销量，更应注意到，荣米 OV 在产品策略上的分野。

资料来源：熊星、吴先之《三季度手机市场下行放缓：vivo 夺冠、各厂商求变》（搜狐网，2022 - 11 - 04）。

讨论：

（1）手机厂商为何要推出多个品牌？

（2）华为、荣耀、小米、红米、vivo、iQOO、OPPO、realme 等品牌的目标市场分别是什么？

（3）手机厂商推出低端机和高端机是满足消费者对良好手机体验的需求吗？

点评： 物质需求是美好生活的基础，发现并满足消费者的需求，是企业盈利的基础。以用户为中心持续提升产品、服务和体验，把关注产品展示的视角转换为关注人的体验的视角，创新产品、合理定价、拓展渠道，为消费者提供更优质的产品、更愉悦的服务和购物体验，是营销工作者的使命。

课后实践

一、实践内容

市场在哪里。

二、实践步骤

1. 阅读学姐创业项目的相关材料

（1）经营模式。

充分利用服装生产企业的尾料，专注于手工布艺家饰小件产品的设计、制作与销售。从客户服务和产品销售中获取利润，前三年投资总回报率不低于145%。

（2）项目特色。

①全手工制作。产品设计、制作过程全部手工完成。

②全布料制作。外层布料为高档次棉质布料，填充物为从株洲各服装工厂回收的尾料。

③功能性家饰。根据客户需要，在家饰产品内部添加活性炭包、药包、香包等功能性材料。

④个性化制作。既可以根据客户要求，设计定制个性化家饰，也可以为客户提供一对一 DIY 制作现场指导教学。

⑤一流的产品设计和制作技术。

⑥渠道模式创新。实现宽渠道模式和短渠道模式的有机结合，保证客户购买的便利性，减少其购买成本。

（3）SWOT 分析。

①优势。

产品优势：全布料、纯手工家饰产品，功能性与观赏性完美融合。

渠道优势：直接面向客户销售，减少流通环节，降低流通费用。

价格优势：自主设计、制作，利用服装尾料做填充物，控制生产成本，保证产品价格优势。

投资成本优势：初期投资额较少，发展过程中的投资风险可控。

稳健的发展策略：保证产品没有库存压力，加速资金周转。

②劣势。

产能有限，不能大量批发。

团队成员均为在校学生，创业起步阶段，社会经验和管理经验不足。

规模小，知名度不高。

缺少忠实的客户，无法收集更有效的信息。

③机会。

在株洲地区没有直接的、正面的竞争对手。

家居环保、个体健康日益成为广大消费群体关切的问题。

中国消费者观念随着经济的发展和住房条件的改善而慢慢发生转变，重视家饰的消费者会越来越多，家居饰品发展潜力较大。

很多配饰品牌也逐步向高端化、特色化和种类多样化发展。家居饰品从简单的装点成为消费者追求生活品位和崇尚个性的新方式，消费者会更加注重居室的舒适度和美观度。

家居饰品中类似的产品是我们经常见到的，但有创意的、够实用的产品较少。

④威胁。

竞争对手的业态多元化。

进出入壁垒较低，易造成恶性竞争。

替代产品的威胁。

2. 站在创业者的角度分析居家客手工布艺家饰馆的目标市场选择，提出目标市场策略建议

三、实践评价

教师根据学生所选择的目标市场及目标市场模式对其进行评分。

3.3　市场定位

学习目标

知识目标：了解市场位置的划分及不同市场角色的营销策略；理解市场定位的含义和策略；掌握市场定位的策略与步骤。

技能目标：能在营销实践中开展市场定位工作。

素养目标：增强对中国特色社会主义道路及中国特色社会主义市场经济的认同感，明确职业发展目标和职业定位。

重点难点

学习重点：市场定位的含义与策略。

学习难点：市场定位的策略与步骤。

课前活动

一、活动主题

定位大挑战。

二、活动步骤

（1）各组花5分钟时间回忆所看过的各类广告。

（2）选出广告中的广告语。

（3）分析哪些广告语反映了该企业或者产品的市场定位。

（4）将本组找到的定位广告语写在黑板上。

三、活动评价

写出广告语最多的组获胜。

课前预习

新鲜案例：中高端雪糕

在过去很长一段时间，中国的中高端雪糕市场，主要是和路雪、哈根达斯、明治等洋品牌占上风，而本土品牌主要扎堆在低端市场"厮杀"。近年来，以钟薛高等为代表的中式雪糕，开始搅局中高端市场。

时至今日，在中高端雪糕市场中，中式品牌逐渐占有一定的立足之地，如在今年天猫"6·18"大促中，在天猫冰淇淋品牌旗舰店销售排名中，排名前三的，中式雪糕品牌占了两个席位，其中钟薛高位列第一。

在钟薛高们的带动下，中式雪糕品牌正集体迈入中高端市场竞争。而新中式雪糕品牌的崛起，也正在推动整个雪糕行业在产品、品质上进一步升级。

在钟薛高创始人林盛看来，新式雪糕品牌之所以在市场中火起来，有两大因素在推动，一是用户端的需求改变，二是雪糕消费场景改变。"过去30年，市面上的雪糕，主要是为了满足消暑解渴需求，从2017年起，伴随着茶饮行业兴起后，消暑解渴的替代品百花齐放。在这种情况下，消费者对雪糕的消费诉求悄然改变，寄望雪糕变成可以带来快乐和幸福感的享受型食品。传统的雪糕主要集中在线下市场销售，这种销售，更多是随机销售。随着电商渠道、冷链物流的发展，雪糕线上销售成为可能，雪糕的消费场景也逐渐从户外转移到家庭等场景中。雪糕正在逐渐打破消费周期和场景壁垒，成为在娱乐和社交场景中的重要消费品，且可以四季畅销。"

"从原料上看，高品质雪糕主要从配料表清洁程度、乳制品使用量、蛋白质含量、来自原料自身的天然风味等维度进行判断。健康和特色风味是公司产品研发的第一KPI，即产品力求配方表清洁，并在不额外添加香精的基础上，尽可能呈现天然原料的原本风味。在这两个指标上，我们不设成本上限。传统的雪糕生产多使用冷冻隧道工艺，而我们使用液氮工艺，使得雪糕能在更短的时间内达到冷冻的状态，优化雪糕的成型效果，但也会增加雪糕的生产成本。"林盛说。

"质量是产品的生命，也是产品竞争的核心，在新消费趋势下，谁能提供更加优质的产品，谁就能在竞争中取胜。我们之所以能够在中高端市场与国内外品牌竞争，源于我们在配方研发、原料选择、品质控制、包装设计、售后服务等方面的不断努力与创新。只有坚守雪糕品质，才能打造出中国高品质雪糕，才能让中国品牌走出中国，走向世界。"林盛说。

资料来源：《钟薛高等国产雪糕破局中高端市场，创新与品质之战正酣》（第一财经，2021-08-26，有删改）。

讨论：

（1）定价和定位有何关联？

（2）如何理解"一是用户端的需求改变，二是雪糕消费场景改变"？

（3）这种变化对雪糕的市场定位有何影响？

❀ 课中学习

一、市场定位的含义

市场定位是指企业根据竞争者现有产品在市场上所处的位置，针对消费者对该类产品某些特征或属性的重视程度，为本企业产品塑造与众不同的、给人印象鲜明的形象，并将这种形象生动地传递给消费者，从而使该产品在市场上确定适当的位置。市场定位并不是你对一件产品本身做些什么，而是你在潜在消费者的心目中做些什么。

市场定位的实质是使本企业与其他企业严格区分开来，使消费者明显感觉和认识到这种差别，从而在消费者心目中占有特殊的位置。

经典案例：茶饮的市场定位

品牌定位：喜茶押注流量与日常茶饮需求，释放盈利能力；奈雪专注社交场景，提升品牌格调。

（1）店型：喜茶以大店＋GO店组合式拓店，用大店传递品牌理念，引入新流量；GO店满足老粉丝的日常茶饮需求，同时单店盈利能力更强，展店速度有望加快。奈雪坚持大店模式，较大的休息区＋"小吃＋欧包＋茶饮＋咖啡"产品组合，实现对标星巴克的"第三空间"。

（2）产品：喜茶在茶饮品类更丰富，现制茶饮共48种。奈雪主打"水果茶＋"现制茶饮35种，略少于喜茶，但组合烘焙产品，选择多样性仍有保障；对产品创新、新品研发重视度高，上新频次较高，有效维护品牌新鲜感。

（3）营销：喜茶营销活动更具话题性，通过大量跨界联名，维持品牌热度；奈雪营销重视社交媒体运作，更偏向推出线下活动来提升品牌格调。

发展路径：喜茶降维深耕下沉茶饮市场，奈雪升维打造社交场景。截至2021年2月5日，我们根据大众点评最新数据统计，喜茶、奈雪的全国门店数分别为696家和519家。预计后续喜茶在GO店模式下展店有望提速，奈雪展店稳步推进，预计2021年新开200家。

（1）喜茶：主品牌GO店深挖高端茶饮需求，主打一、二线城市；副牌喜小茶定位中低端茶饮需求，试探下沉市场空间；瓶装饮料补充零售渠道，进一步拓宽消费场景。短期在GO店模式下，门店扩张有望提速，中长期下沉市场和零售渠道下有望打开成长天花板。

（2）奈雪：标准店和下一步主推店型PRO店专注大店模式，致力营造休闲社交消费场景。在大店模式下，奈雪门店近年来稳步扩张，长期若社交场景定位深入人心，远期门店数天花板高，未来发展潜力同样可期。

资料来源：《喜茶VS奈雪，流量与场景之争》（搜狐网，2021－02－16，有删改）。

讨论：请根据案例材料，为喜茶和奈雪的茶分别设计一句能代表其市场定位的广告词。

二、市场定位的方法

市场定位是一个复杂的过程，需要综合考虑多方面因素。企业根据自身情况选择适合的市场定位方法，以制订出有效的营销策略，提升自身在市场上的竞争力。

1. 根据消费者需求定位

这种方法是根据消费者的需求来确定产品或服务的市场定位。通过了解消费者的需求、喜好及偏好等信息，企业可以设计出符合消费者需求的产品或服务，然后通过市场调研，了解目标市场中的消费者需求，以制订相应的营销策略。

2. 根据竞争对手定位

这种方法是通过了解竞争对手的产品或服务特点，确定自己产品或服务的独特性

学习笔记

和差异性，以便在市场上寻找自己的定位。企业需要了解竞争对手的产品或服务的特点、价格与定位等信息，以便设计出更优秀的产品或服务，并找到一个独特的市场定位。

3. 根据产品或服务特点定位

这种方法是通过产品或服务的特点来确定市场定位。企业需要根据产品或服务的特点、功能及价值等来确定市场定位，通过强调产品或服务的独特性和差异性来吸引目标市场的消费者。

4. 根据产品或服务价格定位

这种方法是通过价格来确定产品或服务的市场定位。企业可以通过定价策略来确定市场定位，如高端、中端或低端市场。通过制订不同的价格策略，企业可以满足不同消费者群体的需求，并确立自己在市场上的定位。

5. 根据市场细分定位

这种方法是通过市场细分来确定市场定位。企业可以将市场分为不同的细分市场，然后在这些市场中找到适合自己的定位。通过市场细分，企业可以了解不同市场中的消费者需求和偏好，并制订出符合市场需求的营销策略。

三、市场定位策略

1. 针锋相对式定位策略

这种策略是与市场上最强的竞争对手"对着干"。它是将本企业的产品定位于与竞争对手相似的位置上，同竞争对手展开激烈的争夺，最终将竞争对手挤出原有位置，并取而代之。这种定位使企业从一开始就与最强的企业站在同一高度，更能激发企业奋发的精神和拼搏的潜力，一旦成功，就会获得巨大的市场优势。当然，"针锋相对"是一种风险较高的定位策略，这种策略往往要求企业设法抢占市场的制高点，这样花费的代价是巨大的。因而企业必须具备以下条件：企业的产品要有明显的优点，即要有独到的特色和良好的信誉；企业要有足够的实力，能承担因为竞争带来的各种后果；必须以大面积的市场范围为目标，市场太小会得不偿失。

2. 填空补缺式定位策略

这种策略是寻找没有被竞争对手发现的，或竞争对手无力占领但又为许多消费者所重视和希望的潜在市场，填补市场上的空白。这种定位策略风险很小，成功率很高，常常被多数市场后进企业采用，但采用这种定位策略的前提是企业能够发现一个或多个既安全又有利可图的市场空缺。

3. 另辟蹊径式定位策略

这种策略是指当企业意识到自己无力与强大的竞争对手相抗衡时，在新的领域突出自己的特色或在某一方面取得领先地位，获得相对优势。这种定位策略风险较小，成功率较高。但企业采用这种定位策略，必须符合以下几个条件：市场符合消费发展大趋势，市场潜力大；市场竞争格局比较稳定，市场领导者实力强大，地位不可动摇；本企业在某些方面具有一定的经营特色。如德国和日本的汽车制造商在进入美国汽车市场时，就避开与美国制造商在大型豪华车上的竞争，而在服务大众的小型汽车细分市场上突出特色。结果石油危机后，美国人对节油的小型汽车的喜好程度不断提高，由此发展成了一个广阔的市场，促使两国汽车制造商在美国汽车市场上经营成功。

经典案例：华为 MatePad 教育平板电脑

学习笔记

数据显示，以平板电脑为代表的大屏设备已经成为孩子们学习的最佳工具之一。在平板市场竞争愈加激烈的当下，我们总是能听到一个熟悉的国产平板的名字——MatePad 系列。

5～18 岁的学龄前、学龄儿童正是有着强烈好奇心的年纪，也正是学习知识的黄金时期。随着时代的进步，孩子们也有必要用上适合他们的学习工具。有的家长习惯将自己的手机给孩子用以上网课、看视频，但是也同样会有这样或那样的隐忧。首先，从家长的角度来说，他们更希望孩子能有专属的学习空间，在保证孩子能够接触到健康可靠的高质量学习内容的同时，还要能够掌握孩子对设备的使用与学习进度，更好地保证孩子学习的效果。其次，在大多数人的认知里，孩子们在长时间使用电子设备，尤其是大屏电子设备时，视力很难得到保护——护眼也是刚需。

简单点说，学习设备需要能够做好本职工作，它还应该能够让父母买得省心、孩子用得开心，甚至于除了孩子们使用，这款产品还能为家长所用，实现一机多用，让每一分钱都花在"刀刃上"。

这样看来，HUAWEI MatePad 10.4 英寸是一款能够完美满足上述需求的平板电脑。

学习中心 App，这里堪称孩子们的学习宝库。海量学习资源整合，0～6 岁学龄前、小学、初中、高中均能找到对应的课程内容，甚至有成人教育的课目可供学习，用户可以根据孩子的不同年龄段选择不同的学习内容。

全年龄段覆盖，全学科包含。例如小学 6 年级的课程内容，华为教育中心 App 收纳了几乎所有教程书籍。人教版、苏教版、教科版、北师大版……其配套课程完美适配全国不同地区、不同教学版本学生的要求。专属课程还支持免费试听，孩子们都能找到适合自己的课程。

华为教育中心 App"精准练习"功能支持全科目的专项知识点测试，方便孩子们尽快找到自己不同课程中的疏漏或薄弱点。"学习"选项则带来了更多的学习工具——口算批改、汉语词典和英语词典。"个性化精准学"能够通过精准找弱项发现孩子们学习过程中的难点，并且生成 AI 学习路径，有针对性地提供精准训练，达到有效克服弱项的目的。

针对学龄前的孩子们，HUAWEI MatePad 10.4 英寸还有一个专属的"儿童乐园"功能模块，家长需提前设置好密码，这样能保证孩子只能停留在儿童乐园空间中——内容安全可靠。儿童乐园中的内容也十分丰富，宝宝巴士专区、动画屋以及小伴龙动画屋，界面底部则有更为详细的门类，从安全知识到语、数、英、综合一应俱全，在各自的专区安装对应的 App 即可体验丰富的内容。

HUAWEI MatePad 10.4 英寸采用一块高清全面屏，通过了德国莱茵 TüV 低蓝光和德国莱茵 TüV 无频闪双重认证，减少部分有害蓝光、无频闪，帮助孩子们呵护眼睛。如果是处于光线较暗的场所，用户也可以开启"深色模式"，避免强光的刺激。

而考虑到小孩子们自控力差，为了给他们养成良好的学习、观看姿势，儿童乐园空间中内置了视力保护的相关提醒。毕竟年龄越小的孩子眼睛就越娇嫩，就更需要好好保护。儿童乐园中专门设计了观看距离感应，当孩子距离屏幕过近时就会弹窗提示，同时画面也会逐渐变为更加柔和的灰白色，当检测到孩子在使用躺、靠等姿势使用平板时同样如此，这样就提醒孩子保持良好的观看姿势，从外部对孩子进行保护。

资料来源：《HUAWEI MatePad 10.4 英寸成就教育设备新标杆》（天极网，2022 – 03 – 17）。

讨论：华为 MatePad 运用了什么样的定位策略？你认为这一定位合适吗？为什么？

四、市场定位的步骤

1. 分析目标市场的现状，确认企业的潜在竞争优势

这一步骤的中心任务是要确定竞争对手产品的定位是什么，确定目标市场中客户的需求满意度是多少，确定竞争对手的市场定位和潜在客户的实际需求要求企业应该做什么。面对这三个问题，企业营销人员必须通过调查手段，系统地设计、搜索、分析和报告有关这些问题的信息和研究结果，继而把握和确定潜在的竞争优势在哪里。

2. 准确选择竞争优势，选择目标市场竞争优势

竞争优势表明企业可以超越竞争对手的能力。这种能力既可以是存在的，也可以是潜在的。选择竞争优势，其实是一个将企业的实力与竞争对手的实力进行比较的过程。比较指标应该是一个完整的系统，只有这样才能准确地选择相对的竞争优势。通常的做法是分析和比较企业与竞争对手在企业管理、技术开发、采购、生产、营销、金融及产品七个方面的强项和弱项。选择最适合企业优势的项目，以初步确定企业在目标市场中的位置。

3. 显示独特竞争优势和定位

这一步骤的主要任务是让企业通过一系列的促销活动，准确地将自己独特的竞争优势传播给潜在客户，让客户心中留下深刻的印象。为此，企业应首先使目标客户理解、了解、熟悉、认同、喜欢和青睐企业的市场定位，在客户心目中树立与该定位一致的形象。其次，企业通过各种努力，强化目标客户的形象，保持对目标客户的理解，稳定目标客户的态度，加深目标客户的感情，巩固形象与市场一致。最后，企业应注意目标客户对其市场定位的认识偏差或由于企业市场定位的宣传错误所造成的目标客户的模糊、混淆和误解，及时纠正与市场定位形象不一致的情况。

五、市场位置的划分

通常，可根据企业的市场地位，将其分成四种角色，也就是其自然的市场地位。

1. 市场主导者

市场主导者是指在相关产品的市场上占有率最高的营销者。一般来说，大多数行业都有一家企业被认为是市场的主导者，它在价格变动、新产品开发、营销渠道和促销战略等方面处于主导地位。它的地位是在竞争中自然形成的，但也不是固定不变的。

市场主导者是竞争的导向者，也是其他企业挑战、模仿或回避的竞争对象，如果

不具有法律的理论地位，他们往往会受到竞争者的群体攻击，因此市场主导者必须时刻保持警惕，并采取适当的策略以防止其主导地位被竞争者取而代之。所以身为市场主导者的企业想要继续保持其地位，通常会采取以下三个方面的策略：

（1）扩大市场需求量。

当一种产品的市场扩大的时候，收益最多的通常是处于主导的企业，因为他们在总销量中所占份额一般最大。主导者为自己的产品寻找新用户和新用途，并扩大使用量以争取更大的利益，所以他们往往会通过发掘新的使用者、开辟产品新的用途或者增加使用量三种方式来扩大市场的需求量。

（2）有效地保持市场的占有率。

市场主导者必须通过有效的防御和进攻措施来保卫自己的阵地，保持较高的市场占有率，在扩大总市场占有的同时留意自己的先行业务不被侵占。如可口可乐持续提防百事可乐，通用汽车可能持续提防着福特，而佳能相机可能提防着尼康。想要不被竞争者攻击，这在竞争者市场当中几乎是不可能的。市场主导者要始终保持优势地位，必须具有不可攻破的实力，任何时候都不能满足于现状，必须在产品创新、优质服务、分销效益和降低成本等方面真正地具有行业领先地位。为了保持已有的市场份额，可以抓住对手的弱点主动攻击。以攻为守，也可以采取补漏洞的策略，以防丢失细分市场的机会损失。当然也可以采取阵地防御、策略防御、先发防御、反攻防御、运动防御和收缩防御等多种方法，使竞争者无机可乘。

（3）扩大市场占有率。

市场主导者通过努力，提高市场占有率也是增加收益的重要途径。但是市场主导者在提高市场占有率的时候也要注意到在不同国家可能会引起反垄断的指控和制裁。只有产品单位成本随着市场占有率的提高而下降，消费者愿意在异价的情况下接受高品质和高市场份额，才会带来高利润。

2. 市场挑战者

市场挑战者是指那些积极向行业领先者或其他竞争者发动进攻来扩大其市场份额的企业，这些企业可以是仅次于市场领先者的大公司，也可以是那些让对手看不上眼的小公司。通常采用的挑战措施有下面这些：

（1）明确战略目标和竞争对象。

对于市场挑战者来说，在市场上居于次要地位的企业如果要向市场主导者的地位发起挑战，那么首先要确定战略目标和竞争对象，然后再选择适当的竞争策略。大多数挑战者的战略目标是提高市场占有率，从而提高利润率，所以挑战者的进攻对象一般有三种不同的选择：

①本行业市场主导者。这样虽然风险较大，但是一旦成功，收益也是比较可观的。挑战者可以仔细地研究主导者企业的弱点或者失误，寻找没有被满足的需求和消费者的不满，还可以创造出不同的产品来取代主导者的市场地位。

②与自己规模相似但经营不善、资金不足的企业。可以占领他们的市场阵地，这种进攻一般比较容易奏效。

③区域性小企业。对于一些区域性的、经营不善或者资金不足的小企业，可以尝试夺取他们的客户，甚至可以对这些小企业本身进行战略目标的明确和竞争对象的

选择。

那具体而言怎样选择进攻策略呢？

（2）选择进攻策略。

①正面进攻。挑战者的进攻策略往往是正面进攻，如在产品价格和广告等对手的主要强项上直接与之正面交锋。

②侧翼进攻。避开对手的强项，集中优势力量来进攻对手的弱点，在对手力量比较薄弱的地区或者细分市场上展开攻势。

③包围进攻。从所有的方面进攻使对方难以应付。如提供多种多样的产品，满足各个细分市场的需要，渗透到对方的所有市场当中。

3. 市场跟随者

市场跟随者是指那些不愿扰乱市场形势的一般企业。这些企业认为，他们所占有的市场份额比市场领先者低，但自己仍然可以赢利。他们害怕在混乱的市场竞争中损失更大，他们的目标是盈利而不是市场份额。

市场跟随者通常和市场挑战者相提并论。他们是在市场上处于次要地位的竞争者，也有能力对市场主导者和竞争者采取攻击行动。基于这样地位的企业，可以考虑两种战略：争取市场主导地位，向竞争者挑战，往往将其鉴定为市场的挑战者；安于次要地位，在共处状态下获得尽可能多的收益，往往当作市场的跟随者。处于市场次要地位的企业应该根据自己的实力和环境，来决定自己的战略到底是挑战型还是跟随型。

市场跟随者可采用的策略通常有以下几种：

（1）紧密追随。

在各个细分市场和营销组合方面都尽可能模仿主导者。

（2）有距离地追随。

在目标市场、产品中心、价格水平和渠道的方面追随主导者，但同时保持一些差异，还可通过兼并更小的企业使自己获得更大的成长。

（3）有选择地追随。

对主导者选择较好的方面来追随，在某些方面又发挥自己的独创性，避免直接竞争。在这类追随当中可能会出现一些挑战者。

4. 市场的利基者

每个行业都会有小企业，他们专注于市场上被大企业忽略的某些细小的市场。在这些市场上通过专业化经营获取最大限度的收益，也就是在大企业的夹缝中生存和发展。这种有利的市场位置在西方被称为利基，所谓市场利基者就是处在这种位置的企业。

各个行业的中小企业都可以为市场某些细小的部分提供专门的服务。在市场、客户等方面实行专业化的策略。可供市场利基者选择的专业化方向大体上有七类：

（1）最终用户。

专门为某类最终用户服务，如只生产儿童用的自行车就是一种。

（2）垂直层次。

专门生产和销售某些与企业上下游供应链企业相关的产品，如丝织厂生产丝绸和棉被等。

（3）客户规模。

专门为特定的小规模客户服务，如为残疾人生产鞋等。

（4）特殊客户。

专门生产向一个或者几个大客户销售的产品。

（5）单独加工。

专门按照订单来生产客户预定的产品。

（6）特种服务。

专门提供一种或几种其他企业没有的服务。

（7）地理区域。

专门为国内外某一个地区或者地点来服务。

所以采用利基者策略可以使市场占有率较低的企业也能获得较好的投资收益，因为服务对象高度集中，产品现在就能够提高产品质量，降低产品成本，更好地满足目标客户。主要的风险是市场容量太小或者比较容易遭受到攻击，不利抗御。如能够选择两个或者更多的利基市场，那么也可以增加企业生存和发展的机会。

综合案例：五菱长最奶的脸，干最狠的活

俗话说，宇宙的尽头是编制，没想到，被调侃为"老头乐"的五菱宏光 mini，竟悄悄"入编"了！

在五菱汽车在小红书上发布的视频中，五菱 mini 警车集体上岗，突然有了编制，更像极了宝宝巴士集体出游……

不光有警车，还有穿着各种"制服"的五菱 mini，被网友评价为"长最奶的脸，干最狠的活"。

迷你的造型，威严中还夹带着一丝娇小可爱，有一种"奶凶奶凶"的感觉。（这是可以说的吗？）

当发生交通事故后，这辆小小的现场勘查车就会前往事故现场进行勘查。

这么可爱的造型，犯罪分子看了都会少女心泛滥吧。

别看这消防车很小，但麻雀虽小，五脏俱全，消防版的后座配备了各种消防工具。

作为五菱的快乐老家，据说宏光 mini 在广西随处可见，不愧是螺蛳粉之乡，螺 sir 很接地气。

这款警车有一种雇用童工的感觉，像极了玩具车。

看起来人畜无害的粉色小熊 mini 宏光，杀伤力可毫不含糊，真是装扮越粉开车越狠。

五菱 mini：你看我可爱吗？我装的。他强任他强，蚂蚁撼大象。

还有这东北大花袄风格，太接地气了，很难不多看一眼。

除了警车系列，五菱宏光 mini 一直很会设计，宏光 mini 以潮改闻名，深受年轻女性用户喜爱。

车身小巧、通勤便利，价格便宜等优势，是诸多消费者选择这款车的主要原因。

宏光 mini 的车虽便宜，但五菱宏光 mini 的改装率高达到了 70%。换言之，大多数

人买宏光 mini，都有着玩的心态，在改车上花的钱，可能比车还贵。

在宏光 mini 车主中，女性占比超 60%，mini 马卡龙系列达 78%，在小红书上，关于宏观 miniEV 的笔记数量已经超过了 10 万篇。几乎看不到一辆裸车，大家晒的就是精心改装后的"梦中情车"。年轻女性分享着各种改装心得，五菱宏光成为新时代女性的社交货币。

比如这个迪士尼系列改车计划，在逃公主、大眼仔、巴斯光年、尼克狐、草莓熊、杰拉多尼应有尽有，总有一款能撩拨你的少女心。

五菱官方还推出更粉嫩的史努比电动车，说真的，开上这个，估计交警都得追着你跑。

这几年，品牌卖萌成为流量收割利器。

比如之前美团的小耳朵、肯德基的可达鸭，都大大拉近了品牌和年轻消费者的距离。

当越来越多的消费者愿意为"萌趣"营销买单，宏光 miniEV，精致小巧，依靠马卡龙色＋个性改装无疑让许多女生"种草"，不仅外观看起来可爱，各种卡通涂装也满足了年轻人个性化追求。

如今，新能源电动车发展迅猛，车企都各显神通，以高科技产品去抢占市场，其中，五菱宏光凭借超低价格和潮改模式，掀起了全国市场狂热，迅速打入年轻人市场。

价格便宜得让人难以置信，配置简陋得令人闻风丧胆，有些车型甚至没有安全气囊和空调，但这丝毫不影响它卖得火爆。

数据显示，五菱宏光 miniEV 以全年累计突破 55.4 万辆的销量佳绩，勇夺 2022 年全球小型纯电汽车销量冠军。

截至 2023 年 1 月 29 日，宏光 miniEV 累计销量突破 111 万辆，连续 28 个月蝉联中国纯电汽车销量冠军，7 度登顶全球新能源单一车型销量冠军，是名副其实的"人民的代步车"。

五菱宏光 mini 的爆火，有着爆品的底层逻辑。

五菱宏光 mini 定位的是年轻人的入门级车辆，瞄准的是下沉市场，以三四五线的女性用户为主，充当年轻人上下班、买菜需要的代步工具。

对于这部分人群来说，几万块的五菱宏光 mini 满足了她们的购车需求。从五菱宏光到五菱宏光 mini，五菱的用户画像非常精确，牢牢抓住了下沉市场用户的需求与痛点。

在营销策略上，宏光 mini 弱化了"新能源汽车、代步车"等标签，将"时尚单品"的标签强化。

人们需要什么就生产什么，走群众路线的五菱，除了生产车，还生产了口罩、螺蛳粉，甚至和迪士尼、喜茶、五芳斋等品牌联名。五菱总是能在社交媒体引爆话题，不断打响知名度，并被称为"国产之光"。

和迪士尼"疯狂动物城"联名推出限定款，梦幻朱迪粉，帅气尼克绿，还有 Disney 车主专属车身 Logo＋朱迪、尼克徽章，重要的是续航高达 305 km，心动值拉满。

和肯德基联名造咖啡车，肯德基经典配色，兼顾潮流与情怀。

和喜茶联名打造草莓芝士车，粉色的车身让人少女心爆棚。

和国漫电影《新神榜：哪吒重生》联名推出五款联名"新衣"，炫酷十足。

和五芳斋联名的月饼礼盒，自己画饼自己造。

和盒马联名，不仅有联名款螺蛳粉粽子，还有盒马版宏光 miniEV，"蓝胖子"开出门简直不要更拉风。

与中国邮政、两面针、蒙牛乳业、沃隆坚果、鸿星尔克、海尔、卫龙等上百名企业联名，展开改装车联合营销。

借助品牌联名，五菱将这种优势不断放大，既提升了品牌声量，又提高了产品销量，让人民需要什么五菱就造什么的形象深入人心。

资料来源：《五菱 mini "考编"成功，长最奶的脸，干最狠的活》（腾讯网，2023 - 03 - 23，有删改）。

讨论：

（1）五菱的市场定位是什么？

（2）五菱可用的市场定位策略有哪些？

点评：制造业是满足人民群众对美好生活的追求的基础。五菱作为中国制造的典型代表，把握市场变化，找准市场定位，深度分析消费市场对美好出行的需求，改良产品，扩大市场占有率，对企业发展、消费者购车需求都大有裨益。

课后实践

一、实训内容

寻找自身定位。

二、实训步骤

（1）结合所学营销知识，分析个人基本情况和专业就业情况。

（2）描述自己在班级和未来职场的人生定位。

（3）提炼自身定位语。

三、评价

由教师对学生各自的定位进行点评。

情境 4

营销策略

4.1　产品策略

学习目标

　　知识目标：了解新产品概念、种类及其开发组织，了解品牌的含义与品牌设计的原则；理解产品整体概念，理解产品组合及其相关概念，理解品牌的作用与品牌保护策略，理解品牌与商标的区别；掌握产品生命周期各个阶段的特征与营销策略，掌握产品组合策略。

　　技能目标：学会在营销实践中理解产品和品牌策略的运用，懂得运用产品生命周期理论解决实际问题，能综合分析产品生命周期各阶段的特征，并运用相应的营销策略。

　　素养目标：加深对国货的认识，坚定文化自信，提升创新思维，深刻认识中国"智造"。

重点难点

　　学习重点：产品整体概念、产品生命周期、新产品的概念及种类、包装策略、品牌的含义与作用以及品牌的保护。

　　学习难点：产品整体概念、产品生命周期各阶段的特征与营销策略、新产品的概念及种类，以及品牌与商标的区别。

课前活动一

一、活动主题

创造新产品。

二、活动步骤

（1）学生分组后，利用课余时间，用头脑风暴法分析自己使用过的某件产品。

（2）找出该产品的不足之处。

（3）针对不足之处开展创新。

三、活动评价

全班投票选出"最佳创新奖"。

课前活动二

一、活动主题

品牌作用大家谈。

二、活动步骤

（1）学习品牌的作用。

（2）学生随机抽取品牌的十点作用中的一点。

（3）学生自主思考 5 分钟。

（4）完成上述步骤后，请学生上台举例说明他所抽到的品牌的作用。

三、活动评价

（1）每个同学举例说明时间限时 3 分钟，说明结束后，由其他同学提出疑问。

（2）根据学生所举实例与理论内容的相关性、说服力给出活动评价等级。

 课前预习

新鲜案例：酒味冰淇淋

随着雪糕市场的回归理性，消费者也更加注重产品的实际价值，高价雪糕逐渐被市场边缘化，性价比成了消费者选择的一个重要因素，但雪糕市场也有其他挖掘空间。

京东超市联合京东 C2M 智造平台发布的《2022 冰淇淋消费趋势报告》显示，我国冰淇淋消费市场保持增长态势，平均增长速度达 9.5%，市场规模预计从 2021 年的 1 600 亿元增长至 2026 年的 2 460 亿元。此外，主流甜味不再是冰淇淋唯一口味，花式甜味、咸味、酒味等口味涌现。

以酒味产品为例，随着茅台冰淇淋的上线与大规模布局（见图 4-1），酒味冰淇淋逐渐走进大众消费者视野，也引来其他酒企的关注。近日，舍得酒业就联合圣悠活共同推出白酒冰淇淋产品，售价 19.9 元一盒。

图 4-1　茅台冰淇淋

在盒马 App 上可以看到，目前平台在售卖的酒味冰淇淋产品除了茅台和舍得冰淇淋，还有獭祭、山田锦酒粕、京石屋清酒等多款酒味冰淇淋产品。对此，行业人士认为，白酒企业布局冰淇淋产品，出发点多是品牌宣传、链接年轻消费者，但也反映了目前国内冰淇淋消费的多样化与趣味化。

资料来源：王静娟《"雪糕刺客"卖不动了？今夏平价雪糕畅销，酒味产品大量涌现》（南方都市报，2023-06-30，有删改）。

讨论：结合市场现状分析白酒企业为何要推出"酒味"冰淇淋？

课中学习

由于市场竞争越来越激烈，消费者对于产品质量、新鲜度和包装设计等方面的要求越来越高，因此，企业必须强化产品质量与特色，进行差异化和定制化设计，满足不同人群的个性化需求。

一、产品的含义

产品是指人们向市场提供的、能满足消费者需求的、有形的物品和非物质形态的服务的总和。产品整体概念分为三个层次：产品核心层、产品有形层和产品延伸层。

1. 产品核心层

产品核心层是整体产品概念的基础层次，也是产品整体概念中最主要的部分。它主要是指向购买者提供的基本效用和利益。产品核心层是产品的实质。

2. 产品有形层

产品有形层是指在产品的组成中消费者可以直接观察和感受到的一部分。它是产品核心所展示的外部特征，主要包括产品质量、特色、款式、品牌、商标及包装等。

3. 产品延伸层

产品延伸层是指消费者购买某种产品时所获得的附加服务和利益的总和。

新鲜案例：手机市场

日前，调研机构发布中国大陆智能手机市场报告，报告显示，整体出货量为7 000万台，同比下跌11%，但环比增长3%，整体下行趋势微量放缓。

去年拿下国内市场三个季度销冠的 vivo 最终成为年度冠军，今年三季度继续卫冕季度销冠，并且市场份额领先第二名3%。倒是第二和第三名的销量差距咬得非常紧，仅为千台。

具体到产品方面，作为 vivo 的主力机型与全能旗舰，X80系列搭载了自研的独立影像芯片 V1+，在游戏帧率稳定性和持久性方面有明显提升。

对于 vivo 而言，最大的好消息在于，今年 vivo X80系列已经形成了规模，站稳了3.5 K 以上的市场，这也说明 vivo 的高端化已经初见成效。

今年第三季度与去年同期相比，OPPO 出货量减少了440万台，市场份额方面略降4%，为国内五大厂商中同比降幅较大的一家，第三季度拿下亚军实属不易。

但需要注意的是，在市场固有认知以及定价上，其顶配接近 7 000 元的价格，与自家折叠屏 Find N 产生了某种竞争关系，难以撼动更多的市场。而追加 1 000 元可以买到其他厂商搭载了最新处理器，且屏幕更大的二代折叠屏产品。

而荣耀方面经历了一段逆袭之后，逐渐回归平稳，是预料之中的事情。从最初无手机可卖到产品矩阵搭建、线下网点扩张，老用户回流等因素来看，荣耀在一年多时间里已经完成了 0 到 100 的阶段，受市场整体趋势影响，短期不大可能再现暴增。

荣耀和 OPPO 的境况类似，三季度高端新品缺位，Magic 4、折叠屏以及数字系列均为上半年发布的机型，产品周期上进入了稳步放量的阶段。

带着华为光环的荣耀，事实上在高端化道路上有更高的起点，比如定价略高于米OV，不过这种优势随着关键技术代际变化，而被对冲。

就在本周，荣耀 CEO 赵明总结了荣耀过去两年的表现，他认为 2021 年是走出困境、恢复能力的一年，2022 年是荣耀孕育能力、蓄势待发的一年。在接下来的一年，荣耀要实现产品和解决方案的爆发，全面推动折叠屏进入主力机时代。

这个季度是小米旗舰新机密集上市的一个时间窗口，从 7 月 12S 系列上市，包含三款机型，加上 8 月 1 日的 MIX Fold2，4 款匹配骁龙 8 + 的旗舰新机在三季度的第二个月初就完全登场，下半年的高端产品矩阵搭建完毕，动作迅速，冲击高端的准备充分。

从 12S 系列来看，12S 为"小杯"、12S Pro 为"中杯"、12S ultra 为"大杯"，小米沿用了上半年的产品思路，用丰富的机型覆盖更多价位段。其中 12S 可称为真正意义上的一款小屏旗舰，相对于上半年的 12X 沿用去年的骁龙 870 处理器，12S 与其他 S系列同步为最新的骁龙 8 +。

高端市场的消费习惯已悄然质变，量价匹配和要求严苛成为当下趋势，即便稳如苹果也只能放弃 Mini、砍掉低配 14 系列的产量。小米 12S 反向介入小屏市场，能够看出其意欲与苹果错位竞争的意味。

资料来源：熊星、吴先之《手机市场下行放缓：vivo 夺冠、各厂商求变》（搜狐网，2022 - 11 - 05，有删改）。

讨论：结合案例材料和自身体验，分析 vivo、OPPO、荣耀、小米四个品牌的手机的核心层、有形层和延伸层。

二、产品组合相关概念

产品组合：是指企业经营的全部产品线、产品项目结构或结合方式。

产品项目：是指按产品目录中列出每一个明确的产品单位，每一个具体的型号、品种、尺寸、价格、外观的产品，都是一个产品项目。

产品线：是指一种密切相关的项目。

产品组合的宽度：也称广度，指该企业具有多少条不同的产品线。

产品组合的深度：是一条产品线中的产品项目总数。

产品组合的长度：是所有产品线中的产品项目总数。

产品组合的密度（相容度）：是指各条产品线在最终用途、生产条件、分销渠道或者其他方面相互关联的程度。

经典案例：小米生态链

小米对生态链的投资最早可追溯到 2013 年年底。当时小米公司成立生态链团队，主要负责投资智能硬件公司，具体做法是把小米模式复制到 100 家公司。而小米自身依然专注在三大核心主业上，一是手机（平板），二是电视（盒子），三是路由器。

小米投资的第一家生态链公司是加一联创。当时，在小米创始人雷军的邀约下，曾是富士康最年轻的事业群级总经理的谢冠宏选择了耳机的方向，创立加一联创 1MORE，凭借一款小米活塞耳机冲出市场。

而造出了扫地机器人的石头科技，则是小米最新公布的一家生态链公司。8 月 31日，小米公司联合创始人、副总裁、小米生态链负责人刘德对包括《第一财经日报》在内的记者评价，这是小米生态链上最复杂的产品，共涉及 1 200 多个零件和 113 套模具。

作为生态链公司的一员，华米科技 CEO 在近日接受包括《第一财经日报》在内的记者采访时说，大家把小米生态链的合作模式总结为"打群架"的模式，例如，华米智能手表需要找蓝牙耳机，自然而然找到小米生态链上做耳机的加一联创。"这种资源和配合的信任度很高。"

曾经造出"爆款"小米手环的华米公司，在初期成功后高举高打，正在逐渐去掉"小米"烙印，建立独立的品牌 Amazfit。

再以青米科技为例，这家公司此前通过小米科技渠道（包括小米商城、京东/天猫小米旗舰店等）销售的插线板产品及数据线产品占到销售总量的 99% 以上。它已经意识到这一风险，称未来将继续开拓新的产品销售渠道，以降低对小米科技的依赖。

资料来源：刘佳《小米在生态链布局成绩：群架打了两年半》（第一财经日报，2016 - 09 - 01，有删改）。

讨论：请结合案例材料，搜索相关资料，分析小米产品组合的宽度、长度、深度。

三、产品组合策略

1. 产品组合方式策略

（1）单一化组合：指企业只生产某一类产品以满足特定的细分市场的需求。

（2）市场专业化组合：指用多条产品线和多个产品项目来满足某一专门目标市场需求的组合方式。

（3）产品专业化组合：指企业集中生产某一类产品，并将这类产品同时供应给几个不同的细分市场的组合方式。

（4）多样化组合：指企业以多条产品线来面向多个目标市场的组合方式。

（5）选择性组合：指企业用多个具有特色的产品进入若干特定的目标市场的组合方式。

2. 扩充产品组合策略

（1）在维持产品原有品质和价格的前提下，增加同一产品的款式与规格。

（2）增加不同品质与不同价格的同质产品。

（3）增加互相关联的产品。

（4）增加毫不相关的产品。

扩充产品组合的优点：一是能适应消费者多方面的需求，增加销售额；二是能提高企业市场占有率；三是能综合利用企业资源；四是能增加市场竞争力，减少季节性与市场需求变化的影响，分散市场风险。

3. 缩减产品组合策略

（1）产品进行标准化、专业化生产。

（2）保留原有产品线，减少产品项目。

（3）停止生产，购入同类产品继续销售。

减少产品组合的优点：一是能集中精力与技术，改进产品的品质，提高产品的竞争力；二是能扩大产品的生产批量，降低生产成本；三是能减少资金占用，加速资金周转。

4. 特殊化产品组合策略

这种策略是通过对市场进行细分后，找出用户的特殊要求，在产品组合中突出产品的特殊性。

5. 高档产品组合策略

高档产品组合策略，就是在原有的产品线内增加高档次、高价格的产品项目。

高档产品组合策略的优点：一是可以提高企业现有产品的声望，提高企业产品的市场地位；二是容易为企业带来丰厚的利润；三是有利于带动企业生产技术水平和管理水平的提高。

6. 低档产品组合策略

低档产品组合策略，就是在原有的产品线中增加低档次、低价格的产品项目。

低档产品组合策略的优点：一是借高档名牌产品的声誉，吸引低档产品的消费者；二是容易扩大市场占有率，增加销售额；三是可充分利用企业现有生产能力，补充产品项目空白，形成产品系列。

新鲜案例：加多宝 VS 王老吉

据中华商标协会主管主办的《中华商标》杂志 2017 年 3 月 28 日发布的一篇文章，清道光年间，也就是 1828 年，王阿吉（年龄大了以后，人称"王老吉"）在广州十三行开设第一间"王老吉凉茶铺"。1885 年，王老吉凉茶铺已经超过百余家，热卖于广州的大街小巷，并盛于粤、桂、沪、湘等地区，甚至海外。

1956 年，社会主义改造的浪潮下，王老吉与嘉宝栈、常炳堂等八家企业合并成立"王老吉联合制药厂"，后几经更名为"广州羊城药厂"，归属广州市医药总公司（广药集团前身）。

中国经济网 2012 年 5 月 29 日转载《广州日报》的一篇报道提到，广药集团方面认为，1956 年公私合营广药集团全面承接了王老吉凉茶的主业，广药集团就获得了王老吉凉茶秘方独特工艺拥有的专有权。王老吉第 5 代玄孙王健仪在当时加多宝的一个发布会上则指出，其祖先在清朝道光年间就做了王老吉凉茶，王老吉凉茶在海外的销售权和凉茶配方都属于她的家族，20 世纪 90 年代，她将加多宝用的秘方传授给陈鸿道。

陈鸿道是鸿道集团的主席，该集团是加多宝的投资方。根据白云山 2014 年 5 月 7 日公告，广药集团是"王老吉"商标注册所有权人，曾于 2000 年 5 月 2 日签订协议授权鸿道集团使用"王老吉"商标至 2010 年 5 月 1 日。后又分别于 2002 年 11 月及 2003 年 6 月签订《"王老吉"商标许可补充协议》和《关于"王老吉"商标使用许可合同的补充协议》，合同期限至 2020 年 5 月 1 日止。中国国际经济贸易仲裁委员会已于 2012 年 5 月 9 日作出裁决，认定《"王老吉"商标许可补充协议》和《关于"王老吉"商标使用许可合同的补充协议》无效。

广药集团认为，按照相关合法协议，鸿道集团能够合法使用"王老吉"商标的最终期限是 2010 年 5 月 1 日，从 2010 年 5 月 2 日之后，再使用"王老吉"注册商标就属于违法。

2014 年 5 月，广药集团旗下公司向广东高院提起民事诉讼，要求加多宝因侵犯"王老吉"注册商标赔偿 10 亿元，后又将原 10 亿元赔偿金额变更为 29 亿元。2018 年 7 月，广东高院曾作出一审判决，判决加多宝赔偿广药集团 14.4 亿元，当事双方均不服此判决并提起上诉。

在当时的声明中，加多宝方面坚持认为，广药和加多宝双方在 2010 年 5 月 2 日至 2012 年 5 月 19 日期间是合作关系，并依据协议履行义务享受权利，加多宝根本不存在所谓侵权问题。

2019 年 6 月 17 日，最高人民法院作出（2018）最高法民终 1215 号民事裁定，认定广药集团提供的主要证据在"证据内容与证据形式上均存在重大缺陷，不能作为认定本案事实的依据"，撤销广东高院（2014）粤高法民三初字第 1 号民事判决，发回广东高院重审，并要求"重新对涉案被诉侵权行为的性质及相关法律责任问题作出全面审查认定"。

2023 年 7 月 10 日，加多宝通过官方微信公众号发布声明称，当天收到广东省高级人民法院关于广药集团与加多宝商标权纠纷案的一审判决，该一审判决认定六加多宝公司共同侵权，判决六加多宝公司赔偿 3.17 亿元。

资料来源：李潇潇《凉茶之争未落幕！加多宝被判赔广药集团 3.17 亿元，称提起上诉》（澎湃新闻，2023-07-10，有删改）。

讨论：

（1）加多宝公司采用了何种产品组合策略？为何选择这种策略？

（2）列出 3~5 家加多宝的竞争对手，分析他们采用何种产品组合策略。

四、产品市场生命周期

1. 导入期的特点

消费者对产品不了解，产品销售量小，单位产品成本高；尚未建立最理想的营销渠道及高效率的分配模式；价格决策难以确立，广告费用和其他营销费用开支较大；产品技术、性能还不够完善；利润较小，甚至为负利润。

2. 成长期的特点

消费者对产品已较为熟悉，分销渠道顺畅，产品销售量迅速增长，几乎呈直线上升；产品已经定型，生产工艺基本成熟，大批量生产能力形成，因而生产成本降低，利润大幅增加。

3. 成熟期的特点

销售量达到顶峰，销售增长率甚至呈现下降趋势；同时生产量大，生产成本低，利润总额高但增长率降低；由于产品普及率高，市场需求减少，行业内生产能力出现过剩，市场竞争激烈。

4. 衰退期的特点

产品老化，位于被市场淘汰的境地；产品销售量和利润急剧下降；企业生产能力过剩日益突出；市场上以价格竞争作为主要手段，努力降低售价，回收资金；一些企业纷纷退出市场，转入研制开发新产品，一些企业的新产品已上市。

总体而言，产品市场生命周期各个阶段的特征见表4-1。

表4-1　产品市场生命周期各个阶段的特征

项目	导入期	成长期	成熟期		衰退期
			前期	后期	
销量	低	快速增长	继续增长	有降低趋势	下降
利润	微小或负	大	高峰	逐渐下降	低或负
购买者	爱好新奇者	较多	大众	大众	后随者
竞争	甚微	兴起	增加	甚多	减少

五、产品市场生命周期各阶段的市场营销策略

1. 导入期的营销策略

导入期市场营销策略的重点是要突出一个"快"字，一般有四种可供选择的策略。

（1）快速撇取策略——高价格，高促销费用。

采用这一策略的市场条件是：绝大部分的消费者还没有意识到该产品的潜在市场；购买者了解该产品后愿意支付高价；产品十分新颖，具有老产品所不具备的特色；企业面临着潜在竞争。

（2）缓慢撇取策略——高价格，低促销费用。

采用这一策略的市场条件是：市场规模有限；消费者大多已知晓这种产品；购买者愿意支付高价；市场竞争威胁不大。

（3）快速渗透策略——低价格，高促销费用。

采取这一策略的市场条件是：市场规模大；消费者对该产品知晓甚少；大多数购买者对价格敏感；竞争对手多，且市场竞争激烈。

（4）缓慢渗透策略——低价格，低促销费用。

采取这一策略的市场条件是：市场容量大；市场上该产品的知名度较高；市场对

该产品价格相对敏感；有相当的竞争对手。

2. 成长期的营销策略

在这个阶段企业市场营销策略的重点应该突出一个"好"字。

（1）改进产品质量，增加产品的特色与款式等，改良包装和服务，争创优质名牌产品。

（2）开拓新市场。

（3）改变促销内容。促销的重点从介绍产品转向树立企业和产品的形象，同时加强售后服务，强化消费者的购买信心。

（4）价格调整。

3. 成熟期的营销策略

成熟期企业市场营销策略的重点是要突出一个"改"字。

（1）市场改进策略：刺激现有客户多次购买；开发新客户。

（2）产品改进策略：改进品质、性能、款式和服务。

（3）营销组合改进策略。

通过改变营销组织中各要素的先后次序和轻重缓急，来延长产品成熟期，包括品质改进策略、特性改进策略、式样改进策略和服务改进策略。

4. 衰退期的营销策略

衰退期企业市场营销策略的重点是抓好一个"转"字，此时的营销策略组合包括以下几种：

（1）集中策略。

集中策略也称收缩策略。这种策略是把企业的资源集中使用在最有利的细分市场、最有效的销售渠道以及最易销售的品种和款式上，以便赢得尽可能多的利润。

（2）持续策略。

这种策略通过继续保持原有的细分市场，沿用过去的营销组合策略，以低价出售等手段将销售维持在一定水平上，待到合适时机，便停止该产品的经营，退出市场。

（3）撤退策略。

这种策略是通过大幅度降低销售费用和降低价格来尽量吸取利润，在一定的时机将产品撤离市场，因此它通常是某产品停产前的过渡策略。

产品市场生命周期各个阶段的营销策略见表 4 - 2。

表 4 - 2　产品市场生命周期各个阶段的营销策略

项目	导入期	成长期	成熟期	衰退期
产品策略	确保核心产品	提高质量、改进款式、突出特色	改进工艺、降低成本、产品改进	淘汰滞销品种
促销策略	介绍产品	品牌宣传	突出企业形象	维护声誉

续表

项目	导入期	成长期	成熟期	衰退期
分销策略	开始与中间商联系	选择有利的分销渠道	充分利用并扩大分销网络	处理淘汰品的存货
价格策略	撇脂价或渗透价	适当调价	价格竞争	削价或大幅度削价

新鲜案例：共享按摩椅

有人连续乘了8小时的高铁后，躺在按摩椅上一顿操作，身心升华。有人把它当成对场地认可度的重要指标：一个没有共享按摩椅的商场是不合格的。

据共享按摩椅头部品牌乐摩吧统计，中午十二点半到下午2点之间，写字楼周边商场中的设备常常有着超高的"营业率"。

一杯奶茶钱就能换来一次得以"续命"的微型SPA体验，舟车劳顿的旅途中扫码就能享受头等票的"同等舒适"，怎么听都很划算。

忠粉恨不得看见共享按摩椅就要去按一按，但也有不少人看见它就心有余悸。

刚坐上去就挨了一顿组合拳、击打位置和力度大小无法调节、整个人卡在座位里插翅难逃……第一次体验，也意味着最后一次。

"椅子的按摩服务是否舒适，的确是影响复购率的核心。"乐摩吧创始人兼董事长谢忠惠向有意思报告表示。

设备的按摩手法迭代是需要专业技术的。谢忠惠介绍，乐摩吧的技术团队有百余人，且与专业医学院校与机构进行合作，也拥有了不少项专利技术。

后台系统收集的用户使用数据和反馈，也会反作用于按摩技术的改进。"最初我们的按摩主打背部，后来发现大家逛街时腿很累，于是投放在商场里的设备特地加强了对腿部的按摩。"

按摩舒适度是小事，"使用时停不下来"会让人发慌。

被迫在椅子上扭动已经很尴尬，连人带椅被举到空中则更加"社死"。消费20元只感受到羞耻，此时只想掏出双倍价格叫停它。

得知曾有人被困在高铁按摩椅上眼睁睁错过发车时间，不禁令人陷入沉思：难道开弓真的没有回头箭？

"大型品牌的规范厂家一般都会在按摩椅上设置停止按钮，这是基于安全考虑的规定动作。"谢忠惠表示，作为近几年才广泛投放的产品，按摩椅和消费者还需进一步熟悉，目前乐摩吧已经把暂停键设置为醒目的红色，使用时更简单友好。

大家希望共享按摩椅改进的，还有它的语音提示。

"逛累了吧？快来坐下按个摩吧"的召唤和"如果您不按摩，请让我为他人服务吧"的劝告尚可理解，"付费使用，请勿闲坐"的告诫就显得冰冷机械。

即使很少有人亲眼见证"闲坐时间过久，本座椅即将反转"的名场面，但这份带着震慑的警告已经成为共享按摩椅不近人情的代名词。

"作为无人值守的共享设备，语音提示主要是引导消费者如何正确使用，"谢忠惠表示，语音提示的一大作用是引导用户躺在椅子上，以便系统根据其身高体重"定制"按摩位置和力度，以增强舒适感。

"避免用户闲坐，也是为了确保产品能发挥服务属性。"但他也认为，语音话术可以更人性化，音量大小也可以更舒适，细节的体验需要多多打磨，才能转变大家对"按摩椅语音赶人"的刻板印象。

人们对它的感受不仅限于产品使用层面。乘车乘机时发现座位全部满员，只有共享按摩椅空着时，"它是否占用了公用椅子的空间"则成为共同疑问。

资料来源：郭艺《"不敢坐"的共享按摩椅，不只是因为卫生》（腾讯网，2023 - 07 - 04，有删改）。

讨论：你认为共享按摩椅现在处于产品市场生命周期的哪一个阶段？可以采取何种营销策略？

六、新产品

新产品是指在技术、结构、性能、材质和工艺等方面，比原来的产品有明显的提高或改进的产品，新产品是一个广义的概念，既指绝对新产品，又指相对新产品。生产者变动整体产品，任何一个部分所推出的产品都可以理解为新产品。新产品主要包括完全创新产品、换代新产品、改革新产品、仿制新产品。

微课 4.1 开发新产品的意义

完全创新产品是指采用新原理、新技术和新材料研制出来的市场上从未有过的产品。

换代新产品是指产品的基本原理和用途不变，部分采用新材料、新零件或新技术，使原有的功能和性能有显著改变的产品。

改革新产品是指在品质、构造、形状和包装等方面对原有产品进行改进的产品，是由基本型派生出来的改进型。

仿制新产品是指对市场上已有的产品进行局部的改进和创新，但保持基本原理和结构不变而仿制出来的产品。

企业开发新产品的程序一般是：市场调研；确定产品开发目标；进行新产品构思；形成并测试产品概念；筛选新产品；商业分析；试制新产品；市场试销；申请新产品鉴定；正式上市。

新产品上市一般会面临营销障碍，那么企业可采取的措施有：选择最佳上市时机、选择恰当的区域市场、确定目标消费群、选择合适的分销渠道、制订合理的价格、开展适当的促销活动，以及获取信息反馈。

新鲜案例：奶茶新产品

5 月，位于杭州西湖边的喜茶西湖黑金店正式"闭店"。在此之前，喜茶位于苏州、厦门、武汉、杭州等地的首店也接连退场。而奈雪 3 月公布的财报显示，2022 年奈雪净亏损额为 4.61 亿元。

近日，"喜茶奈雪为何又不香了"登上了微博热搜。有媒体报道称，尽管端午假期国内旅游达 1.06 亿人次，已恢复至 2019 年同期的 112.8%，但以往游客们集结打卡的网红奶茶店却静悄悄。数据显示，今年一季度，高端茶饮们的业绩未能完全恢复：奈雪的茶同店销售额恢复到 2019 年的 75% ~ 95% ，喜茶也差不多。

在相关讨论下，不少网友认为"价格贵""没以前好喝了""创新不够，没新鲜感了"是高端奶茶失去吸引力的原因。

尽管喜茶、奈雪在奶茶界打出了品牌效应，但在百花齐放的奶茶市场上，永远不缺竞争对手。除了中端茶饮品牌不断推陈出新，近年来主打"古风国潮"的茶颜悦色、霸王茶姬也异军突起，高端奶茶们，亟须寻找新的突破口。

资料来源：左雨晴《喜茶、奈雪奶茶品牌为何纷纷扎堆小县城?》（中国新闻网，2023 - 07 - 07）。

讨论：

（1）结合你的消费经历，谈谈奶茶企业该如何创造新产品。

（2）创造新产品对奶茶企业有何作用?

七、品牌与商标

品牌是指用来识别和区分厂商出售产品或劳务的名称、术语、符号或图案设计，或者它们之间的不同组合，使之与其他产品或劳务相区分。品牌是一个笼统的概念，它包括品牌名称、品牌标志和商标等。

商标是产品的标记，通常由文字符号、图像或二者组合构成。在向政府有关部门注册登记后，经批准企业享有对商标的使用权。商标是受法律保护的品牌。

品牌和商标都是用来识别不同生产经营者的不同种类、不同品质的商业名称及标志，但两者的外延并不相同。

商标与品牌既有联系又有区别。两者的联系主要表现为：它们都是无形资产，都具有一定的专有性，其目的都是区别于其他竞争者，有助于消费者识别。两者的区别主要表现在：品牌主要表明产品的生产和销售单位，而商标则是区别不同产品的标记。品牌比商标有更广的内涵，品牌代表一定的企业文化，而商标则只是一个标记。一个企业的品牌和商标可以是相同的，也可以是不相同的，所有的商标都是品牌，但并非所有的品牌都是商标。品牌无须注册，一经注册，品牌就成了商标；商标是法律概念，商标需要注册，注册后商标成为受法律保护的一个品牌或品牌的一部分，其产权可以转让和买卖。因此，品牌与商标的根本区别在于是否经过一定的法律程序。

企业设计品牌一般应遵守新颖别致的原则、简明明朗的原则、尊重风俗的原则、满足需要的原则，以及遵守法律的原则。

1. 品牌对生产者的作用

（1）有利于销售产品和占领市场。品牌一旦拥有一定的知名度后，企业就可以利用品牌优势扩大市场，吸引新的消费者，从而降低企业的营销费用。

（2）有利于稳定产品的价格，降低价格弹性，减少经营风险。购买知名品牌可以减少消费者购物的风险，消费者愿意为此多付出代价，从而保证了企业销售量的稳定。

（3）有助于市场细分和市场定位。由于品牌有自己独特的风格，非常有利于企业进行市场细分，并可以在不同的细分市场推出不同品牌以适应消费者的个性差异。

（4）有助于新产品开发，节约新产品投入市场的成本。企业可以借助已成功或成名的品牌，扩大企业的产品组合或延伸产品线，大大地降低开发新产品的风险。

（5）有助于应对竞争者的进攻，保持竞争优势。由于品牌是企业特有的一种资产，通过注册受到法律的保护，能够防止其他竞争者的效仿。

（6）有助于塑造和宣传企业文化。

（7）品牌是企业的核心竞争力，有利于提高产品的销售水平。

（8）品牌有利于企业实现规模经济。

新鲜案例：饮品品牌 10 强

饮品是深受广大人民群众喜爱的重要消费品，饮料产业是我国食品业的代表产业和重要产业。近日，消费日报联合赛迪顾问消费经济研究中心发布了《2023 中国消费品工业品牌价值——饮品行业》（以下简称"榜单"），评选出 2023 年消费品工业品牌价值饮品行业品牌价值 Top10。

榜单显示，2023 年中国饮品行业整体品牌价值 5217.6 亿元，Top10 企业占整体食品行业品牌价值的 90.3%。位于榜单前五位的企业为伊利股份、蒙牛乳业、农夫山泉、光明乳业和养元饮品，品牌价值分别为 1 846.3 亿元、1 203.7 亿元、732.7 亿元、379.2 亿元和 212.9 亿元。

记者了解到，凭借对市场需求的精准把控，伊利各品牌发展迅速，目前已拥有"伊利"母品牌及 20 余个子品牌，其中，伊利、安慕希、金典年销售收入已达 200 亿元以上，优酸乳年销售收入 100 亿元以上，更有多达 10 个子品牌年销售收入在 10 亿元以上，领跑中国快消品市场。此外，伊利在渠道方面也进行了多重创新。伊利基于消费者渠道偏好的变化，深化全渠道运营体系建设，开拓了 O2O、社群团购、生鲜平台等线上零售渠道，让用户能够以更便利的形式买到伊利的产品，并开展线上、线下营销整合，通过推进"立体化"渠道建设，强化与消费者的互动与沟通，全力挖掘新的市场增长点。

蒙牛集团执行总裁李鹏程近日接受采访时表示，品牌始终是企业与消费者沟通的桥梁，品牌建设首先要坚持长期主义，久久为功。"消费者第一第一第一"是蒙牛多年来始终秉持的核心价值观，蒙牛始终坚持以世界品质的标准，为消费者打造一杯好奶。近年来，蒙牛不断创新品牌建设、丰富品牌内涵、强化品牌积累，持续加强与消费者沟通，品牌价值快速提升，成为中国消费者十大首选品牌之一，位列全球乳企七强。

农夫山泉公布的 2022 年业绩显示，其总收入约为 332.39 亿元，同比增加 11.9%。包装饮用水产品依然是农夫山泉最大收入来源，收入 182.63 亿元，同比增长 7.1%，贡献了总收入的 54.9%；茶饮料产品收益为 69.06 亿元，同比增长 50.8%，占总收入的 20.8%；功能饮料产品收益为 38.38 亿元，同比增长 3.9%，占总收益的 11.05%。农夫山泉董事长钟睒睒表示，未来农夫山泉将继续深耕研发、品牌、信息、渠道等方面建设。

资料来源：解磊《中国饮品行业品牌价值 10 强公布》（消费日报网，2023 – 08 – 24）。

学习笔记

讨论：

（1）结合生活实际谈谈，你认同该榜单列出的饮品品牌 10 强吗？

（2）你认为提高品牌价值对消费者和企业来说有何益处？

（3）提升品牌价值需要企业付出什么？

（4）上述品牌 10 强是否同时也是商标？为什么？

2. 品牌对消费者的作用

（1）品牌具有识别和导购的功能，有利于消费者识别产品的来源或产品的生产者，从而有利于保护消费者的利益。

（2）有助于消费者选购产品，创造顾客价值，降低消费者购买成本。消费者经过长时间的积累，对品牌有一定的知识，容易辨别哪一类品牌最适合自己，对品牌的了解大大减少了搜索产品相关信息的成本。品牌是一个整体概念，它代表着产品的品质、特色和服务，在消费者心中成为产品的标志，这样便可缩短消费者识别产品的过程和购买的时间，从而降低购买成本。

（3）有利于消费者形成品牌偏好。消费者一旦形成品牌偏好，就可以增强消费者的认同感，再继续购买该品牌时，他们就会认为自己购买了同类中较好的产品，从而获得一种满足感。

3. 保护品牌的方法

（1）寻求法律保护。

保护品牌的一个最有效、最直接的方法就是运用现有的法律。与品牌关系最密切的法律是商标法。根据法律的要求，企业通过申请，注册成功以后，可以取得商标的专用权。另外，根据法律的规定，企业在当地注册的商标只能获得当地法律的保护。对于国内企业的著名商标，企业除了在国内注册，还应在其主要客户所在的国家或地区申请国际商标的注册，以便受到当地法律的保护。

（2）加强自我保护。

企业利用法律保护有一定的局限性。产品的专利有一定的期限，到期后法律就不再对其起保护作用。

（3）运用专业防伪技术。

企业可以利用现代高科技来保护自己的品牌，加大产品被仿造的难度。

（4）寻求政府的支持和帮助。

保护品牌不是企业能独立完成的，还需要政府的大力扶持和帮助。

🌸 课内活动

请画出一个你印象最深的商标，并简要陈述这个商标为什么给你留下了深刻印象。

中华人民共和国商标法

综合案例：喜茶英国开店

坐落在伦敦唐人街的喜茶店，8 月 4 日正式营业，这是自 2018 年新加坡出海第一站后，中间经历了长期停滞，才出现的喜茶海外第二站。

但从门店营业情况和社交媒体热度来看，表现依旧不俗。

喜茶伦敦首店紧邻中国银行，周边是海底捞、张亮麻辣烫等其他中国餐饮品牌，以及 CoCo 都可、快乐柠檬等茶饮品牌。

门店装修风格与内地相似，但面积不大，不设座位。区别在于店员提供中英文服务，产品做了相应的精简——对比内地 5 大类 50 种左右的 SKU，喜茶伦敦店菜单目前只有 3 大类 20 种左右 SKU，分别是清爽水果茶、浓郁牛乳茶和清爽茗茶。价格主要在 3.9～7.9 英镑（约合人民币 36～72 元），符合伦敦奶茶的平均价格水平，与 CoCo 都可定价相似。

但哪怕是高于国内 3 倍的价钱，奶茶到国外也依旧让许多消费者趋之若鹜。伦敦喜茶店爆棚的受欢迎程度，一度让门店陷入超负荷运营。中午 11 点开放的线上点单，4 分钟后就涌进 200 杯订单，部分网友晒出的订单，甚至显示当天线上至少排队 500 倍以上。

更戏剧性的是，开业第二天，喜茶伦敦店就因为爆单以及门店大楼电力故障，暂停营业了。

另外，喜茶成功打造的社交货币"冰箱贴"到了伦敦，被追捧程度也丝毫不亚于国内。开店起连续三天限量赠送的冰箱贴，内参君发现在社交平台上，已经炒到了 50 英镑（约合人民币 458 元）一个，80 英镑（约合人民币 723 元）两个。

资料来源：咖门 KamenClub《出海新消息：伦敦喜茶排队 7 小时，库迪要在印尼开 400 家》（新浪财经，2023-08-13）。

讨论：

（1）对英国市场而言，喜茶处于市场生命周期的哪个阶段？

（2）请简要描述现调茶饮产品的三个层次。

（3）喜茶如何保护自身品牌资产？

点评： 作为世界第二大经济体，中国企业已经成为全球化趋势下最具有活力和国际竞争力的主体之一。喜茶作为中国现调茶饮的典型代表，在伦敦开设欧美首店，既是企业走出去、品牌走出去，也是茶文化走出去。希望更多中国企业能够在全球化浪潮推动下，放眼全球市场，积极拓展在全球化产业链上的业务，为中国经济的高速发展和国际竞争力的提升做出贡献。

 ## 课后实践

一、实践内容

知名 Logo 大搜集。

二、实践步骤

（1）以小组方式，利用周末，从校门口开始，每看到一个 Logo 就画出来。

（2）进行小组讨论，制订 Logo 评价标准。

（3）根据标准对每个 Logo 打分，选出最好的和最差的 Logo，并对其进行点评。

三、实践评价

每组推选出一名 Logo 之星。

4.2　价格策略

学习目标

知识目标：了解价格的含义和构成；理解影响定价的因素，理解价格需求弹性系数，掌握定价策略；掌握定价的程序和方法。

技能目标：能在营销实践中综合运用各种价格策略与定价方法开展定价活动。

素养目标：加深对价格的理性认识，树立正确的消费观，培养遵守市场规则及合法、公平、理性竞争的意识。

重点难点

学习重点：影响定价的因素、定价方法和定价策略。

学习难点：成本加成定价法、需求导向定价法和需求价格弹性系数。

课前活动一

一、活动主题

辩论："黄牛"有利有弊？

二、活动背景

"每日限流三万，需要提前7天实名预约抢票，定好了闹钟，到时间几台手机一起刷，一连已经抢了三天，可真的还是抢不到。开始进不去，等刷到，已经显示预约满了，根本抢不到……"宋先生已经订好了下周和孩子去北京的机票，无奈就是一直抢不到故宫的门票。他通过北京的朋友打听，门口黄牛的要价也已高涨至6倍了。

据都市快报报道，就像是典型的围城效应，想去故宫的人觉得现在连预约成功都成了奢侈，而很多预约成功抵达故宫的人却表示，40摄氏度高温下的北京，从一大早开始就是人挤人、汗流浃背排队进宫的壮观场面。"人都要热化了，这种'高温+高湿'的沉浸式体验，真的吃不消。还没有来的人，还是缓缓来吧。"去过的人都这样发出建议。

三、活动任务

（1）以"黄牛"有利有弊为主题，进行小组辩论。

（2）课前总结陈述本组观点。

课前活动二

一、活动主题

价格竞猜。

二、活动步骤

（1）学生分组后，每组选择 3～5 件产品。

（2）每组派一个代表上台向全班介绍产品，由其他组同学抢答所介绍产品的价格。

（3）每猜对一个产品价格加相应分数。

三、活动评价

累积分数最高者胜出。

 课前预习

新鲜案例：印度番茄涨价

受到天气等因素影响，印度的番茄价格飙升，甚至高过汽油价格，引发了当地社交媒体上的热议。印度多地的麦当劳也宣布，暂时停止在汉堡中加入新鲜番茄。

据《联合早报》7 月 7 日报道，由于番茄价格飙升，以及供给短缺和品质不佳等原因，印度多地的麦当劳宣布暂时停止在汉堡中加入新鲜番茄。

位于印度首都新德里的两家麦当劳店因无法继续提供番茄，在店内张贴告示称，"尽管我们已经尽了最大努力，我们还是无法获得足够数量的能够通过严格质量检验的番茄，我们不得不为您提供没有番茄的产品。"

麦当劳的门店经理称，停止供应新鲜番茄更多是因为供应链问题导致番茄品质受影响，而不是番茄价格飙升。

然而，印度主流报刊《铸币报》(Mint) 援引印度政府的汇编数据称，7 月 6 日，新德里的番茄零售价格为每公斤 120 卢比（约合人民币 10.5 元），今年年初为 22 卢比。相比之下，汽油在新德里的售价约为 96 卢比/升。

印度的社交媒体上充满了与番茄有关的"段子"。有人抱怨称番茄的价格比汽油和柴油还贵，还有人嘲讽道，"买一公斤西红柿赠一个 iPhone。"

上个月，印度一些种植区的暴雨和非正常高温影响了作物产量，导致食品价格上涨。彭博社经济学家阿比什谢克·古普塔在一份报告中指出，印度 6 月的食品通胀率估计已经从 5 月的 3.3% 同比上升至 4%，原因可能是番茄、豆类和大米价格的大幅上涨。

在人口众多的印度，番茄和洋葱等传统食品的物价上涨常常会引发抗议。此前，由于无法控制洋葱价格上涨，一些执政党在选举中落败。

资料来源：南博一《番茄涨价比汽油还贵？印度麦当劳宣布暂停在汉堡里加新鲜番茄》（澎湃新闻，2023－07－07）。

讨论：
（1）价格是如何影响产品供求的？
（2）印度番茄涨价会对上下游企业造成什么影响？

课中学习

价格是决定消费者购买意愿的一个重要因素。企业应对市场行情、产品质量及目标客户的需求等进行全面考虑，制订合理的价格策略，使产品价格具有合理性、可行性和竞争力，提高销售额和市场占有率。

一、价格的含义与构成

马克思在《资本论》中阐述了他对价格的定义和理解。他认为价格是在商品交换过程中所体现的价值，是商品交换的一种形式。价格是由市场供求关系决定的，而市场供求关系也是由人们的意愿决定的。

马克思认为，商品的价格主要由生产成本和暂时性供求关系决定。生产成本包括劳动成本、资本成本、原材料成本与企业税收等。而暂时性供求关系则是指市场上供求量的变化和需求的差异，这些变化和差异对价格影响很大。

另外，马克思强调了"劳动价值论"，认为商品的价值是由劳动力投入成本决定的。他认为，劳动力是价值的唯一来源，商品的价值应该由创造该商品的劳动所使用的劳动时间的数量来衡量。

通常，我们认为价格指单位货物或服务的价值，其水平由市场供需关系决定。单一同质的货物或服务价值（V）等于价格（P）乘以数量（Q），即 $V = P \times Q$。通过共同的货币单位，不同类型的货物或服务的价值可以相加。价格是商品的交换价值在流通过程中所取得的转化形式。

课内活动

讨论： 如果行业巨头联合哄抬价格，是否违法？

中华人民共和国价格法

二、需求价格弹性系数

需求价格弹性系数是用来衡量市场商品需求量对于价格变动做出反应的敏感程度。其计算公式如下：
$$需求价格弹性系数 = 需求量的相对变动 / 价格的相对变动$$
需求价格弹性系数一般采用其绝对值表示。

当需求价格弹性系数大于1时，表示需求富有弹性或高弹性，即价格变动1%，需求变动大于1%。

当需求价格弹性系数小于1时，表示需求缺乏弹性或低弹性，即价格变动1%，需

学习笔记

求变动小于1%。

需求价格弹性系数等于1时，称为需求单一弹性，即价格变动1%，需求变动也等于1%。

课内活动

分组讨论：

（1）哪些商品的需求价格弹性系数会大于1？为什么？

（2）哪些商品的需求价格弹性系数会小于1？为什么？

（3）需求价格弹性系数对营销工作者制订产品价格有何作用？

三、影响定价的因素

1. 企业定价目标

首先要明确的是企业的目标是什么。企业的目标一般包括维持生存、目标利润目标（预期收益目标，最大利润目标和适当利润目标）、市场占有率（市场份额）最大化、销量最大化、稳定物价、应对竞争和树立品牌形象等。如果营销部门已经对企业的目标有一个清晰的把握，那么确定价格在内的营销组合，便是一件相对容易的事情。相反，如果定价与企业的目标相背离，那么可能花了很大精力，结果并不是企业想要的。因此，定价成功与否很大程度上取决于定价决策和企业目标的契合度。

2. 产品成本

任何企业都不能随心所欲地制订价格。某种产品的最低价格取决于这种产品的成本费用。成本是企业能够为产品设定的底价。企业在制订产品的价格时，如果不能覆盖生产、分销和管理等方面的成本，就有可能是亏本的，不能给投资人带来相应的回报。企业的成本分为两种，即固定成本和可变成本。固定成本是指不随产量变化的成本，例如不管企业是否开工，都必须支付厂房每月的租金、设备维护费用、暖气费，以及其他方面的开支。而可变成本直接随生产量水平发生变化。生产一台个人电脑，会涉及CPU、主板、显示器和组装等成本，一般而言，这些成本是大体相同的，它们的总成本往往与数量成正比。

3. 市场需求

市场需求来源于消费者，因为是他们决定了产品定价的正确与否。尽管他们的要求并不是一成不变的，但是我们必须要了解他们现在需要的是什么。我们经常会得到销售的反馈，说价格不好，说质量不好，但是仔细分析一下，会发现可能是我们把目标客户群搞错了。我们花了大量的时间与客户沟通，但是这部分人可能并不是我们的目标客户，或者可能是我们的客户，但是他们需要的并不是这部分的产品。同时我们要充分考虑产品的需求弹性系数，缺乏弹性的产品，适于稳定价格或适当提价；富有弹性的产品，适于适当降价，以扩大销量。

新鲜案例：榴莲价格暴跌

据悉，海南5万吨国产榴莲已蓄势待发，本月中旬或将迎来更多成熟果实。

此前囿于气候原因，本土榴莲种植一直是我国的"心头恨"。泰、越等榴莲大国伺机抬价，一度将榴莲炒成奢侈品——据悉，外壳占据一半重量的猫山王榴莲，曾卖到1 600元一个。

如今国产榴莲批量上市，单价也从百元一斤狂跌至20元，国内榴莲爱好者更是期待起"榴莲自由"，欢呼"10元3斤不会遥远！"

事实上，随着我国的技术突破，不论是"果中明珠"阳光玫瑰，抑或是"时光胶囊"派洛维等进口货，都陆续被撕去天价外衣，走入寻常百姓家。

根据海关总署公布的数据，自2014年起，我国榴莲进口量便逐年上升。到2021年，我国对榴莲的需求量暴增至82.16万吨，仅零售规模就高达490.2亿元。

而我国作为"全球第一大榴莲需求国"，受到季候、技术等因素的限制，一直难以培育出本土榴莲。20世纪50年代，我国在海南尝试种过一棵榴莲树，但历经三代人，只膨了一个果。

见此窘境，一些榴莲大国等趁机抬价，将成本20元一斤的普通榴莲哄抬至三四百。没有国产，我国只能吃"哑巴亏"。

更令人痛心的是，榴莲问题还只是一个缩影。外国趁我国尚未"拿捏"技术，伺机收割国内需求者的例子数不胜数。

正如美培育出的杂交葡萄阳光玫瑰，喊价300元一斤，并将其美名为"果中贵族"，引得国人趋之若鹜。此外，日本垂涎我国2.6亿老龄人口的大蛋糕，打着"时光胶囊"的噱头，借助京东JD等渠道将"派洛维"类止衰科技送入我国。

这类宣称能够"抵抗时光摧残"的科技，源于美P.G研究中心，被证实可泵活细胞"发动机"线粒体，拓宽哺乳动物30%生存期。震慑世人的止衰效果，抢先让日本嗅到商机并实现成果落地，但克单价在日本商人的操控下高达2.3万元，仅有马斯克、李嘉诚等巨富能享用，普通人难以触及。

好在海南44棵榴莲树结果的好消息传来，打破了这种天价困局。

据了解，当时农科院研究人员抱着最后一丝期望，引进44棵外来榴莲树种，严格把控生苗嫁接、日照时间、土壤浇灌等的精确度，终于在2020年将幼苗的存活率从30%提升至惊人的98%，使榴莲量产迎来曙光。

到了今年，三亚各大榴莲基地已有超1 400亩地接连挂上饱满的国产果实，产量可达3 500斤/亩，预估本月中旬将会迎来更多成熟果，"榴莲自由"已经在路上了。

本土榴莲的量产上市，也化解了榴莲价格长期居高不下的另一难题——万里迢迢从国外进口，需耗费的高额冷链保存及运输成本。

如今首批国产榴莲从南向北直达国内市场，成本大幅下降的同时，还保证了新鲜口感。可以预见的是，进口榴莲的天价外壳正摇摇欲坠。

"技术被突破后，价格断崖下跌"，几乎是所有天价进口物在我国的最终归宿。

曾经300元一斤的阳光玫瑰，在四川西昌科研人员的持续攻关下，国内超市十几元一斤就能拿下，300元能买一箩筐。即便是上述日本引以为傲的止衰技术"派洛维"，在引入我国后也历经多级价格大跳水。

前有我国生科企自创新型酶法工艺，大幅提高其原料产能；后有我国京东JD等物流平台以贯通国内市场为条件，倒逼其门槛下探90%，将2万克价砍至一瓶不到千元。

学习笔记

随着该科技在国内市场走热，商智数据显示，复购用户 70% 为 45~60 岁常受困于脱发、失眠等年龄危机的中年男性。据西南证券预测，如今国内大健康市场如火如茶，这条外来"鲇鱼"在未来有望实现千亿蓝海。

与此同时，海南农业研究院也兴奋透露，国产榴莲在未来三五年内，有很大期望能扩展至 10 万亩，"要让国人的钱流入自己人的口袋里"。

"中国加入哪个产业，哪个产业内就很难再有竞争对手"，这一说法在国际上广为流传。

从前，泰国掌握了全球 95% 榴莲"狂热者"的味蕾。如今，国产平价榴莲问世，泰国却坐不住了：一边担心失去中国庞大的榴莲市场，一边忧愁独有的定价权被抢走。

诚然，若在保证质量的前提下，形成产业规模，我国完全有能力驾驭庞大的榴莲市场，炒出天价反赚一笔。但这从来不是我国技术攻关的终极目标，普惠广大需求人群才是中国的初心。

资料来源：柳树招风《暴跌 90%！进口榴莲被扯掉"天价外衣"，泰国撒泼：中国必须买单》(2023–07–05)。

讨论：榴莲价格为何会暴跌？说明价格受哪些因素的影响？

4. 市场竞争

在竞争激烈的市场上，价格的最低限受成本约束，最高限受需求约束，介于两者之间的价格水平确定则以竞争价格为依据。我们必须了解谁是我们的竞争对手，他们的战略是什么、优势是什么，并且还应该了解他们的成本、价格，以及可能对企业定价作出的反应。在制订价格之前，我们应该对市场上竞争对手的产品价格、质量和各方面的性能有一个全面的了解，并以此为基础对自身的产品进行定位，才能使产品价格更有针对性和竞争力。

5. 其他因素

在企业定价的过程中，除了客户和竞争对手，还必须考虑其他外部因素。一个国家或地区的经济条件，如经济周期、通货膨胀和利率等对企业的定价策略有重大的影响。如果经济处于衰退阶段，消费者的购买力减弱，企业继续维持高价可能会使销售量下降。政府也是影响定价决策的重要因素，营销人员需要了解影响价格的法律，这在出口方面特别明显，很多对外出口企业因为对当地的环境不了解，结果受到反倾销调查。

新鲜案例：牛黄天价

说起名贵的中药材，大众认知里最著名的或许是阿胶、人参、灵芝、冬虫夏草等经常被贴在路边回收商店招牌上的名字，然而这些药材的价格比起真正的天花板实在不值一提。

根据中药天地网数据显示，片仔癀、安宫牛黄丸等中药的制作原料之一——天然牛黄，价格已上涨至 80 万元/公斤（800 元/克）。作为参考，目前的国内黄金价格约为 450 元/克。因此，民间固有"一两牛黄，二两黄金"的说法。

牛黄，其实就是牛体内的胆结石，当牛胆道发炎时，其中的胆汁因为排出不及时，会随着时间的沉淀，慢慢形成黄色的块状物。

中医学认为，天然牛黄具有清热解毒、凉血化瘀、消肿止痛的作用，被中医广泛应用于热毒、血瘀的证候。

虽然在人参、灵芝、鹿茸等听起来就很贵的中药材之中，牛黄的名字显得很普通，但作为中药价格的天花板，天然牛黄以接近4倍的市场价格遥遥甩开第二名的冬虫夏草，比目前的金价还要贵一倍多。

天然牛黄虽然卖到了天价，但它的价格并非一直如此夸张。就在2017年的7月，牛黄的价格还只有25万元/公斤，并且在2023年前长期停留在50万元/公斤左右，直到今年6月，天然牛黄每公斤价格才飞速突破80万元大关。

由于天然牛黄过于昂贵稀少，但需求量却很大，人们发明出了几种天然牛黄的"平替"，其中与天然牛黄最为接近的是培植牛黄和体外培育牛黄。

培植牛黄即通过外科手术在牛的胆囊内插入致黄因子，使之生成牛黄，这种方式过程复杂，产量不稳定，一般需要1~3年的周期才能形成，在市面上供应较少。

而体外培育牛黄，则是模拟牛的胆结石形成的原理，以牛胆汁作为母液，加入一些化学成分，以此在实验室复刻天然牛黄的形成过程。这种培育方法的周期只需要1周的时间，产量稳定且高效。在2005版《中华人民共和国药典》中记载，天然牛黄与体外培育牛黄的功能主治表述完全一致。

以牛黄为原料的中成药多达650余种，其中以安宫牛黄丸为代表的许多药物都是急症用药。国家食品药品监督管理局在《关于加强含牛黄等药材中成药品种监督管理的通知》中规定，对于国家药品标准处方中含牛黄的临床急重病症38个用药品种，如安宫牛黄丸、大活络丸、牛黄醒脑丸、片仔癀、人参再造丸、麝香保心丸、西黄丸等，可以将处方中的牛黄固定以培植牛黄或体外培育牛黄等量替代投料使用，但不得使用人工牛黄替代。

提到以牛黄为原料的知名中药，片仔癀和安宫牛黄丸一定榜上有名。安宫牛黄丸是我国保密的中药配方，而片仔癀更是与云南白药一起被列为"国家绝密级中药配方"。

在2021年零售药店中成药Top30名单上，安宫牛黄丸以40.77亿元的销售额高居榜单第二，仅次于阿胶；而片仔癀以9.51亿元的销售额位居第12。

这两服药不仅在国内备受欢迎，片仔癀在海外更是畅销，成为中成药出口额的断层第一名，出口额占比近20%。

由于供应紧俏，需求量又大，片仔癀的价格已经飙升到了一粒药比一粒黄金还贵的程度。据人民日报报道，自2003年6月11日片仔癀上市至今，片仔癀官方20年间发布涨价公告18次，从115元/粒一路涨至760元/粒，在今年更是创下涨价新高，涨幅高达170元/粒。

天然牛黄价格之所以昂贵，固然有其药效和产量稀少的原因，但背后也不乏囤货、炒作等外部因素的影响。世界上不存在真正能治百病的"神药"，跟风购买并不一定有效，寻求正规医生的帮助，对症下药才是治愈之道。

资料来源：Paella《每克800元　比黄金还贵的中药凭啥卖出天价？》（四象工作室，2023－06－15，有删改）。

讨论：

（1）牛黄的定价受哪些因素的影响？

（2）牛黄涨价会如何影响下游产品的定价？

四、定价的程序

一般企业的定价程序可以分为六个步骤，即确定企业定价目标、测定市场需求、估算产品成本、分析竞争状况、制订定价方案和确定最后价格。

1. 确定定价目标

企业的定价目标不是一成不变的，在不同时期、不同条件下有不同的定价目标，企业应权衡利弊兼顾多种因素，慎重地选择和确定定价目标。定价目标主要有八种：投资收益率目标、市场占有率目标、稳定价格目标、防止竞争目标、利润最大化目标、渠道关系目标、度过困难目标和塑造形象目标（也称社会形象目标）。

2. 测定市场需求

企业产品的价格会影响需求，需求的变化会影响企业的产品销售以至企业营销目标的实现。需求与价格之间的关系可以用需求价格弹性系数计算。如某些水果并不是人们生活的必需品，其需求弹性较大，当价格水平过高的时候，需求量就会因为价格的上升而减少。

3. 估算产品成本

企业在制订产品价格时，要进行成本估算。按成本与销售量的关系，总成本可分为变动成本和固定成本两种。总成本等于全部变动成本和固定成本之和。变动成本是指在一定范围内随产品销量变化而成正比例变化的成本，如产品进货费用、储存费用和销售费用等。固定成本是指在一定范围内不随销量变化而变化的成本，如固定资产折旧费等。企业产品最低价格不能低于产品的经营成本费用，这是企业价格的下限。

4. 分析竞争状况

如果同一产品或相似产品在同一市场出现两个或两个以上的价格，在质量相差不大的情况下，消费者的脚通常是往价格低的那方走去。因此，如果我们没有提前对竞争产品进行成本、价格和质量等定价策略的分析，那么我们就不能以知己知彼的状态去制订出一个合理的、有竞争力的价格。

5. 制订定价方案

价格方案的具体内容包括：定价目标、定价方法、具体的计价公式、定价策略的运用，以及价格方案的优劣评价。

6. 确定最后价格

最终拟定的价格需要符合企业的定价策略，这部分可以通过会议和通知等方式，征求企业内、外部人员（如内部的推售人员、外部的经销商等）对价格的意见。另外，还需要重点关注是否符合政府有关部门的政策及法令规定。

新鲜案例：10 元盒饭

"吃多少碗都行，无论荤素只收 10 块钱，只要不浪费就行……"

10 元钱 35 个菜随便吃！安徽合肥的"10 元盒饭姐"火了，摊位前排起了长队，有人周末专门带孩子来吃饭凑个热闹，有人从山东开车 9 个小时只为来此打个卡，有人从东北远道而来为她拍摄短视频……出名就能挣到钱，这是流量时代下的简单逻辑，也是很多人头脑中的理所当然。然而，火起来的"10 元盒饭姐"不但没挣到钱，还亏了本，"有人趁人多吃饭不付钱，有人付一份钱用盆打包带走几个人的量，一天亏了1 400 多元"，盒饭生意几近停摆。"盒饭姐夫"直言："出名恍把生意搅黄了。"

头一天下午，等供货商把肉类食材送到作坊，再进行切块、焯水、初加工，忙到半夜才回家；第二天凌晨 4 点起床，采买蔬菜，煎炸烹煮炒，六个锅同时开工，在几个小时内做出 30 多道菜；上午十点半，饭菜、帐篷和桌椅装车出发，11 点出摊，下午 2 点收摊回家。这是"盒饭姐"两口子的日复一日，也几乎是他们生活的全部。

"盒饭姐"名叫王荣亚，阜阳人，家中排行老四。陈立炳是王亚荣的丈夫，被网友称为"盒饭姐夫"，马鞍山当涂县人，今年 44 岁，和"盒饭姐"同岁，两人在江苏常州打工时相识。婚后，两人育有一儿一女，如今儿子已上小学，女儿已找到实习工作。

2015 年，王荣亚和陈立炳在亲戚的建议下到合肥谋生活，原本打算租下门面开店，结果因租金太贵作罢。后来两人看到合肥工地多，便做起了盒饭生意，起初在滨湖新区那边的工地上摆了两年摊，在长丰北城买房后，摊位也转移到了离家更近的章华台路。这一干就是六七年，10 块钱管饱是他们的口号，菜品全、荤菜多是他们的特色。

小区保安、装修工、建筑工是王荣亚的主要客源。附近小区保安小吴说，他在小区工作整整三年，盒饭姐家的摊位就是他的餐厅。"女的性格大大咧咧，男的老实不爱说话，一直干活。"这是吴之勇对王荣亚和陈立炳两口子的直观印象。"35 道菜，荤菜占了大半，价格便宜，生意火爆，经常有人排队。"吴之勇解释说，之所以常去吃王荣亚家的自助餐，一是便宜，二是方便，"一二十分钟把饭吃完，中午还可以休息一会。"这也是大多数食客的想法。

资料来源：丁伟《"10 元盒饭姐"走红后因人多被迫停业两次，称不知道啥叫流量，顾客：就付十块钱支持她比点个红心更直接》（极目新闻，2023 – 09 – 15，有删改）。

讨论：

（1）请从营销的角度分析 10 元盒饭的竞争力和吸引力。

（2）10 元盒饭的定价是否适用营销学的定价程序？

五、定价方法

定价方法是企业在特定的定价目标指导下，依据对成本、需求及竞争等状况的研究，运用价格决策理论对产品价格进行计算的具体方法。定价方法主要包括成本导向定价法、需求导向定价法和竞争导向定价法三种类型。

1. 成本导向定价法

成本导向定价法是一种以营销产品的成本为主要依据制订价格的方法，是最简单、应用相当广泛的一种定价方法。成本导向定价法主要包括以下几种：

（1）成本加成定价法。

在这种定价方法下，把所有为生产某种产品而发生的耗费均计入成本的范围，计算单位产品的变动成本，合理分摊相应的固定成本，再按一定的目标利润率来决定价格，即按产品单位成本加上一定比例的毛利定出销售价。其计算公式为：

$$P = c \times (1 + r)$$

式中：P 为产品的单价；c 为产品的单位总成本；r 为产品的加成率。

（2）边际成本定价法。

边际成本定价法指增加单位产量引起的总供给成本的增加量，一般分为短期边际成本和长期边际成本。边际成本定价法也称边际贡献定价法，该方法以变动成本作为定价基础，只要定价高于变动成本，企业就可以获得边际收益，用以抵补固定成本，剩余即为盈利。

（3）目标收益定价法。

目标收益定价法，是根据企业总成本和预期销售量，确定一个目标利润率，并以此作为定价的标准。其计算公式为：

$$单位产品价格 = 总成本 \times (1 + 目标利润率) / 预计销量$$

（4）盈亏平衡定价法。

盈亏平衡定价，也称保本定价法或收支平衡定价法，是指在销量既定的条件下，企业产品的价格必须达到一定的水平才能做到盈亏平衡、收支相抵。企业试图找到一种价格，使用这种价格时，企业的收入与成本相抵，或者能达到期望中的利润目标。其计算公式为：

$$单价 = 单位变动成本 + 固定成本 / 销售量$$

2. 需求导向定价法

根据市场需求状况和消费者对产品的感觉差异来确定价格的方法叫作需求导向定价法，又称"市场导向定价法""顾客导向定价法"。需求导向定价法主要包括认知价值定价法、需求差异定价法和逆向定价法。

（1）认知价值定价法。

所谓"认知价值"，是指消费者对某种产品价值的主观评判。认知价值定价法是指企业以消费者对产品价值的认知度为定价依据，运用各种营销策略和手段，影响消费者对产品价值的认知，形成对企业有利的价值观念，再根据产品在消费者心目中的价值来制订价格。

认知价值定价法的关键和难点，是获得消费者对有关产品价值认知的准确资料。企业如果高估了消费者的认知价值，其定价就可能过高，难以达到应有的销量；反之，企业如果低估了消费者的认知价值，其定价就可能低于应有水平，使企业收入减少。因此，企业必须通过广泛的市场调研，了解消费者的需求偏好，根据产品的性能、用途、质量、品牌和服务等要素，判定消费者对产品的认知价值，制订产品的初始价格。然后，在初始价格条件下，预测可能的销量，分析目标成本和销售收入。在比较成本与收入、销量与价格的基础上，确定该定价方案的可行性，并制订最终价格。

（2）逆向定价法。

这种定价方法主要不是考虑产品成本，而是重点考虑需求状况。依据消费者能够接受的最终销售价格，逆向推算出中间商的批发价和生产企业的出厂价格。

此种价格能反映市场需求情况，有利于加强与中间商的良好关系，保证中间商的正常利润，使产品迅速向市场渗透，并可根据市场供求情况及时调整，定价比较灵活。

（3）需求差异定价法。

需求差异定价法是指产品价格的确定以需求为依据，首先强调适应消费者需求的不同特性，而将成本补偿只放在次要的地位。

根据需求特性的不同，需求差异定价法通常有以下几种形式：

①因地点而异。如机场的商店、火车上的小推车向乘客提供的产品的价格普遍要高于市内的商店和餐厅。

②因时间而异。如粽子的销售价格在端午节前会比节后的价格高。

③因产品而异。如在世界杯举行期间，世界杯的会徽或吉祥物的价格会比其他同类产品的价格高。

④因顾客而异。因职业、阶层和年龄的不同，顾客的需求不同，价格也不同。如旅游景点对导游、学生及老人有优惠价。

3. 竞争导向定价法

竞争导向定价法是以市场上竞争对手的同类产品价格为主要依据的定价方法。

（1）随行就市定价法。

随行就市定价法是竞争导向定价法中被企业广泛接受的、最简单的一种定价方法，是指企业使自己的产品价格与竞争产品的平均价格保持一致。这种"随大流"的定价方法，主要适用于需求弹性比较小或供求基本平衡的产品。在这种情况下，单个企业把价格定高了，就会失去客户；而把价格定低了，需求和利润也不会增加。所以，随行就市成了较为稳妥的一种定价方法。这样，既避免激烈竞争，减少了风险，又补偿了平均成本，从而获得平均利润，而且易被消费者接受。如果企业能努力降低成本，还可以获得更多利润。

随行就市定价法定价的具体形式有两种，一种是随同行业中处于领先地位的大企业价格的波动而同水平波动；另一种是随同行业产品平均价格水准的波动而同水平波动。在竞争激烈、市场供求复杂的情况下，单个企业难以了解消费者和竞争者对价格变化的反应，采用随行就市的定价方法能为企业节省调研费用，而且可以避免贸然变价所带来的风险；各行业价格保持一致也易于同行竞争者之间和平共处，避免价格战和竞争者之间的报复，也有利于在和谐的气氛中促进整个行业的稳定发展。

（2）密封投标定价法。

许多大宗产品、原材料、成套设备、建筑工程项目的买卖和承包等，往往采用发包人招标、承包人投标的方式来选择承包者，确定最终承包价格。一般来说，招标方只有一个，处于相对垄断地位；而投标方有多个，处于相互竞争地位。标的物的价格由参与投标的各个企业在相互独立的条件下来确定。在买方招标的所有投标者中，报价最低的投标者通常中标，他的报价就是承包价格。密封投标定价最大的困难在于估计中标概率，这往往取决于竞争对手如何投标，而每个参与者总是严格地保守商业秘密。企业只能通过猜测、调研及搜集历史资料来尽可能地准确估计。

（3）主动竞争定价法。

主动竞争定价法与随行就市定价法相反，主动竞争定价法不是追随竞争者的价格，而是以市场为主体，以竞争对手为参照物的一种常用的营销绩效定价方法。定价时首先将市场上竞争产品价格与企业估算价格进行比较，分为高、一致和低三个价格层次。其次，将企业产品的性能、质量、成本、式样及产量等与竞争企业进行比较，分析造成价格差异的原因。再次，根据以上综合指标确定企业产品的特色、优势及市场定位，在此基础上，按定价所要达到的目标，确定产品价格。最后，跟踪竞争产品的价格变化，及时分析原因，相应调整企业产品价格。

 课内活动

讨论： 你认为街边小贩所贩卖的产品是否应该明码标价？

明码标价和禁止价格欺诈规定

六、定价策略

1. 折扣策略

企业为了鼓励客户及早付清货款、大量购买、淡季购买，酌情降低其基本价格，这种价格调整叫作价格折扣。

（1）现金折扣。这是企业给那些当场付清货款的客户的一种减价。例如，客户在30天内必须付清货款，如果10天内付清货款，则给予2%的折扣。

（2）数量折扣。这是企业给那些大量购买某种产品的客户的一种减价，以鼓励客户购买更多的物品。

（3）功能折扣。这种价格折扣又称贸易折扣。功能折扣是制造商给某些批发商或零售商的一种额外折扣，促使他们执行某种市场功能（如推销、储存和服务）。

（4）季节折扣。这种价格折扣是企业给那些购买过季商品的客户的一种减价，以鼓励客户提前购买或在淡季购买，使企业的生产和销售在一年四季保持相对稳定。

（5）价格折让。销售折让是指企业在销售产品后，由于货物本身的原因（如质量问题）而给予购货方在销售总额上一定的减让。

（6）销售返利。销售返利是为了鼓励和促进购货方对本企业产品的销售，根据销售额的大小而给予购货方一定的利润返还。

2. 地区定价策略

地区定价策略，实质就是企业要决定：对于卖给不同地区客户的某种产品，是分别制订不同的价格，还是制订相同的价格。

（1）FOB原产地定价。所谓FOB原产地定价，就是客户（买方）按照厂价购买某种产品，企业（卖方）只负责将这种产品运到产地某种运输工具（如卡车、火车、船舶和飞机等）上交货。交货后，从产地到目的地的一切风险和费用一概由客户承担。

（2）统一交货定价。所谓统一交货定价，就是企业对于卖给不同地区客户的某种产品，都按照相同的厂价加相同的运费（按平均运费计算）定价。

（3）分区定价。所谓分区定价，就是企业把全国（或某些地区）分为若干价格区，对于卖给不同价格区客户的某种产品，分别制订不同的地区价格。距离企业远的价格区，价格定得较高；距离企业近的价格区，价格定得较低。

（4）基点定价。所谓基点定价，是指企业选定某些城市作为基点，然后按一定的厂价加从基点城市到客户所在地的运费来定价，而不管货实际上是从哪个城市起运的。

（5）运费免收定价。企业为了和某些地区做生意，负担全部或部分实际运费。

3. 心理定价策略

（1）声望定价。所谓声望定价，是指企业利用消费者仰慕名牌产品或名店的声望所产生的某种心理来制订产品的价格，故意把价格定成整数或高价。

（2）尾数定价。尽可能在价格数字上不进位，而保留零头，使消费者产生价格低廉和卖主经过认真的成本核算才定价的感觉，从而使消费者对企业产品及其定价产生信任感。

（3）招徕定价。所谓招徕定价，是指零售商利用部分消费者求廉的心理，特意将某几种产品的价格定得较低以吸引消费者。

4. 差别定价策略

所谓差别定价，也称价格歧视，是指企业按照两种或两种以上不反映成本费用的比例差异的价格来销售某种产品或服务。

（1）顾客差别定价，即企业按照不同的价格把同一种产品或服务卖给不同的顾客。

（2）形式差别定价，即企业针对不同型号或形式的产品分别制订不同的价格。

（3）时间差别定价，即企业针对不同季节、不同时期甚至不同钟点的产品或服务分别制订不同的价格。

微课 4.2　价格战

新鲜案例：麦当劳肯德基的"差别价格"

大数据杀熟是指互联网平台根据采集的用户信息、消费习惯等内容对用户"画像"，进而制订不同的价格策略，同样的商品或服务，老客户需要支付的价格反而比新客户要贵。

赵先生的孩子上小学，"娃喜欢吃快餐，接他放学时来不及做饭，会带他去吃麦当劳或肯德基。"赵先生说，有一次周末叫外卖，突然发现点外卖要比去店里贵，刚开始以为是有配送费，但仔细对比后发现，确实是同样的东西但价格不同——外卖的要贵几块钱，9 元的配送费则是单独支付的。

赵先生认为这一设置很不合理，"东西是一样的，价格就应该一样，到店吃和外卖咋还区别对待？这算是大数据杀熟和价格歧视吧？"赵先生说，很多餐饮店的外卖比到店购买要贵，但这些店铺如果到店消费是直接付款到店里的，而外卖要通过美团、饿了么等平台，会涉及抽成，因此外卖贵一两块钱还能理解。但肯德基、麦当劳不一样，都是从他们自己的 App 或小程序里下单的，也就是说，不管到店取还是外卖，都是从他们的平台下单付款，如果需要平台运维费用，那么到店自取也同样需要，为啥点外卖单价就更贵？

此外，肯德基、麦当劳的外送费也比普通外卖要贵，在这样的基础上，外卖的产品单价更高就很不地道，"东西卖贵没问题，区别对待就有问题。"

肯德基下单分为两个小程序，肯德基宅急送和肯德基自助点餐，同样外卖价格更贵。香辣鸡腿堡外卖 21.5 元，到店 19.5 元；新奥尔良烤鸡腿堡外卖 22 元，到店 20 元；老北京鸡肉卷外卖 20 元，到店 18.5 元。外卖配送费也是 9 元一单。有些门店皮蛋瘦肉粥晚上外卖为 11 元，早餐时价格为 9.5 元。

麦当劳微信小程序中，可选麦乐送和到店取餐。两种点餐方式均在同一小程序中下单支付，而外卖产品的价格更高：培根蔬荟双层牛堡到店取餐单价为 23 元，外卖单价为 25 元；不素之霸双层牛堡到店取餐 25 元，外卖单价 27 元……各种套餐也是外卖价格更贵，每单的配送费为 9 元。

"大数据杀熟"对消费者而言，如存在利用大数据技术虚假标价误导消费者消费，显然违反了《消费者权益保护法》的规定，损害了消费者的知情权和公平交易权，涉嫌"价格欺诈"。消费者可根据《消费者权益保护法》第五十五条"经营者提供商品或者服务有欺诈行为的，应当按照消费者的要求增加赔偿其受到的损失，增加赔偿的金额为消费者购买商品的价款或者接受服务的费用的三倍"索赔。

3 月 7 日，十四届全国人大一次会议上，最高法工作报告提出，人民法院依法促进数字经济健康发展。审理大数据权属交易、公共数据不正当竞争等案件，明确数据权利司法保护规则。惩处滥用数据、算法等排除、限制竞争的行为，坚决制止"大数据杀熟"、强制"二选一"等"店大欺客"行为。

资料来源：佘欣《麦当劳肯德基外卖单价高，是商家促销还是"大数据杀熟"？》（搜狐网，2023 - 03 - 15，有删改）。

讨论：

（1）大数据杀熟和差别定价有何区别？

（2）差别定价有哪几种方式？

（3）运用差别定价时如何避免消费者感觉被歧视？

5. 产品组合定价策略

（1）产品大类定价。当企业生产的系列产品存在需求和成本的内在关联性时，为了充分发挥这种内在关联性的积极效应，需要采用产品大类定价策略。

（2）选择品定价。许多企业在提供主要产品的同时，还提供某些与主要产品密切关联的选择品。

（3）补充产品定价。制造商经常为主要产品制订较低的价格，而为附属产品制订较高的加成。

（4）分部定价。服务性企业经常收取一笔固定费用，再加上可变的使用费。

（5）副产品定价。某些行业，如肉类加工和石油化工等，在企业生产过程中会生成副产品。若副产品价值高，能为企业带来收入，则主要产品价格在必需的时候可定低一些，以提高产品的竞争力。若副产品价值低、处理费用高，则主要产品的定价必须考虑副产品的处理费用。

（6）产品系列定价。企业经常以某一价格出售一组产品，这一组产品的价格低于单独购买其中每一产品的费用总和。

综合案例：无锡"爱心早餐"

7月1日起，无锡"爱心早餐"工程正式实施。目前，全市已设置261个就餐点位，实现对全市11 075名一线环卫工人免费早餐全覆盖。

据了解，"爱心早餐"的供餐标准为每餐6元，由各区供餐企业为一线环卫工人提供种类丰富、口味不同、营养新鲜的餐食，包含面条、八宝粥、包子、鸡蛋、豆浆、油条、春卷、油酥饼、枣泥糕、凉皮等几十种品种。

"每天早上能有一份免费的早餐吃，真的很满足。"有环卫工老伯表示，如果非要说建议，就是偶尔馒头会出现没有加热均匀的情况，过段时间天冷了，希望可以多加热一会儿。

另一名环卫工阿姨说，现在送餐都是大篮筐子装的，希望秋冬天改成保温的泡沫箱就更好了，"一顿不用操心的早餐，能够开启顺心的一天，也给工作生活都带来了便利。"

记者了解到，目前来看，就餐点设置和早餐供应方式，各区都是因地制宜。滨湖区以统一配送形式为主，根据1 017名路面环卫工人清晨作业时段和分布情况，确定21处就餐点位。锡山区以爱心驿站、城市驿站等多种形式的就餐点位为主，在全区共设立30个环卫工人就餐点位，其中有14处点位由核酸小屋改造而成。惠山区设立"爱心早餐"工程点位29处，覆盖全区约1 400名一线环卫工人。

资料来源：张颖《如何让无锡爱心早餐更有"温度"？将定期收集意见、持续推进》（无锡新传媒，2023 – 09 – 06）。

讨论：

（1）"爱心早餐"的价格受哪些因素的影响？

（2）"爱心早餐"如何定价？

点评：早餐有价，爱心无价。价格机制是市场经济下的一个基本机制，是市场经济的基础，一切市场经济活动都是围绕这个机制展开的。面向环卫工人的爱心早餐如何定价？显然不能简单地按照市场机制来定价，需要政府"有形的手"介入，让为城市付出者，当为城市所厚爱。

 课后实践

一、实践内容

演唱会门票价格大调查。

二、实践步骤

（1）各组分别选取一位知名民歌歌手和一位流行歌手。

（2）假设两位歌手将在本市开个人演唱会，询问路人会偏向（单选）去谁的演唱会，并回答对这两场演唱会所能接受的最高票价。

（3）总结两位歌手的受欢迎程度和"卖座"情况。

（4）理性思考影响企业定价的决定因素。

三、实践评价

由教师根据各组答案进行评分。

4.3 渠道策略

学习目标

知识目标：了解分销渠道的概念和功能；理解中间商类型；掌握影响分销渠道的因素，掌握分销渠道的类型及管理。

技能目标：能在营销实践中运用渠道策略辅助企业实现营销目标。

情感目标：激发合作意识和协作精神，感受分销渠道在满足人民对美好生活的向往这一方面发挥的重要作用。

重点难点

教学重点：分销渠道的含义与职能类型、分销渠道策略、批发商与零售商。

教学难点：分销渠道与营销渠道的区别、分销渠道的设计与管理。

课前活动一

一、活动主题

小调查：哪里能买到火车票？

二、活动步骤

（1）各组罗列可以买到火车票的途径。

（2）分析各种购买途径的火车票来源。

（3）讨论为什么各种线上线下购买途径的票都是来自中铁集团？而通过第三方平台购票为什么需要附加服务？

（4）分析第三方购票平台的盈利模式。

三、活动展示

课前向全班展示本组的调查成果。

课前活动二

一、活动主题

渠道类型大讨论。

二、活动步骤

（1）全班分为10组，每组负责分析一种渠道类型的优点，各组对应的渠道类型由抽签决定。

（2）第一轮讨论，由教师根据讨论情况选取每一组里讨论最不积极或者表达能力相对更需要提高的同学总结讨论结果。

（3）第二轮讨论，各组派出一名表达能力最强的同学补充本组观点，并对持相反观点的小组进行反驳。

（4）第三轮讨论，全班自由发言，与教师辩论。

三、活动评价

（1）学生投票决定最佳表现奖 2 人。

（2）教师根据学生表现情况给予相应评分。

课前预习

新鲜案例：白酒行业的内卷

6 月 19 日，中国酒业协会发布《2023 中国白酒市场中期研究报告》称，今年春节后，除茅台外，因经销商急于变现，部分名酒品牌及二三线品牌市场成交价低于经销价，价格倒挂现象严重。

一瓶白酒，从出厂到消费者入手，中间可能经历经销价、分销价、一批价、团购价、商超价、电商价以及官方指导价等多个环节的流通。受供需关系等因素影响，如 1 499 元指导价的 53 度 500 mL 飞天茅台，市场价长期高于 2 500 元。而所谓价格倒挂即白酒市场成交价已经低于指导价，甚至已经低于经销价。

6 月，是白酒行业销售季。五一假期、端午假期以及中高考升学宴的先后叠加，理论上能带动白酒动销。

红星资本局通过对比京东、天猫等电商自营店的到手价格、经销商价格、商超烟酒店价格，整理出目前白酒品牌中具有代表性的 15 款主力产品的倒挂排行榜。

需要说明的是，多位经销商和烟酒店老板都表示，酒价变动快，甚至可以说一天一个价，而且渠道复杂，很难有一个标准价。再叠加有经销商为了回款而低价出售，市场价格很难统一。（红星资本局以 6 月 25 日—7 月 1 日为时间段，以不同城市的超过 5 家经销商、烟酒店给出价格的平均数，作为线下商超烟酒店渠道的价格参考，电商平台旗舰店的价格取京东、天猫的平均数。）

红星资本局发现，53 度飞天茅台，价格坚挺，无论是散瓶还是整箱，今年以来的价格都没有低于 2 600 元/瓶。

但其他白酒的大单品仍倒挂明显，倒挂价差前三名为上海贵酒 53 度天青、500 mL 的酒鬼酒 52 度内参、郎酒的 53 度青花郎。

500 mL 52 度第八代五粮液，建议零售价 1 499 元，出厂价 969 元，在京东和天猫的五粮液旗舰店到手价均为单瓶 1 099 元，天猫苏宁易购官旗店到手价 1 079 元。在京东平台的商家出现了 950 元/瓶的价格，是除茅台以外最稳定的白酒品牌。

泸州老窖（000568.SZ）的 500 mL 52 度国窖 1 573，建议零售价为 1 399 元，出厂价在 960 元左右。在泸州老窖的京东和淘宝自营店，到手价分别为 1 109 和 1 179 元。

经销商渠道的 890 价格已经低于出厂价 70 元左右。

习酒中占销售大半的大单品——君品习酒和窖藏 1988 为代表的高端系列，建议终端零售价分别为 1 498 元/瓶和 898 元/瓶，出厂价分别为 935 元/瓶和 568 元/瓶。在京东和淘宝的官方旗舰店中，君品习酒到手价 1195 元左右，窖藏 1988 到手价 637 元左右。在经销渠道，习酒这两款产品价格更低，目前的市场价已跌至 845 元左右和 475 元左右，价格倒挂明显。

郎酒的 500 mL 53 度青花郎，建议零售价 1499 元，出厂价为 1 099 元。在郎酒的京东平台自营店到手价为 1 059 元，已经低于出厂价。

6 月 13 日，山西汾酒（600809.SH）股价连续下跌近 4%，自 2021 年 3 月以来首次跌破 200 元。有消息称，山西汾酒产能利用率不足 70%，汾酒批发价和终端价出现倒挂现象。公司对第一财经表示，汾酒长期以来产能都满负荷，库存存在一定渠道压力，但在合理范围内，部分市场或存在批发价与终端价倒挂的情况，但是总体还是比较稳定的。

此前的 6 月 5 日，舍得酒业（600702.SH）跌停，截至 6 月 9 日收盘，股价整体下跌，报 130.46 元/股，跌 2.20%。

除了知名酒企的股价变化，白酒板块在资本市场的表现未如预期。

6 月 26 日，端午节后的首个交易日，白酒板块普跌，中证白酒收盘价跌 2.94。

2023 年一季度 19 家上市白酒企业，存货增长的白酒企业达到了 17 家。从库存周转天数来看，红星资本局统计的倒挂排行榜中最严重的酒鬼酒，一季度末存货 13.752 亿元，同比增加 20%。

4 月 28 日，酒鬼酒（000799.SZ）发布 2023 年一季报，相对于当日发布的 2022 年年报，该公司一季度营收、净利润均出现大幅下滑。2023 年一季度，酒鬼酒报告期内营收 9.65 亿元，同比下降 42.87%。归母净利润 3 亿元，同比下降 42.38%。

在这样的市场背景下，控价、去库存成各家酒企今年努力方向。

6 月 16 日，泸州老窖发布《关于停止接收国窖 1573 经典装销售订单的通知》，要求国窖 1573 各经销商客户、各大区、各片区、各子公司，即日起停止接收国窖 1573 经典装销售订单。

6 月，金沙酒业通知，为推进摘要全渠道的合规销售，保证经销商利益，要求各销售大区组织辖区经销商进行线上平台低价摘要珍品的清收行动，清理回收目标是售价低于 650 元/瓶的产品。此次收货主体为 2023 年已签约经销商，所涉及的目标平台为包括拼多多、京东、淘宝、天猫、苏宁在内的传统电商平台，以及包括抖音、快手在内的新媒体渠道。

中泰证券研报表示，2023 年行至半程，整体白酒消费呈现出弱复苏的趋势，当前来看受到库存影响，销售价格有所承压，端午节将是白酒消费重要转折点。

4 月 3 日，中国酒业协会理事长宋书玉在 2023 年贵州白酒企业发展圆桌会上说，2023 年可能是中国酒业在长周期发展中的变革之年、转型之年和分化之年。

资料来源：程璐洋、刘谧《白酒行业内卷，除了茅台都在倒挂？白酒倒挂排行榜来了》（成都商报，2023 – 07 – 01）。

讨论：

（1）为何白酒中间商的销售价格会出现低于白酒厂商的出厂价？

（2）白酒渠道企业在整个白酒供应链中起到何种作用？

❋ 课中学习

渠道是产品从生产商流向消费者的通道，企业应该根据不同市场需求和产品性质选择适合自身的销售渠道，如开展在线销售、通过电视购物节目等多种方式提高产品的销售量。

一、市场营销渠道的含义

市场营销渠道是指配合起来生产、分销和消费某一生产者的产品或服务的所有企业和个人。

二、分销渠道的含义

分销渠道是指某种产品或服务在从生产者向消费者转移的过程中，取得这种产品或服务的所有权，或者帮助所有权转移的所有企业和个人。分销渠道的起点是生产者，终点是消费者或用户，中间环节包括各个参与了产品交易活动的批发商、零售商、代理商和经纪人。

微课4.3　终端为王

三、分销渠道的类型

（一）直接渠道和间接渠道

1. 直接渠道

直接渠道是指没有中间商参与，产品由制造商直接销售给消费者和用户的渠道类型，如上门推销、电视直销和网上直销等。直接渠道是工业品销售的主要方式，特别是一些大型、专用、技术复杂、需要提供专门服务的产品。

直接渠道的优点是：对于用途单一、技术复杂的产品，可以有针对性地安排生产，更好地满足需要；生产者直接向消费者介绍产品，便于消费者掌握产品的性能、特点和使用方法；直接渠道不经过中间环节，可以降低流通费用，掌握价格的主动权，积极参与竞争。但直接渠道也存在不足，如制造商在销售上投入大、花费大，而且销售范围也受到限制。

2. 间接渠道

间接渠道是指产品经由一个或多个商业环节销售给消费者和用户的渠道类型。它是消费品销售的主要方式，许多工业品也采用。

间接渠道的优点是：中间商的介入，使交易次数减少，节约了流通成本和时间，降低了产品价格；中间商着重扩大流通范围和产品销售，制造商可以集中精力进行生产，有利于整个社会的生产者和消费者。它的不足是：中间商的介入，使得制造商与消费者之间的沟通不便。

（二）长渠道和短渠道

渠道长度是企业的产品到达最终消费者手中所经历的中间商数量。数量多则为长渠道，数量少则为短渠道。

企业将产品传送到消费者所经过的中间商层级，主要分为四种类型：0 层、1 层、2 层和 3 层。最少的层级为 0 层，也就是从生产商直接到消费者，没有任何中间商。最多的层级为 3 层，甚至更高，3 层则包含代理商、经销商和零售商。

1. 短渠道

短渠道的优点在于品牌商对渠道、终端的市场管理和控制力度强，可以迅速响应品牌商的政策，出品相对有保障。

缺点则是品牌需要匹配到足够的资源和费用，来承担大部分或全部渠道功能。同时，由于自身资源的有限性，市场的覆盖面往往是有限的。

2. 长渠道

长渠道的优点很明显，可以快速铺开市场，同时可将渠道优势转化为自身优势。并且从费用角度而言，也为企业减少了渠道支出。

缺点则是由于层层分级，渠道不直接掌握在企业手里，导致管控力度不足，企业的战略决策很难保证快速响应，最终导致服务水平不一。在管控渠道的过程中，也加大了企业对渠道商的协调压力。

（三）宽渠道与窄渠道

销售渠道的宽度是指渠道内每个层次中，使用同种类中间商的多少。所用同类中间商数量多者为宽渠道，数量少者为窄渠道。通常根据宽窄可采用下面三种分销策略。

1. 密集分销策略

密集分销策略是指生产企业广泛利用大量的中间商经销自己的产品，也叫作广泛分销策略，适用于便利品。它的优点有：竞争激烈，具有很高的产品市场覆盖率；最大限度地便利消费者，进而推动销售额的提升；有利于广泛占领市场，方便购买，及时推销产品。不足之处是：经销商数目总是有限；生产厂商与其庞大的经销商网络较难保持即时、有效沟通，难免出现消息延迟；竞争者会造成销售努力的浪费，他们对生厂商的忠诚度便会降低，价格竞争也会更加激烈。

2. 选择分销策略

选择分销策略是指生产企业在特定的市场选择一部分中间商来推销本企业的产品。它的优点有：企业不必花太多的精力联系为数众多的中间商，便于与中间商建立良好的合作关系；可以使生产企业的产品获得适当的市场覆盖面；具有较强的控制力，成本也较低。它的缺点是：高市场重叠率，零售商之间会造成一些冲突；企业难以在营销环境宽松的条件下实现多种经营目标；渠道对非选购品缺乏足够的适应性；企业要为被选用的中间商提供较多的服务，并承担一定的市场风险。

3. 独家分销策略

独家分销策略是指生产企业在一定地区、一定时间只选择一家中间商销售自己的产品，适用于服务要求较高的专业产品。它的优点是：竞争程度低；生产商对中间商有较强的控制力，积极性也很高，能与中间商建立长久而密切的关系。它的缺点是：缺乏竞争会导致经销力量减弱，不便于消费者购买，容易造成垄断。

（四）垂直渠道系统和水平渠道系统

1. 垂直渠道系统

垂直渠道系统是指生产者与供应商或中间商共同构成一个系统，比如营销渠道中的各级成员同属于一个公司，或者生产商将产品的专卖特许权出售给销售商等。这些形式促使渠道各级成员之间相互合作，另外生产商可以通过这种形式控制渠道成员行为，消除某些冲突。

2. 水平渠道系统

水平渠道系统是指两家或两家以上的企业为减少成本、节约资源、降低风险或开拓更大的市场，而彼此联合，共同建立更大、更广、更完善的分销渠道系统。这种联合，可以以合同的形式临时存在；也可以共同组建一个新的销售公司，长期存在下去。

新鲜案例：零食很忙与赵一鸣将战略合并

11月10日，国内量贩零食两大品牌"零食很忙"与"赵一鸣零食"均向经济观察网记者确认，两家公司将进行战略合并，双方就战略合并一事，已达成最终协议。

合并后，两家公司在人员架构上保持不变，并保留各自的品牌和业务独立运营。晏周将继续担任零食很忙CEO，赵定将继续担任赵一鸣零食CEO，同时晏周兼任集团公司董事长。关于集团公司的股权结构，双方均未披露。

公开资料显示，零食很忙创立于2017年，总部位于湖南长沙，截至目前全国门店数已超4 000家，布局区域覆盖全国十个省市。赵一鸣零食创立于2019年，总部位于江西宜春，目前全国门店数超2 500家。2023年上半年，赵一鸣营业收入达到27.8亿元，净利润7 631万元。

零食很忙方面表示，此次战略合并，是双方基于共同价值观、经营理念以及对行业未来发展趋势研判下做出的前瞻性决策。赵一鸣零食方面称，合并后双方在产品供应链上将具备更好的采购优势，未来团队能够更专注于产品细节，给消费者带来更好的产品消费体验；在品牌建设上将进一步加强消费者心智建设与用户运营；在区域发展协调上，双方会在各自的优势区域持续深化布局，提升加盟门店效益。

今年零食行业进入整合期，在此之前，零食很忙也于8月宣布战略投资恰货铺子数千万元。10月，万辰集团整合旗下陆小馋、吖滴吖滴、好想来、来优品四大品牌，统一合并为"好想来"。

资料来源：郑淯心《零食很忙与赵一鸣将战略合并 零食行业进入整合期》（经济观察网，2023－11－10）

讨论：

（1）你认为零食很忙与赵一鸣零食战略合并的动机是什么？

（2）两家零食零售商的战略合并对零食生产厂商和消费者有何影响？

（五）传统分销渠道与网络分销渠道

随着网络的普及，电子商务的飞速发展，传统的从生产商到中间商再到消费者的线下分销渠道受到极大的影响与冲击。出现了许多直接面对消费者的网店，既有由生产商建设的自营网站或者网点 App、小程序、公众号等，如小米商城；也有通过拼多多、京东、淘宝等网上商城平台触及消费者建设网点，如华为京东自营店。不管是传统分销渠道还是网络分销渠道，其目的都是把企业的产品或服务提供给终端消费者，并为企业和消费者双方创造良好的价值。网络分销渠道的出现并不意味着传统分销渠道的消失。网络分销渠道只是企业多种分销渠道中的一种而已，是对传统分销渠道的丰富和发展。但两者也有不同：

首先，渠道结构不同。传统分销渠道的结构是线性的，通常表现为线性的流通方向；而网络分销渠道是发散性的，一般以企业的管理信息系统（包括网站）为中心，向周围呈射出网状的发散式联系通路。

其次，关注重点不同。企业在建立传统分销渠道的时候，主要关注的是批发商、零售商、代理商等中间商的选择，渠道的冲突以及地理位置等因素；而在建立网络分销渠道时，企业把更多的精力用于考虑网络系统的构建、与中间商的网络连接、网络安全等问题。

新鲜案例：水果销售渠道

根据杜牧《过华清宫绝句三首·其一》中的"一骑红尘妃子笑，无人知是荔枝来"这一句诗便可知道，水果在采摘之后再运输到全国的家家户户中，对于供应链的要求非常高。

我国地理形态多元化，气候复杂，生鲜水果产区多分布于山东、河南地区，供应呈"东密西疏"之势。

据国金证券研报显示，从产品属性角度看，水果为非标准产品，种植端和零售端均较为分散，从果园到零售商可分为采摘、分选、包装、保鲜、储存、运输等多道程序，且大部分分销商仅能覆盖一部分程序。

因此形成了冗长、高度分散且涉及众多中间商的行业痛点，漫长的分销过程不可避免地导致了高损耗率和受限的运输半径。

从种植端看，天气和种植技术都可能影响到水果产品质量，产品无法做到以量定产，水果的产量和质量无法得到保证。

从运输端看，冷链物流是鲜果运输的解药，但是我国冷链物流布局仍处于发展期，据中物联冷链委数据显示，2022年中国国内在果蔬产品上的冷链流通率仅为35%，而欧美已达到95%以上，在冷链物流上国内还有很长的路要走。

从分销零售端看，各环节可能涉及多个分销商，各家品控标准不一，难以形成标准化的标准，不同批次产品都有可能质量不同。

并且，我国水果销售端竞争激烈，渠道极为分散。据百果园招股书显示，我国水果销售主要渠道包括农贸市场、以商超为代表的现代零售、电商渠道及水果专营连锁及夫妻店，其中占据主要地位的还是农贸市场和现代零售。

在无比分散的水果销售市场背景下，供应链更显混乱，产品标准化可谓天方夜谭。但是三大巨头若想获取更多市场份额，尽可能标准化的品控又是其绕不过的一环。为了破局，"百果园们"采取的方式大同小异。

百果园、洪九果品、鲜丰水果均试图从全产业链解决这个问题。首先，与当地果农建立深度合作关系，规范催花、疏果、采摘、分级、保鲜等环节，以此降低成本，提升产品标准化；其次，打造自身品牌，以品牌标准进行产品标准化；最后加强数字化建设，使用物联网及大数据分析可促进采购、配送、仓储及销售管理。

在百果园和洪九果品的 IPO 资金用途上便可见一斑，百果园和洪九果品对于募集资金用途中不约而同地提到了：与上游果农建立深度合作、扩大采购网络、强化对于物流仓储的管理能力、打造品牌、加强数字化建设。

不同点在于百果园还将加强新零售建设，洪九果品则选择继续加强传统分销网络。在供应链的困局之下，百果园、鲜丰水果、洪九果品虽然都在努力破局，但要想构建足够全国扩张的供应链，三家企业需要付出的是巨额成本，他们的路还很长。

资料来源：艺馨、永阳《上市后首份年报，百果园净利率不足 3%》（搜狐网，2023 – 07 – 03）。

讨论：

（1）你认为水果适合哪种类型的分销渠道？

（2）结合案例材料，你认为水果经销商有什么对策可以提升渠道分销能力？

四、分销渠道的作用

1. 联结产销

分销渠道一头连着生产，一头连着消费，它就像一座桥梁，把生产者和消费者联结在一起，使产品的供应和消费在时间、地点及所有权等方面的差异得以消除。

2. 沟通信息

信息沟通是产品从生产者向消费者转移的重要条件。为了保证产品的适销对路，有效流动，分销渠道必然时刻努力搜集、传播和反馈各类信息，了解现实和潜在的产品销售情况、市场供求的变化，以及消费者、竞争者与其他市场要素的动态信息等。

3. 促进销售

分销渠道中的中间商以转移产品为基本业务，因此，在经营过程中，中间商会努力地将有关企业产品的信息通过各种促销方式传播给目标消费者和用户，以刺激需求，扩大产品销售量。

4. 风险负担

在产品流转过程中，由于存在大量集散产品，因此分销渠道成员需要承担产品供求变化、自然灾害及价格下跌等风险。

5. 实体分配

产品在实现空间转移时，渠道成员负责货物的运输、仓储及信息处理等具体活动，使产品高效、适时地到达消费者的手中，从而实现产品从生产者到消费者的转移。

6. 协商谈判

渠道成员在实现产品所有权转移的过程中，需要针对产品的价格、付款方式、促销费用、订货和交货条件等问题进行协商谈判，这样才能保证顺利成交。

分销渠道除了上述主要功能，还具有减少交易次数、降低流通费用、集中平衡和扩散产品、分级分等、提供服务、资金通融等作用。因此，企业在市场营销中，必须科学地选择和培育分销渠道，合理设置中间环节，充分发挥分销渠道的作用。

新鲜案例：阿迪达斯过分依赖经销商

从阿迪达斯2021年财报可以看出，阿迪达斯全球经销商渠道仍占62%，耐克这一数据为58%（大中华区为54%），而对比国内品牌，李宁已经降到50%以下，安踏则是30%多一点。

渠道本身没有错，经销商渠道是品牌快速扩张的有力手段。品牌无须自己面对市场，有更多人帮忙一起卖货，节省人力物力。一旦市场遭遇危机，也有经销商兜底，帮助企业共同承担。早年间没有电商渠道或电商渠道不发达时，鞋服品牌都是依靠经销商才能走向更远、更大的市场，乃至走向全球。

但在这个"零售为王"的时代，经销商渠道的劣势逐渐显现出来：灵活性差、周转时间长、坏账频出。

瑞士信贷称阿迪达斯的渠道为"过时的批发分销结构"。在国内订货会上，阿迪达斯部分交货周期接近一年，远高于国内运动品牌的六个月上下。

在"追求短期效益"的指导下，经销商手中的产品价格变得不可控，不排除为了完成业绩而压价。经销商之间也存在恶意竞争。

祸不单行的是，2020年疫情暴发，阿迪达斯正处在高库存低现金流状态，库存问题比其他品牌更大。《财经》从一位经销商处得知，为了鼓励订购，阿迪达斯的策略是回收经销商的库存，自己在线上打折卖。这是由于经销商手中的库存积压太多，他们忙于清库存，对新货的进货量就越来越少。如果跟线下门店出现同款竞争，阿迪达斯还要再补差价，缓解跟经销商之间的矛盾。

但品牌回收库存再转卖并非一个好的策略，回收的库存换个渠道销售，对经销商还是有影响。市场是固定的，消费者买了阿迪达斯库的库存货，新货对他们的吸引力就大打折扣了。

阿迪达斯的库存危机到今年仍未消化，唯一的欣慰是现金流从2019的8亿多欧元回升至38.28亿欧元，但这其中包括卖掉锐步的21亿欧元收入。

阿迪达斯对不同渠道的把控也相对弱势。对消费者来说，奥莱款、电商款、门店款，看不出太大区别。这一点耐克及国产运动品牌做得更到位一些。耐克在不同平台的定位都不同，而国产品牌经常会为电商平台提供定制款，只能通过电商渠道购买。

林诚表示，判断一个品牌的渠道力够不够强，可以从两个维度看，一个是不同渠道有没有差异化产品来匹配。"举个例子，抖音的客单价是200元，那品牌有没有能力开发一批产品专门针对抖音市场来售卖？"线上线下，不同城市不同区域，面对的消费者是不一样的，现在品牌恨不得把你需要的产品摆在你面前，而不是消费者主动去寻找。

林诚认为第二个维度是渠道内部的联动性，他以直营体系举例：一些国内鞋服品牌将不同区域、不同门店的销售数据实时上传，主打产品也有差别，如果出现有些店卖得好、有些卖得不好的情况，货品之间可以调换，这就让整个体系非常高效。

学习笔记

学习笔记

阿迪达斯已经意识到了相关问题，尤其是疫情来袭，线上营销飞速增长的时候。在阿迪达斯2021年最新五年规划中，阿迪达斯提出电商渠道销售额翻倍、自营门店实体化转型等。

资料来源：辛晓彤《阿迪达斯在中国市场错在哪？》（财经，2022-08-24，有删改）。

讨论：

（1）结合分销渠道的作用，谈谈"过度依赖经销商"为什么会导致阿迪达斯的失败。

（2）分销渠道对阿迪达斯的发展有何价值？

五、中间商的类型

中间商是指在制造商与消费者之间"专门媒介商品交换"的经济组织或个人。

1. 经销商

经销商是指在从事产品交易的业务活动中拥有产品所有权的一种中间商。

（1）零售商。零售商是指向最终消费者提供产品或服务的中间商。按经营产品类别不同，零售商分为百货公司、超级市场、专卖店和便利店等。

（2）批发商。批发商是介于生产者和零售商之间的中间商。

2. 代理商

代理商是指受委托人委托，替委托人采购或销售产品，收取佣金的一种中间商。

（1）厂家代理商：又称制造商的代理商。他们按照生产厂家规定的售价和销售地点等销售条件推销产品，安排货物的储运，并向生产厂家提供市场信息、提出产品设计样式及定价的方法等。销售后，他们获取一定的佣金。

（2）销售代理商：是一种独立的中间商，受托负责代销生产企业的全部产品，不受地区限制，并拥有一定的售价决定权。

（3）采购代理商：一般与客户有长期联系，能利用其消息灵通、及时把握市场信息的特点，代客户采购价廉质高的货物，并且也负责为客户收货、验货和储运，最后将货物运交客户。

（4）寄售代理商：又称佣金商或佣金行，他们受生产者的委托进行现货（多见于农产品）的代销。

3. 经纪商

他们既无产品所有权，也无现货，只为买卖双方提供价格、产品及一般市场信息，为买卖双方洽谈业务起牵线搭桥的作用，促成交易后，收取一定的佣金。房地产经纪商就是较为常见的经纪商之一。

 课内活动

讨论： 购物中心是否是渠道成员？购物中心在我们的日常生活中扮演何种角色？

中国购物中心年度报告（2023年）

新鲜案例：奶茶品牌扎堆小县城

"路过一个十八线小县城，遇到了一家正版的喜茶。""我们这个小城市也有奈雪的茶了。"近日，不少网友发现，喜茶、奈雪等一众奶茶品牌，正如雨后春笋般在小县城悄然冒头。

在东北的一座五线小城市，一家喜茶门店正在装修中，门面前还有调茶师的招聘信息。"这里从6月开始就有围挡了，具体开业时间不清楚。"附近门店的店员告诉中新财经，这是该市即将开出的第一家喜茶店。

枣庄市、三明市、沙县、沭阳县、平江县……在社交平台上，有不少来自低线城市甚至小县城的网友表示，该地已有或即将开出喜茶店。

"我们这小县城简直谜一般的开店，喜茶、茶百道、沪上阿姨、啊T、茉酸奶等全部挤在一起开，一条街上还缺个奈雪的茶就齐活了。"一名海城的网友表示，自己所在的小城市已开出了"奶茶一条街"。

在大城市愈加激烈的竞争下，更多奶茶品牌将拓展市场的目光投向了低线城市，这其中，也包括了喜茶和奈雪。

去年11月，喜茶正式宣布开放加盟。有业内人士指出，喜茶开放加盟，主要目的就是向低线城市下沉。"开放加盟的运营成本较低，也更适应当地的营商环境，是扩展下沉市场的最好选择。"

而尽管奈雪表示未来仍将坚持在一线、新一线及重点二线城市进一步提高市场渗透率，但其去年12月宣布并购乐乐茶，被行业视为其将切入空间更大的中端茶饮市场。据乐乐茶微信公众号消息，乐乐茶目前也已开放加盟，湖北、福建、江西、山东、四川、重庆成为其合作热点区域。

小县城奶茶店开得如火如荼的背后，是大城市奶茶市场竞争的愈加激烈。

今年5月，位于杭州西湖边的喜茶西湖黑金店正式"闭店"。在此之前，喜茶位于苏州、厦门、武汉、杭州等地的首店也接连退场。而奈雪3月公布的财报显示，2022年奈雪净亏损额为4.61亿元。

近日，"喜茶奈雪为何又不香了"登上了微博热搜。有媒体报道称，尽管端午假期国内旅游达1.06亿人次，已恢复至2019年同期的112.8%，但以往游客们集结打卡的网红奶茶店却静悄悄。数据显示，今年一季度，高端茶饮们的业绩未能完全恢复：奈雪的茶同店销售额恢复到2019年的75%~95%，喜茶也差不多。

在相关讨论下，不少网友认为"价格贵""没以前好喝了""创新不够，没新鲜感了"是高端奶茶失去吸引力的原因。

尽管喜茶、奈雪在奶茶界打出了品牌效应，但在百花齐放的奶茶市场上，永远不缺竞争对手。除了中端茶饮品牌不断推陈出新，近年来主打"古风国潮"的茶颜悦色、霸王茶姬也异军突起，高端奶茶们，亟须寻找新的突破口。

对于如今的品牌们来说，数量众多、消费潜力又尚未完全释放的小县城是扩张市场的必然选择。小县城的消费者也更愿意尝试新鲜事物。那么，高端奶茶能否掘金小县城？

一些网友认为，高端奶茶的高客单价与低线城市的消费水平不匹配，难以与蜜雪冰城等主打低端市场的品牌相竞争。

中新财经注意到，不少喜茶在小县城开店后，推出了9元一杯的优惠活动。有网友对此表示："9元钱要啥自行车。"也有网友质疑："味道跟大城市比还是打了折扣。"

据媒体报道，第三方数据显示，今年3月—5月，喜茶3个月新增278家门店，大多集中在三四五线城市。喜茶数据显示，其加盟店中，喜茶梅州万达店单日销量最高达3 500杯，单日销售额最高超过6万元。

食品产业分析师朱丹蓬认为，开辟下沉市场对于头部品牌来说，最大的优势在于成本的控制。"很多连锁品牌的优势都是在于对成本的控制。如果一线城市卖20元一杯，五线城市也是卖20元一杯，但是一线城市和五线城市的商业租金可能相去甚远。"

他表示，整体来看，奶茶头部品牌在下沉市场的单店营收可能会相对较低，但在成本上有很大优势，头部品牌在品牌调性方面也有一定优势。"但从产品矩阵上来说，头部品牌未来需要在差异化和品质方面继续发力。"

资料来源：左雨晴《喜茶、奈雪奶茶品牌为何纷纷扎堆小县城?》（中国新闻网，2023 – 07 – 07）。

讨论：

（1）喜茶为何要"下沉市场"?

（2）从分销渠道的角度，分析奶茶适合哪种渠道模式。

六、影响企业分销渠道选择的主要因素

1. 市场因素

分销渠道设计受消费者人数、购买习惯、地理分布、购买频率、平均购买数量，以及对不同促销方式的敏感性等市场因素影响。例如从事工业品分销的商品流通企业主要面向制造商销售商品，其渠道多为直接渠道；而从事日用消费品批发的商品流通企业，多采用间接渠道。

2. 产品特性

产品的价值、产品的时尚性、产品的易腐易毁性、产品的体积与重量、产品的技术与服务要求、产品的季节性、产品的市场生命周期和产品的用途等都是影响渠道设计的重要变量。

如鲜活产品通常采用尽可能短的渠道；那些体积大、单位价值较低的产品（如建筑材料和工业原料等）也尽可能选择较短的渠道；一些非标准化的产品（如定制的机器设备和定制的商业软件等）通常采用直接渠道，由制造商直接供货。

3. 企业特性

流通企业的规模、财务实力、渠道经验和经销商品的组合情况都会影响渠道设计。

4. 环境因素

渠道设计还会受经济因素、政府因素的影响。如经济萧条期，消费者对价格比较敏感，商品流通企业在渠道设计时会尽可能减少中间环节和一些非必要的服务。如政府对烟花鞭炮的运输有相关规定，对蔬菜等的运输有相应的政策优惠等。

课内活动

关于进一步提升鲜活农产品运输"绿色通道"政策服务水平的通知

道路危险货物运输管理规定

讨论：这两项关于鲜活农产品运输和危险货物运输的规定，对我们的生活有何影响？

经典案例：阿迪达斯的误判

有些事发生了，实在不好说是好是坏。阿迪达斯在北京奥运会的主赞助商身份并没为下一财年带来节节上升的业绩，却成为一场危机。

这场危机是从大量存货开始的：阿迪达斯高估了奥运会赞助权对市场需求的刺激，固执地让中国市场经销商增加20%至25%的拿货量，造成了如今整年的清货行动，这让经销商长时间喘不过气来，并降低了来年订单数量。

阿迪达斯的两大经销商百丽集团和胜道在全国各地开设了诸多的折扣店，一些高管开始流失到国内的体育公司。7月30日，百丽在上海启动了大规模清仓活动，在此之前，为缓解运营压力，该集团已经在第一季度关闭了176间运动门店。还有更极端的经销商拒绝提货，将货物积压在阿迪达斯的仓库里。阿迪达斯只能极力帮助经销商清理库存。

与第一、二季度相比，阿迪达斯在2009年11月发布的第三季度财报创下集团销售额最深降幅，销售额扣除汇率因素同比减少7%。2009年第三季度财报显示，公司营运利润下降了29%，中国和日本为核心的亚洲市场的销售额降幅仅次于北美市场，多亏了拉丁美洲市场19%的增幅，阿迪达斯的财报才有了点亮光。

在北京奥运会的开幕式上，李宁为阿迪达斯上演了一堂"没有不可能"的营销课，让这家公司为北京奥运支付的13亿人民币的巨额赞助费用某种程度上打了水漂。

阿迪达斯对奥运效应和奥运后市场的误判可以说是大公司市场营销战略的一个"经典错误"。中国市场发生的只是阿迪达斯错估奥运带来的需求刺激导致的全球存货危机的一个缩影。但即便判断错误，中国市场也不至于弄得这么糟，如果在实施激进的营销策略之前与渠道经销商做更多的沟通，或许结果是另外一个样子。

资料来源：《2009年度20家失意大公司》(第一财经周刊，2010-01-07)。

讨论：案例中提到"阿迪达斯只能极力帮助经销商清理库存"，从这个角度分析厂商和经销商如何保持良好的合作关系。

七、分销渠道管理

分销渠道管理就是根据分销渠道的基本职能和性质开展的活动。分销渠道设计、分销渠道组织、分销渠道激励和分销渠道控制等职能，主要通过分销渠道管理来实现，而分销渠道管理的过程可以分为分销渠道的调查与分析、分销渠道目标的确定、分销渠道策略的确定、分销渠道策略的实施、分销渠道的控制、分销渠道效率的评估、分销渠道和分销渠道策略的调整或重建七个主要步骤。其中，前三步主要对应分销渠道的设计职能，分销渠道策略的实施主要对应分销渠道的组织和激励职能，后三步则主要对应分销渠道的控制职能。

1. 分销渠道的调查与分析

分销渠道调查与分析的目的是要了解企业的分销渠道环境，从而为企业的分销渠道管理提供真实可靠的信息。它的主要内容包括：企业分销渠道外部环境的调查与分析、企业分销渠道内部环境的调查与分析，以及企业分销渠道的 SWOT 分析。对上述关于企业分销渠道内外部环境的调查分析结果进行整理，作为确定分销渠道目标和分销渠道策略的依据。

2. 分销渠道目标的确定

企业的分销渠道目标，是指企业为了实施总体战略和营销战略，希望分销渠道管理活动在一定时间内达到的结果。分销渠道目标的确定，就是确定企业分销渠道管理活动的方向和目的，主要包括三个方面的内容，即确定目标市场、确定可量化目标及确定不可量化目标。确定目标市场，主要是回答企业通过分销渠道管理活动为谁服务和怎样服务的问题；确定可量化目标，主要是决定企业通过分销渠道管理活动要达到的经济利益指标，如销售额、利润额、市场占有率及市场覆盖率等；确定不可量化目标，主要是决定在完成可量化目标时，企业要兼顾的其他难以量化的内容，如目标顾客与分销渠道成员的满意度、分销渠道发展、分销渠道合作及分销渠道氛围等。不可量化目标虽然难以测量，且大多数企业可能不把它们当作分销渠道目标提出来，但它们却对可量化目标的实现有着重要影响。

3. 分销渠道策略的确定

企业的分销渠道管理人员要根据企业的总体战略、营销战略和分销渠道目标，确定企业的分销渠道策略。这项工作一般可分为三步：首先，制订多套可行性的分销渠道策略；其次，对每一套可行性的分销渠道策略进行评价；最后，在评价的基础上，综合考虑各种方案的优劣，选择一套分销渠道策略或将多套分销渠道策略进行组合。确定分销渠道策略涉及很多方面，如分销渠道结构的确定、销售终端的选择、分销渠道参与者的确定、分销渠道覆盖面的确定、物流配送规划、分销渠道联盟方式的确定、信息沟通方式的确定，以及分销渠道控制方法的确定等。

4. 分销渠道策略的实施

分销渠道策略的实施首先是组织问题，其次才是领导、激励与协调问题。涉及的内容包括分销渠道成员的选择、分销渠道成员之间分销渠道功能的分配、分销渠道成员权利与义务的规定、合约的签订和执行、物流配送计划的实施，以及分销渠道这一超级组织的领导、激励和协调。分销渠道策略的实施，是企业分销渠道执行力的体现。如果实施不当，再好的分销渠道策略也难以达到企业的分销渠道目标。

5. 分销渠道的控制

分销渠道的控制有两个重要的方面：一是对分销渠道策略能否在实施中得到有效贯彻进行监督和调控；二是对中间商分销渠道中各分销渠道参与者可能从事的投机行为进行监控。第一个方面的分销渠道控制，虽然也会涉及其他分销渠道成员（如生产企业对各级中间商的存货水平、仓库、地位及运输方式等进行评价、分析，并提出改进意见等），但是从根本上讲，它是站在一个企业的角度对分销渠道策略实施的过程进行控制，是企业内部的控制。第二个方面的分销渠道控制，与一般的组织内部控制有很大的区别，它是要对中间商分销渠道中其他分销渠道参与者的投机行为进行控制，属于分销渠道控制中特有的跨组织控制的问题。

这两个方面的控制互相补充。第一个方面的分销渠道控制是要从企业自身的角度保证企业的分销渠道策略在实施中得到有效贯彻，第二个方面的分销渠道控制则是要保证企业的分销渠道策略在实施中得到合作伙伴的有效配合。一般而言，前者相对容易些，因为它主要涉及的是组织内部控制问题，后者则非常困难，因为它涉及的是跨组织控制问题。

6. 分销渠道效率的评估

分销渠道效率就是分销渠道活动的投入—产出比。与分销渠道目标相对应，分销渠道效率也有可量化和不可量化两种。可量化分销渠道效率由经济利益指标测量，如销售额、利润额、市场占有率和市场覆盖范围等；不可量化分销渠道效率则可以通过一些主观判断或认知来测量，如目标顾客与分销渠道成员的满意度、分销渠道发展、分销渠道合作及分销渠道氛围等。

对分销渠道效率的评估，就是将上述分销渠道效率的可量化指标及不可量化指标，与企业过去的表现和竞争者的表现相对比，与企业的分销渠道任务相对比，由此找出企业分销渠道的差距和问题所在，为分销渠道和分销渠道策略的调整提供依据。

7. 分销渠道和分销渠道策略的调整或重建

分销渠道管理过程的最后一步，是在必要时对分销渠道和分销渠道策略做出调整。分销渠道和分销渠道策略的调整可以是局部的——只调整和改进某个或某些环节，也可以是全面的——对企业的整个分销渠道或分销渠道策略进行重建，如调整分销渠道结构、调整分销渠道政策、调整分销渠道关系、调整局部市场区域的分销渠道，以及更新整个分销渠道网络。

分销渠道和分销渠道策略的调整，既是分销渠道管理过程的最后一步，也是新一轮分销渠道管理活动的开始。它一方面要以分销渠道效率评估为依据，另一方面也需要向新一轮分销渠道的调查与分析提供信息，形成新的分销渠道目标和分销渠道策略。企业的分销渠道管理由此循环往复，不断地进行下去。

综合案例：15 分钟便民服务圈

"之前，早市夜市都在道路两侧，不仅对周边环境卫生造成影响，还存在很大安全隐患。自从商贩集中入驻新建的便民市场，大家买菜更方便更安全了。"9 月 12 日早上，家住承德市未来城小区的陆先生，拎着装满新鲜蔬菜的菜篮子说，便民市场虽小，但畅通了群众买菜与商贩卖菜的渠道，提升了生活品质和城市形象。

便民市场是事关群众"菜篮子"的一项重要民生工程。近年来，承德本着惠民、利民、便民的原则，加快推进便民服务工程建设，努力打造"15 分钟便民服务圈"，在原有便民市场的基础上，继续新建或改造大型超市、生鲜超市、菜市场、农贸市场、农村集贸市场等多种形式的便民市场 90 余个，为市民生活提供便利。

据介绍，该市将结合"15 分钟便民服务圈"建设和城市居住区发展需要，进一步加强便民市场升级改造工作，提高经营者、消费者满意度，营造便利、文明、和谐的消费环境。

资料来源：陈宝云《承德便民市场提质让"菜篮子"拎出幸福感》（河北日报，2023 – 09 – 16）。

讨论：

（1）从理论的角度，分析一般情况下"菜篮子"产品顺畅流通要经历哪些环节。

（2）蔬菜分销渠道和常见的日化用品分销渠道有何异同？

点评：蔬菜水果等生鲜在经销环节有保质、保鲜的要求，让广大消费者能便利地购买到蔬果生鲜，不仅需要政府开辟"绿色通道"，更需要优化销售终端布局。"菜篮子"作为重要民生工程，不断优化，是党委政府重视民生的体现，也是居民生活幸福感提升的基础保障。

🌸 课后实践

一、实践内容

串货大调查。

二、实践步骤

（1）联系企业客服，如蜂花日化、卫龙辣条等公司。

（2）与所联系企业交流沟通，了解其渠道类型，了解他们的渠道政策，了解他们对串货的态度。

（3）选取所联系企业的经销商，与之进行沟通，并通过明访或暗访的方式了解是否串货。

（4）随机抽取顾客，询问顾客的购物体验，并有技巧地询问其购物时的决策过程。

（5）每组写一篇心得体会。

三、实践评价

由任课教师点评每组心得体会，并由学生互评得分和教师评分共同计算出本次实践的最终成绩。

4.4　促销策略

学习目标

知识目标：了解促销组合的含义；理解促销的含义与作用，理解人员推销的含义及特点，理解广告的含义与类型、广告媒体及其选择、广告效果的测定，理解公共关系的含义、特点、作用和工作程序，理解营业推广的含义、特点、方式和控制。

技能目标：能在营销实践中灵活运用公关、广告、人员推销和营业推广等各种促销策略。

素养目标：初步体验各种促销方式的科学性与艺术性，树立正确的义利观，培养公平竞争和诚信营销的职业道德，认识促销活动对塑造中国品牌形象、讲好中国故事、传播中国文化的价值。

重点难点

学习重点：促销组合的含义与促销组合策略的影响因素、人员推销策略、广告策略、公共关系策略及营业推广策略。

学习难点：促销组合策略的类型及其含义和影响因素，人员推销、广告、公共关系和营业推广的含义、特点及方式。

课前活动

一、活动主题

出其不意的开场。

二、活动步骤

（1）每组各选取一件快速消费品。

（2）假设该产品正在开展广场促销。

（3）每组派出一个代表，以广场促销活动主持人的身份说出本组设计好的开场白，以吸引尽可能多的消费者参与活动。

三、活动评价

由教师对每一组的开场白进行评分。

学习笔记

 课前预习

新鲜案例：大众标杆纯电车型 ID.3 亮出了史上最低价

7月6日，澎湃新闻记者从上海、宁波、无锡等多地的上汽大众经销商处获悉，大众 ID.3 车型目前直降 4.3 万元，覆盖所有配置车型。

据销售人员介绍，本次优惠活动为现金优惠，而非此前常见的权益赠送、积分抵扣活动。以销量最高的低配车型为例，该车型官方指导价为 16.29 万元，优惠 4.3 万元后，裸车价格为 11.99 万元。

不过这一降幅并非覆盖全国，澎湃新闻记者以消费者身份咨询北京的经销商得知，北京地区门店并未收到相关降价的通知，有门店销售人员表示，目前 ID.3 车型依旧享受原有优惠，优惠幅度为 3 万元左右。

其实不只是 ID.3 车型，上汽大众旗下 ID 系列如 ID.4 X、ID.6 等都有不同程度的优惠，依车型和门店政策不同，优惠幅度从 2 万元到 4 万元不等。有销售人员表示，"ID 系列一直都有优惠的，只是今天刚下了 ID.3 的政策，优惠 4.3 万元，这么大力度以前没有过的。"

在今年年初开始的降价潮中，大众 ID.3 车型也进行了降价，全系车型优惠幅度约为 2 万元，实际售价在 14 万元左右。

对于本次大幅降价的原因，有工作人员表示是为了"冲销量"，也有工作人员称"可能车型要改款换代"。

大众 ID.3 是大众基于 MEB 平台打造的一款 A0 级别车型。MEB 平台是大众 2018 年正式推出的纯电平台，除大众品牌外，大众集团内的奥迪、斯柯达等品牌也在使用这一平台。

2021 年，上汽大众陆续对 ID.4 X、ID.6 X、ID.3 三款车型开启了上市交付。此前上汽大众方面披露的信息显示，截至 2023 年 4 月初，上汽大众 ID. 家族推出两周年，累计销量突破 12 万辆。

据大众汽车官网数据，2022 年，大众汽车品牌在全球的纯电动汽车销量约 33 万辆，同比增长 23.6%。在中国市场，ID. 家族车型全年总交付量达 14.31 万辆，较 2021 年同期增长 102.9%。值得注意的是，ID. 家族已经成为大众汽车新能源车的销量担当，2022 年大众汽车在中国共交付新能源车 18.06 万辆，其中 ID. 家族车型占比近八成。

即便增速明显，但大众汽车的新能源车转型不力一直受到诟病。和刚起步的造车新势力相比，平均每月 1.5 万辆左右的销量并不少，但大众汽车品牌 2022 年在中国的整体销量为 239.71 万辆，也就是说，其新能源车销量占比仅有 7.5%。

乘联会发布的数据显示，今年 5 月份，南北大众（上汽大众和一汽大众）新能源车批发销量为 1.75 万辆，占据主流合资品牌纯电动车 58% 的市场份额。乘联会认为，大众坚定的电动化转型战略初见成效，在主流合资品牌中强势领先。

资料来源：吴遇利《起售价不足 12 万元！ID.3 直降超 4 万元，大众为销量拼了？》

（澎湃新闻，2023 – 07 – 06）。

讨论：

（1）降价是促销吗？

（2）大众 ID. 3 为何要降价？

 课中学习

促销可以提高销售业绩、品牌知名度和客户忠诚度，增加市场份额，降低存货成本。在市场竞争日益加剧的今天，促销已经成为企业营销策略不可或缺的一部分，可以有效吸引消费者、提高品牌认知度，并推动企业发展。

一、促销与促销组合

促销的本质是信息沟通，是企业通过人员和非人员的方式，与消费者进信息的沟通，引发刺激消费者的消费欲望和兴趣，使其产生购买行为的活动。

促销组合，是一种组织促销活动的策略思路，主张企业运用广告、人员推销、公关宣传、营业推广，以及四种基本促销方式组合成一个策略系统，使企业的全部促销活动互相配合、协调一致，最大限度地发挥其整体效果，从而顺利实现企业目标。

二、促销的作用

1. 传递信息

通过促销宣传，能够使消费者了解企业生产经营的是什么产品、有哪些特点、到什么地方购买、购买的条件是什么等，并引起他们的注意与好感，从而为企业产品销售的成功创造条件。

2. 激发购买欲望

促销通过介绍新产品，展示合乎潮流的消费模式，提供满足消费者生存和发展需要的承诺，可以激发消费者的购买欲望，创造出新的需求。

3. 突出特点

企业通过促销活动，在同类市场竞争激烈的情况下，可以突出展示自己产品的性能和特点，或显示产品能给消费者带来的满足程度及附加价值等，这样可以加深消费者对产品的了解和信任，使其认识到购买该企业产品能得到的特殊利益。

4. 建立信誉

企业通过促销活动，可以使更多消费者和用户对产品和企业产生信任感，有利于企业在消费者心目中树立起良好形象。

5. 扩大销售

营销人员针对消费者的心理动机，通过采取灵活有效的促销活动，诱导或激发消费者某一方面的需求，从而扩大产品的销售。

新鲜案例：咖啡 9.9 元促销战

极低的价格加上味道不错的咖啡，成为引流"神器"。从业绩来看，今年一季度瑞幸咖啡扭亏为盈，运营现金流为 10.726 亿元，这或许是瑞幸咖啡做 9.9 元促销的底气。反观库迪咖啡，尚没有公布融资情况。

在业界看来，咖啡促销是一场"以价换量"的战争。某咖啡品牌创始人陈颖（化名）向新京报记者透露，9.9 元促销，是一些品牌在抢渠道，"这种价格打法下，很多新生品牌会活得比较艰难。如果没有资本加持，没有钱往里面烧，10 元以内的价格是在刺激市场升量。现在进入咖啡赛道的新品牌新势力太多了，他们想把新势力给打掉。"

T97 咖啡创始人李潇也曾在接受采访时称，会对旗下门店进行促销，但不会采取"全场 9 块 9"的打法，在没有巨大成本优势的情况下，打价格战无疑是自杀式发展，不打价格战就卖不动的品牌迟早会死。

动辄 30 多元的咖啡如今卖 9.9 元，品牌是否在亏钱营销？库迪咖啡首席策略官李颖波介绍，咖啡的成本结构相对很确定，包括内容物原材料、房租、人工、水电杂费。"在规模化运营之下，基本上一杯咖啡的原材料成本在 5.5 元，包括豆子、糖浆、牛奶等。按照日均 400 杯的杯量测算，房租的成本分摊约 1.25 元一杯。通过技术化的平台，库迪咖啡节约了一定的人工成本，每杯的人工成本 2 元左右，再加上两角钱左右的水电杂费。所以在规模化效应之下，我们觉得咖啡的成本应该在 9 元以下。"

库迪咖啡区域负责人给出了与李颖波一样的观点，如果只算物料成本，一杯咖啡有着 50% 的利润率。他认为，从加盟商的角度，即便是卖 9.9 元，加盟商依然有的赚，这背后是库迪咖啡对加盟商大范围的补贴。"库迪咖啡还在做 8.8 元的促销，公司层面愿意为加盟商做 9.5 元的保收，意思是消费者核销一张 8.8 元的优惠券，库迪咖啡会给加盟商补贴 0.7 元的费用。"

从加盟模式来看，库迪咖啡和传统加盟模式不同。"传统模式是靠供应原料来赚钱，而库迪是疯狂挤压原料成本，很多物料都是比外面的市面采购价还要低很多，靠的是门店利润抽点赚钱，这是为什么 9.9 元能存活最核心的原因。"库迪咖啡区域负责人介绍。

对于成本问题，上述证券分析师认为，每个企业对外发布的口径不同，成本要看是否包含了房租、人力、整体运营成本等，不能仅仅只计算单杯的原料、吸管、杯子、打包袋这些。只看单杯成本是不成立的，毕竟还有其他支出。另外，站在加盟商角度，要看他们是否赚钱，如果公司与加盟商都赚钱，这才是一个健康的商业模式。

平安证券研报认为，目前库迪咖啡在抖音主打 8.8 元和 9.9 元券，窄门餐眼显示 ASP（Average Sales Price，意为平均销售价格）为 11.58 元，实际 ASP 目前是 6~9 元；现阶段大力度优惠营销下，价格、杯量这两个核心假设条件均为非稳态，因此后续稳态的门店利润及整体合理回收期测算还需要动态跟踪。但从平安证券的调研和跟踪数据来看，3 月实际盈利的门店比例不高，且以微利为主。第二季度是旺季，是库迪门店的第一个旺季，也是重大考验期。

如此极限的价格比拼，库迪咖啡与瑞幸咖啡都没有松口。郭谨一在此前的业绩电话会上表示，瑞幸咖啡9.9元的活动将长期做下去。也有瑞幸咖啡内部人士透露，瑞幸咖啡9.9元店庆活动至少会持续到2024年年底。而库迪咖啡的"夏日冰饮季、天天9.9"营销活动将持续至7月30日，覆盖旗下约5 000家门店。

陈颖认为，咖啡品牌做9.9元促销，整体来看不太会亏损，但如果做8.8元一定会亏。在9.9元的定价下，咖啡品牌也得保有一定的杯量才能赚到钱。在陈颖看来，这场咖啡品牌间的促销斗争，至少会持续到今年年底，甚至有的品牌会不断加码。"我觉得是打过硬仗、做过实体连锁、细节化运营做得比较强的品牌，在这场斗争中才经得住敲打。"

资料来源：王子扬《瑞幸、库迪打起9.9元促销战，低价咖啡能喝多久？》（新京报，2023-05-26）。

讨论：

（1）咖啡品牌做9.9元促销起到了何种作用？

（2）案例中提到的咖啡企业在开展促销决策时考虑了哪些因素？

三、影响促销组合的因素

促销方式各具特点，企业应该根据不同的需要和情况来选择、搭配促销方式，制订相应的促销组合策略。

在制订促销组合策略的过程中，要注意促销目标、促销策略、产品性质、市场性质、产品生命周期和促销预算等因素。

1. 促销目标

不同企业在同一个市场、同一个企业在不同时期及不同市场环境下所进行的特定促销活动，都有其具体的促销目标。促销目标是制约各种促销形式具体组合的重要因素，促销目标不同，促销组合必然有差异。

2. 促销策略

从运作的方向来划分，促销策略可以分为下面两种基本类型。

（1）推式策略。

通过以人员推销方式为主的促销组合，把产品推向市场。它的目的在于说服中间商，使他们接受企业和产品，从而使产品进入分销渠道，最终抵达消费者手中。

（2）拉式策略。

通过以广告为主的促销组合，把消费者吸引到企业的特定产品上来。这种策略首先需要设法引起消费者对产品的需求和兴趣，使消费者向中间商询购这种产品，然后促使中间商向生产者进货。

3. 产品性质

不同性质的产品，需要采用不同的促销组合策略。生活消费品的技术结构比较简单，购买人数众多，可以较多地使用广告，但对中间商则宜采用人员推销。大宗生产资料的购买者多为专门用户，促销活动主要是向用户宣传产品的质量、技术性能，以及该产品能为用户增加利润的程度，因此宜采用人员推销方式，以便向用户做详细说明，并解答疑问和提供咨询。公共关系、销售促进两种方式，在促销活动中对不同性质的产品反应相对较为均衡，应根据具体情况而定。

4. 市场性质

市场地理范围、市场类型和潜在消费者的数量等因素，决定了不同的市场性质，也决定了不同的促销组合策略。目标市场范围小、潜在消费者数量有限的生产资料市场，便于开展人员推销；反之，目标市场大、潜在消费者多而分散的消费品市场，则应以广告为主。

5. 产品生命周期

介绍期促销的主要目标是使消费者认识新产品，所以应多用广告；到了成长期和成熟期，促销目标应调整为增进消费者对产品的兴趣和偏好，需要采取多种广告形式，突出产品的特点和效用，或利用公共关系；衰退期的促销目标是要促成持续的信任和刺激购买，宜采取销售促进的方式。

6. 促销预算

企业究竟用多少费用组织促销活动，要根据市场竞争情况、企业的实力和产品的特点决定。企业制订促销预算的方法主要有量力支出法、销售额比例法、竞争对等法和目标任务法。

课内活动

讨论：企业、营销工作者和消费者在"扩大消费"政策下有何作为？

关于恢复和扩大消费的措施

四、促销组合的设计

1. 确认促销对象

通过企业目标市场的研究与市场调研，界定其产品的销售对象是现实购买者还是潜在购买者，是消费者个人、家庭还是社会团体。明确了产品的销售对象，也就确认了促销的目标对象。

2. 确定促销目标

不同时期和不同的市场环境下，企业开展的促销活动都有着特定的促销目标。短期促销目标，宜采用广告促销和营业推广相结合的方式；长期促销目标，公关促销具有决定性意义。这里需要注意的是，企业促销目标的选择必须服从企业营销的总体目标。

3. 促销信息的设计

重点研究信息内容的设计。企业促销要对目标对象表达的诉求是什么，并以此刺激其反应。诉求一般分为理性诉求、感性诉求和道德诉求三种方式。

4. 选择沟通渠道

传递促销信息的沟通渠道主要有人员沟通渠道与非人员沟通渠道。人员沟通渠道是向目标购买者当面推荐，能得到反馈，可利用良好的"口碑"来扩大企业及产品的知名度与美誉度。非人员沟通渠道主要指大众媒体沟通。大众传播沟通与人员沟通有机结合才能发挥更好的效果。

5. 确定促销的具体组合

根据不同的情况，将人员推销、广告、营业推广和公共关系四种促销方式进行适当搭配，使其发挥整体的促销效果。促销组合应考虑的因素有产品的属性、价格、寿命周期、目标市场特点，以及"推"或"拉"策略。

6. 确定促销预算

企业应从自己的经济实力和宣传期内受干扰程度大小的状况来决定促销组合方式。如果企业促销费用宽裕，则可以几种促销方式同时使用；反之，则要考虑选择耗资较少的促销方式。

经典案例：钱大妈生鲜打折

生鲜产品是基础消费品，随着生活水平的提升，大众的消费观念转变，在采买生鲜产品时也愈发注重新鲜与品质。钱大妈就是抓住了消费者对新鲜与品质的需求，提出了具有革新意义的"不卖隔夜肉"理念，在实现自身稳步发展的同时，也重新梳理了传统生鲜行业标准。

钱大妈在全国多座核心城市及重点地区共计坐拥3 000余家加盟店，所有加盟店每天19：00全场九折，每半小时降一折，直至23：30全场免费赠送。得益于"定时打折"机制的优越性，钱大妈各地加盟店顺利清空当日上市的所有商品，"不卖隔夜肉"理念得以贯彻落实，不仅给消费者带去了新鲜与实惠，门店也收获了巨大的客流量，为加盟盈利提供了有力保障。

资料来源：《钱大妈以"定时打折"机制吸引巨大客流，为加盟盈利提供有力保障》(咸宁新闻网，2023－06－26)。

讨论：

(1) 钱大妈设计促销活动时考虑了哪些因素？

(2) 这样的定时打折有何优劣势？

五、广告

1. 广告的含义

广告是指法人、公民和其他经济组织，为推销商品、服务或观念，通过各种媒介向公众发布有关信息的一种宣传形式。

🌸 **课内活动**

讨论：在社交软件的群聊中以图文方式推广产品，是否应遵守《中华人民共和国广告法》？

中华人民共和国广告法

经典案例：红牛赔偿

如果你在过去十年间买过红牛饮料，而且你身处美国，快去领取赔偿金吧！最近，功能性饮料红牛在美国"摆平"了两桩集体诉讼官司，同意向消费者支付 1 300 万美元赔偿金，用以补偿不实广告语对消费者带来的伤害。

红牛在美国和欧洲的广告语是"红牛给你双翅膀"，但红牛最终承认，"红牛给不了你翅膀"，因此同意赔钱。

按《每日邮报》的说法，红牛同意向 2002 年 1 月 1 日至 2014 年 10 月 3 日期间在美国购买过红牛饮料的人赔偿总计 1 300 万美元的赔偿金，每人得到的赔偿金按申请赔偿的总人数计算。申请赔偿的消费者不必出具发票等证明，只需下载申请表填写即可。

申请截止日期为 2015 年 3 月 2 日，红牛会在明年 5 月前完成审批，并在此后 150 天内发放赔偿金。尽管同意给钱，但红牛美国公司的一名发言人说，红牛本无意借助广告词误导消费者。

不过，可能由于申请者太多，公司负责纠纷的一个网站自本月 8 日起一直处于瘫痪状态。据《每日邮报》报道，在过去 24 小时该网站有 4 600 万次访问量，而且很多去申请的人并没有真正购买红牛饮料。

而正是因为有这些人的存在，如今估计赔偿金只有 3 美元了。而据《每日邮报》报道，最先开始每人可获得 10 美元现金，或者价值 15 美元的红牛产品。

资料来源：《红牛"折翅"能否让广告不再姓"牛"？》（人民网，2014 - 10 - 13）。

讨论：你认为广告应该如何把握宣传的"尺度"？

2. 广告的特点

（1）独特性。

广告的独特性是吸引消费者关注的关键。独特的广告创意可以迅速抓住人们的眼球，让人们产生观看和传播的欲望。独特性不仅体现在创意上，还包括广告的表现形式、视觉设计等方面。具备独特性的广告，可以在众多广告中脱颖而出，为品牌赢得关注度。

（2）相关性。

广告的相关性是指广告内容与目标消费者的需求和兴趣紧密相连。只有深入了解消费者的需求，才能制订出与之相关的广告策略。具备相关性的广告，可以引起消费者的共鸣，激发他们对产品的好奇心和购买欲望。

（3）情感性。

情感性是广告的一个重要特点，它通过触动消费者的情感，使消费者对品牌产生情感认同。情感性不仅体现在广告的内容上，还包括广告的语言、音乐、画面等方面。具备情感性的广告，可以让消费者在情感上与品牌产生连接，从而提高品牌忠诚度。

（4）传播性。

广告的传播性是指广告内容具有传播价值，能够引发消费者的讨论和分享。具备传播性的广告，可以在消费者之间形成口碑效应，进一步扩大品牌影响力。传播性不仅与广告内容有关，还与广告的传播渠道、传播方式等因素密切相关。

（5）创意性。

创意性是广告的核心竞争力。一个好的广告创意，可以引发消费者的兴趣，让他们对广告产生浓厚的兴趣。创意性不仅体现在广告的内容上，还包括广告的表现形式、视觉设计等方面。具备创意性的广告，可以在众多广告中脱颖而出，为品牌赢得关注度。

（6）真实性。

广告的真实性是指广告内容真实、可信，不夸大其词。消费者对广告的第一要求就是真实，只有真实可信的广告才能赢得消费者的信任。真实性不仅体现在广告的内容上，还包括广告的表现形式、视觉设计等方面。具备真实性的广告，可以提高消费者对品牌的信任度，从而促进产品的销售。

3. 广告的类型

（1）印刷品广告。

①报纸广告。报纸广告的优势是：覆盖面宽，读者稳定，传递灵活迅速，新闻性、可读性、知识性、指导性和记录性"五性"显著，便于保存，可以多次传播信息，制作成本低廉。报纸广告的局限是：它以新闻为主，广告版面不可能居突出地位，广告有效时间短，日报只有一天甚至半天的生命力；广告的设计、制作较为简单粗糙，相片、图片运用极少。

②杂志广告。杂志广告是指利用杂志的封面、封底、内页和插页为媒体刊登的广告。杂志广告的优势是阅读有效时间长，便于长期保存，内容专业性较强，有独特的、固定的读者群。

（2）电子媒体广告。

①电视广告。电视广告是利用电视为媒体传播放映的广告。它的优势很明显：收视率高，插于精彩节目的中间，观众为了收看电视节目愿意接受广告，虽然带有强制性，但观众一般可以接受；形声兼备，视觉刺激强，给人强烈的观感刺激。

②广播广告。广播广告是指利用无线电或有线广播为媒体播送传导的广告。由于广播广告传收同步，所以听众容易收听到最快最新的产品信息；而且广播广告每天重播频率高，收听对象层次广泛，速度快，空间大，广告制作费也低。广播广告的局限性是只有听觉信息的刺激，而没有视觉的刺激。

③网络广告。网络广告是指通过网站、网页、互联网应用程序等互联网媒介，以文字、图片、音频、视频或者其他形式，直接或者间接地推销产品或者提供服务的商业广告。与传统的四大传播媒体（报纸、杂志、电视、广播）广告及备受垂青的户外广告相比，互联网广告具有得天独厚的优势，是实施现代营销媒体战略的重要部分。互联网是一个全新的广告媒体，速度最快，效果很理想，是中小企业扩展壮大的很好途径，对于广泛开展国际业务的公司更是如此。

（3）户外广告。

户外广告主要包括路牌广告、霓虹灯广告和灯箱广告、车厢广告、招贴广告、旗帜广告及气球广告等。

（4）邮寄广告。

邮寄广告是广告媒体中最灵活的一种，也是最不稳定的一种。

（5）POP 广告。

POP 广告是售货点和购物场所的广告。

（6）其他广告。

其他广告包括馈赠广告、赞助广告、体育广告、包装纸广告、购物袋广告和手提包广告等。

4. 影响广告媒体选择的因素

（1）产品因素。如果是技术性复杂的机械产品，宜用样本进行广告，它可以较详细地说明产品性能，或用实物表演，增加用户实感。如果是一般消费品，可采用视听广告媒体。

（2）针对不同的消费者，应选择不同的广告媒体。

（3）广告宣传所选择的媒体范围要和产品推销的范围一致。

（4）广告媒体的知名度和影响力。

（5）广告主的经济承受能力。

5. 广告效果评估

广告效果的评估就是运用科学的方法来鉴定所做广告的效益。广告效果评估主要从经济效益、心理效益和社会效益三个方面进行。

微课 4.4　广告效果评估

六、公共关系

1. 公共关系的含义

公共关系是指企业在从事市场营销活动中正确处理企业与社会公众的关系，以便树立企业的良好形象，从而促进产品销售的一种活动。

新鲜案例：向高校捐款

8 月 28 日，小米集团创始人、董事长兼 CEO 雷军再次向母校武汉大学捐赠 2 000 万元，用于支持教育事业发展和奖励优秀学生。据悉，从 1997 年开始，雷军先后多次向母校捐赠，总额达 1.5 亿元。

企业品牌建设，需要通过产品创新和营销传播来提升品牌知名度和差异化，也需要通过社会责任和公益行为来提升品牌形象和声誉。作为小米集团的创始人、董事长兼 CEO，雷军向武汉大学捐赠，不仅塑造一名成功企业家和社会公益人士的个人品牌，也在赋能小米集团的企业品牌——增强品牌在消费者心目中的正面联想。

同时，企业家或企业对高校的捐赠也是一种双赢的合作。高校作为知识创新和人才培养的重要基地，可以为企业提供优质的科研成果和人才资源，促进企业的技术进步和人才储备。

事实上，随着中国经济社会发展，越来越多的中国企业家向高校捐赠，支持教育事业发展。根据《2022 中国高校基金会大额捐赠观察报告》，2021 年国内高校基金会接收了 254 笔金额大于等于 1 000 万元人民币的大额捐赠，大额捐赠笔数较 2020 年增加41%。企业家的捐赠背后，有着各自的动机和考量，但也反映了他们对教育的重视和对社会的贡献。捐赠高校，已经成为国内很多企业家和企业进行品牌塑造的重要方式。

资料来源:《雷军再捐 2 000 万元:企业家捐赠高校的品牌塑造》(每日经济新闻,2023 - 09 - 03,有删改)。

讨论:企业向高校捐赠的行为可否理解为公关活动?

2. 公共关系的特点

(1) 长期性。公共关系不仅涉及当前的问题,而且涉及长期的发展。它不仅需要实现某种目标,而且需要为未来的发展建立一个可持续的关系。

(2) 互动性。公共关系不能单纯依赖一方,要求双方互相合作,双方需要进行有效的沟通,以便实现共同的目标。

(3) 动态性。公共关系是一个可变的过程,需要不断地反思和调整,以适应环境变化。

(4) 效率性。公共关系是一种有效率的交流过程,以最小的成本实现最大的效果,达到满足期望的目标。

(5) 社会责任性。公共关系的本质是义务,它应尊重和理解个人与社会的价值观念,并强调伦理和法律的遵守。

3. 公共关系的类型

(1) 主体或部门型公共关系。主要是开展企业公共关系、商业服务业公共关系、政府公共关系,以及事业团体公共关系等活动。

(2) 对象型公共关系。主要包括员工关系、消费者关系、政府关系、媒介关系、社区关系、股东关系和国际公共关系等。

(3) 功能型公共关系。主要有日常事务型公共关系、宣传型公共关系、征询型公共关系,以及矫正型公共关系等。

4. 公共关系活动的实施

(1) 确定公关活动的目标和受众。企业需要明确公关活动的目标和受众,以便制订出具体的方案和实施步骤。

(2) 制订公关活动的策略和方案。企业需要根据公关活动的目标和受众,制订出具体的策略和方案,包括活动的主题、形式、时间、地点和参与人员等。

(3) 策划公关活动的细节。企业需要对公关活动的细节进行策划,包括活动的宣传、物资准备、人员安排及场地布置等。

(4) 实施公关活动。企业需要按照策划好的方案和细节,认真实施公关活动,确保活动的顺利进行。

(5) 评估公关活动的效果。企业需要对公关活动的效果进行评估,以便不断改进和提升公关活动的质量和效果。

实战案例:统一方便面株洲市场公关活动策划

一、公关策划目标

(1) 商务活动与公关活动相结合。

(2) 公关活动与媒体发布同时进行。

二、公关活动的任务

（1）提高企业品牌知名度，树立良好的公众形象。

（2）为发展公共关系、产生社会影响等提供信息渠道。

（3）借助宣传攻势，引起经销商各方面的注意，寻求市场合作，加快营销渠道的建设。

（4）刺激消费者对统一方便面的购买欲望，并完成购买行为。

三、具体公关活动

（1）开展向株洲醴陵市和茶陵县等贫困山区赠送方便面的活动，并集资筹建"统一"希望小学。

①主题：统一助成长，守护新希望。

②时间：3月5日。

③目标：通过此次公益活动，使统一企业在株洲市民心中的形象和声誉得到提高，获得消费者的信任。

④具体公关活动措施如下：

在株洲日报、株洲电视台，尤其是醴陵市和茶陵县电视台等媒体做重点宣传，使这些地区的潜在消费者认可统一企业，从而促进销售量的增加。

在醴陵市和茶陵县选出两个贫困镇，并在这两个镇上选好建设希望小学的地点。

在希望小学开工建设的当天，吸引醴陵市和茶陵县电视台进行宣传与报道，特别邀请株洲电视台《晚间报道》栏目进行新闻报道。

在希望小学奠基的当天，邀请醴陵市和茶陵县的教育局局长与宣传部部长进行奠基剪彩，奠基仪式后进行现场统一方便面各类产品的展示和免费试吃活动，并且每户村民凭户口簿还可以免费领取统一方便面家庭装2份。

（2）统一企业举办一年一度的株洲市经销商颁奖暨答谢晚会。

①主题：统一天下，经销中华。

②时间：12月12日20：00—22：00。

③活动地点：株洲华天大酒店。

④目标：通过举办经销商颁奖暨答谢晚会，激励经销商，增强统一品牌在株洲地区的凝聚力，加大对株洲地区经销商的控制力。

⑤邀请媒体计划名单：株洲电视台、株洲日报、株洲在线和株洲交通广播电台。

邀请的主要嘉宾：株洲市食品监督管理局局长、株洲市电视台台长及其领导、株洲消费者维权协会会长。

⑥主持人：马可。

⑦物资准备：

晚会流程列表；

统一方便面新产品资料宣传单；

礼品：统一笔记本100个、笔100支和精品雨伞（布料上印制统一企业的宣传标语）100把；

经销商荣誉证书和奖杯（分为金销奖奖杯、银销奖奖杯及铜销奖奖杯）；

经销商签到单 100 份和经销商信息意见反馈表 100 份；

宣传横幅 10 条，具体内容见表 4 – 3。

表 4 – 3　宣传横幅内容及数量

条幅宣传语	数目/条
热烈欢迎株洲统一方便面经销商朋友	3
中华统一　经世济民	2
热烈祝贺统一企业株洲经销商颁奖晚会胜利召开	2
中华统一　情感天下	3

⑧具体活动安排。

主持人马可组织会场串词。

株洲地区统一企业株洲分公司总经理致欢迎词。

经销商代表讲话：天元区超市销售部经理、住宅区"欧洲花园"社区自选商店老板、湖南工业大学商业一条街自选商店老板。

株洲消费者维权协会会长发言。

株洲分公司总经理宣布 09 届最佳金销获、银销奖、铜销奖获奖名单。

颁奖：株洲市卫生局局长、消费者协会会长、株洲市委宣传部部长担任颁奖嘉宾。

颁奖仪式结束，所有经销商、嘉宾和媒体记者到餐厅就座。

⑨答谢晚会开始，统一企业株洲分公司领导向来宾敬酒。

（3）甲型 H1N1 流行性感冒严重，统一企业株洲销售管理处进行印刷宣传预防甲流的宣传册，赠送给中小学、高等院校和各企业社区单位。统一与株洲市民一起预防甲流。

（4）聘请专家联合株洲市各大高校开展"食品安全与方便面"的专题讲座。统一为各大高校学生提供勤工俭学的岗位，聘请的学生将成为统一形象展示店的兼职员工。

（5）在目标消费者高度集中的中高档社区，精心策划"我吃我创意"活动，让消费者烹调方便面，创意吃面，一场快快乐乐的周末体验式营销活动就此拉开，借此抓住对品牌没有要求的消费者，在该消费者心中树立统一的品牌形象。

讨论：你认为以上公关活动是否可行？为什么？如果按此计划执行，那么你认为在执行过程中可能会出现什么问题？

七、营业推广

1. 营业推广的含义

营业推广，又称销售促进，是指以人员或非人员的方式传递产品信息，激发消费者的购买欲望，诱导消费者采取购买行动的一切活动。

2. 营业推广的特点

（1）非规则性和非周期性。通常不用作常规性的促销活动，没有固定的工作程序，往往是临时性和短期性的、额外的促销工作。

（2）灵活多样性。主要指营业推广的方式比较灵活，可根据企业经营的不同产品特点和所处的不同营销环境，加以灵活选择和运用。

（3）效益的短期性。主要是利用各种临时的、短暂的营销机会，如展销会、交易会和博览会等，开展促销活动，取得短期性的效益。

3. 营业推广的方式

（1）企业针对消费者所采取的营业推广方式。

赠送样品、试用样品、优惠券、廉价包装、奖励、现场示范和组织展销。

（2）销售终端针对消费者所采取的营业推广方式。

批发回扣、推广津贴、销售竞赛、交易会、博览会、业务会议和工商联营。

（3）企业针对中间商所采取的营业推广方式。

购买折让、广告折让和陈列折让。

（4）企业针对内部销售人员所采取的营业推广方式。

销售竞赛、销售红利和奖品等。

经典案例：肯德基超值星期二

2010年4月6日，肯德基中国公司在网上推出"超值星期二"三轮秒杀活动，64元的外带全家桶只要32元，于是在全国引爆热潮。但当消费者拿着从网上辛苦秒杀回来的半价优惠券（优惠券上标明复印有效）时，突然被肯德基单方面宣布无效。而中国肯德基发表声明称，由于部分优惠券是假的，所以取消优惠兑现，并向消费者致歉，但"各门店给出的拒绝理由并不一致"。

消费者认为是肯德基忽悠了大家，在各大论坛发表谴责帖子，不时出现"出尔反尔，拒食肯德基"这样的言论，有网友甚至把各地的秒杀券使用情况汇总，一并向肯德基投诉。肯德基陷入"秒杀门"。

4月12日，肯德基发表公开信，承认活动欠考虑，未能充分预估可能的反响，承认网络安全预防经验不足，表示应对不够及时，个别餐厅出现差别待遇带来不安全因素，承认第一次声明中"假券"一说用词欠妥。

6月1日，肯德基在中国内地的第3 000家餐厅落户上海，公司高层首次就"秒杀"事件公开向消费者致歉。

"秒杀"是网上竞拍的一种方式。"秒杀门"源自去年的淘宝秒杀门。首先暂且不论电子优惠券的真假，肯德基各门店单方面以不同的理由取消活动已经侵犯了消费者的权益。实体店运用网络电子商务手段搞促销优惠本来无可厚非，但因为经验的不足且处理不当带来的必然是信誉的损失和消费者的流失。

在消费维权方面，今天中国消费者越来越成熟：当肯德基在秒杀门事件上表现诚信缺失之后，许多愤怒的网民在互联网集结成群惩罚肯德基——许多城市网民互相约定在就餐的高峰期一起涌进肯德基，并在肯德基餐厅中叫麦当劳的外卖，这种带有行为艺术性质的恶意维权行为得到许多年轻网友的响应。面对汹涌的舆论压力，肯德基最终不得不承认错误。

在一个不断成熟的消费氛围中，消费者维权的意识必然越来越高，维权的手段也必然越来越多元化，企业必须高度重视与消费者之间的沟通与关系维护，防止出现恶性的消费维权事件，从而引发企业危机事件发生。

资料来源：林景新、刘琼《危机与救赎：中国九大危机案例深度解析》（新浪网，2010－07－27）。

讨论：你认为企业的营业推广活动可以从肯德基的秒杀门事件中获得什么样的教训？

八、人员推销

1. 人员推销的含义

人员推销是企业运用推销人员直接向顾客推销产品或服务的一种促销活动。人员推销活动包括三要素：推销人员、推销对象和推销品。

2. 人员推销的特点

（1）人员推销可满足推销员与潜在顾客的特定需要，针对不同类型的顾客，推销员可采取不同的、有针对性的推销手段和策略。

（2）人员推销往往可在推销后立即成交。在推销现场使顾客作出购买决策，完成购买行动。

（3）推销员可直接从顾客处得到信息反馈，诸如顾客对推销员的态度、对推销品和企业的看法及要求等。

（4）人员推销可提供售后服务与追踪，及时发现并解决产品在售后、使用和消费时出现的问题。

（5）人员推销成本高，需要投入大量的人力、物力、财力和时间。

（6）在某些特殊条件和环境下不宜使用人员推销。

3. 人员推销的实施

（1）发掘潜在顾客和鉴定资格。

推销过程的第一步是发掘、鉴别合格的潜在顾客。接近正确的潜在顾客对于成功推销是很关键的。通常，最好的来源是推荐人。他们可以请求现有顾客推荐潜在顾客，获得潜在顾客名单，或者培植其他推荐来源，如供应商、经销商、非竞争者的推销人员，以及互联网或其他社会网络。利用电话或信件来追踪线索，或者未经预约直接到各处办公地点拜访顾客（称为"贸然拜访"）。

通过查看潜在顾客的财力、营业额、特殊需求、所在位置，以及增长的可能性，推销人员可以确定潜在顾客是否合格。

（2）销售准备。

在拜访一个潜在顾客前，推销人员应该尽可能地了解顾客（他的需求是什么，谁将参与购买）及顾客的采购人员（采购人员的性格和购买风格），这一步被称为销售准备。销售准备环节通常要先开展调查，再根据调查结果选择和运用客户开发策略。

推销人员应该设定拜访的目标，可以是鉴定潜在顾客、收集信息或是马上达成交易等。另一项工作是确定最好的接近方法，可以是亲自拜访、电话或信函联络。还要确定最佳的拜访时间。最后，推销人员应该为最终达成交易制订一个总体销售战略。

（3）接近顾客。

这一步需要设计推销人员的仪表、开场白及随后的谈话。开场白应该积极，旨在从一开始营造一个友好的氛围。开场白之后，可以接着洽谈几个关键的问题以便更多地了解顾客的需求，或者展示样品以吸引顾客的好奇心和注意力。在销售的全过程中，倾听顾客非常重要。

（4）介绍和示范。

在人员推销中的介绍这一步，推销人员告诉顾客"价值故事"，解释产品如何能够解决顾客的问题。问题解决型推销人员比那些强硬推销型或急速交易型的推销人员更符合现代关系营销观念。顾客希望推销人员能够倾听他们所关心的事情，理解他们的需求，并且以正确的产品或服务解决他们的问题。

（5）处理异议。

在处理异议时，推销人员应该采取积极的态度，寻找一些隐含异议，力求顾客把他们的异议陈述清楚。而这些异议也会作为提供更多信息的机会，并且最终转变为购买的理由。

（6）成交。

推销人员应该知道如何识别购买者发出的特定成交信号，包括身体的动作、评价或者问题。

推销人员达成交易的技巧包括：可向潜在顾客要求订单，重申双方协议要点，提议帮助顾客填写订单，询问顾客想要这一型号还是另一种型号的产品，或者告诉顾客如果现在不买会有损失，不能享受价格优惠或免费额外的赠送。

（7）顾客跟进和维持。

当货已发到后，推销人员应该安排一个跟进拜访，确保产品的安装、指导以及服务都正确无误。这次拜访可能会发现各种问题，确保顾客对推销人员的兴趣，减少自销售以来顾客的担心。

综合案例："6·18"战报

超长"6·18"即将落幕，各大电商平台战报陆续出炉。红星新闻记者注意到，不管是调整组织架构后首次出战"6·18"的淘宝天猫，还是"6·18主场"的京东，抑或是抖音、拼多多都没有公布 GMV（商品交易总额）数据。

尽管如此，平台方依然底气十足。淘天集团阿里妈妈及市场公关总裁刘博表示，今年淘宝天猫"6·18"，用户、商家规模、成交三项指标全面正增长，"这不仅是史上投入最大的一届'6·18'，更是用户参与度最高、商家参与规模最大的一届'6·18'"。京东方面则表示，2023年京东"6·18"增速超预期，再创新的纪录，大量的品牌商家获得了亮眼的增长。

"电商淡化 GMV，在很大程度上可能和理性消费以及实体与电商经济讨论有关，也可能和成交量不尽如人意有关。"有专家认为，电商大促尽管对于成绩单提得少了，但是背后供应链的争夺、服务体验的博弈仍在，对于拉动消费和促进生产有着不可取代的作用，以细分领域消费潮流来带动新的增长点还有较大空间。

淘宝天猫总结收获：用户更愿意去逛。

今年"6·18"，梅西、苹果直播等出圈成为"6·18"最有记忆度的事件，"6·

18"期间每天在淘宝发布短视频的商家数增长了 55%，达人增长了 200%；淘宝上短视频的日均观看用户数增长了 113%，浏览量和观看时长也相应实现翻倍增长。"用户愿意在淘宝上花更多的时间去逛，是对淘天今年'6·18'求新求变的最大收获"，刘博表示。

商家参与规模的扩大，则是今年淘宝天猫"6·18"的另一大重要突破。"今年'6·18'的第一目标不是 GMV"，在刘博看来，头部商家尤其是旗舰店，增长依旧强劲，而提升中小商家的参与度及交易规模，是今年淘宝天猫更为迫切的重要目标。截至 6 月 18 日 0 时，超 256 万名淘天中小商家成交额超过去年同期。还有 118 万名中小商家达成了"1 万元成交"的小突破，其中 6.8 万名商家加入淘宝还不到 3 个月。

"淘宝好价节"与"直播闪降节"均是今年"6·18"新推出的玩法。刘博表示，淘宝做"好价"并不是做"低价"。在淘宝天猫方面看来，"好价"的前提必须是好货，即有价格优势的特色商品。他认为，"直播闪降节"更像是直播形式的聚划算。数据显示，"直播闪降节"期间，观看直播人次同比去年增加了 60%，参与商家的店播成交比日常也普遍增加了 2~3 倍。今年"6·18"来到淘宝开播的达人主播同比增长了 139%。

京东线上线下齐参与：多快好省。

京东集团 CEO 许冉表示，"'多、快、好、省'是京东的不懈追求"。相对阿里突出线上，京东透露，今年"6·18"，线上品牌商家参与数量达到历史最高，线下实体门店参与数量也创新高。线下数万家的京东门店，以及京东供应链接入的全国数百万家线下合作门店都参与进来。

京东到家联动超 38 万家线下门店通过线上下单、门店发货、商品小时达最快分钟达，提供便捷即时零售服务，合作门店数同比去年增加八成。今年京东"6·18"期间，参与百亿补贴的商品数量达到 3 月的 10 倍以上。京东"6·18"期间，"一键价保"被点击了超过 6.6 亿次，为用户放心购买低价好物提供售后保障。

伴随着生成式 AI 的火热，数字人直播、AI 外呼等数智技术在今年的京东"6·18"期间成为大量商家品牌营销的共同选择，言犀虚拟主播已带动商家成交额较去年"双11"增长超 246%。

抖音发力货架场景："90 后"成消费主力。

6 月 20 日，抖音电商发布"抖音'6·18'好物节"活动消费数据。今年"6·18"大促，平台发挥全域兴趣电商特质，让短视频和直播的内容场景，与商城、搜索、店铺等组成的货架场景协同发力。数据显示，5 月 31 日至 6 月 18 日，抖音电商直播累计时长达 4 202 万小时，挂购物车链接的短视频播放了 1 309 亿次，整体销量同比增长了 66%。其中，货架场景抖音商城的销量同比增长达 177%。

"6·18"期间，抖音电商通过跨店满减、消费券、商城频道、好物直播间等方式，不断促进消费。数据显示，本次"抖音'6·18'好物节"，"90 后"成为消费主力军，购买实力最为强劲。18 岁以上的"00 后"消费者数量不断增长，是去年同期的 2.1 倍，成为消费市场的新生力量。从地域来看，来自上海的用户消费最为活跃，北京、重庆、成都、广州等地紧随其后。

拼多多大搞补贴：天天都是"6·18"。

学习笔记

今年"6·18"大促启动以来，拼多多称，持续投入打造史上"最实惠'6·18'大促"。在"6·18"期间，拼多多百亿补贴累计发放150亿元优惠券，对手机、数码、家电、美妆、生鲜、食品、母婴、服饰等全品类商品进行补贴。

美妆品牌细分类目销量最高增幅超过790%；女士内衣品牌最高同比增长1 900%……"除了投入巨额补贴，拼多多在今年'6·18'还对物流、售后等服务体系进行了专项升级，让消费者安心买、放心退。"拼多多"6·18"大促项目负责人表示，虽然"6·18"大促即将结束，但拼多多将继续为消费者提供"真香"的产品和服务，确保消费者天天都是"6·18"。

资料来源：《618战报陆续出炉，GMV隐身，价格战重现》（红星新闻，2023-06-20，有删改）。

讨论：

（1）结合自身的购物实际，罗列出"6·18"主要促销活动，并评价其效果。

（2）价格战是促销活动吗？有何利弊？

点评：《国务院办公厅转发国家发展改革委关于恢复和扩大消费措施的通知》第十三条提出"提升网上购物节质量水平"，"6·18""双11"等网购节，既能满足消费者日益增长的物质文化需要，又有助于扩大内需刺激经济。营销工作者运用自身技术技能，不仅为消费者营造购物氛围，促进消费增长，推动经济增长；也为企业提供展示自身实力和竞争力的机会，促进行业竞争格局的优化与提升。

❀ 课后实践

一、实践任务

产品促销实战。

二、实践步骤

（1）分组物色合作企业。

（2）根据企业要求和产品特征，分析校园市场。

（3）设计校园促销方案。

（4）分工合作，在校内开展促销活动。

（5）对促销活动进行复盘。

三、评价

根据促销实战业绩进行排名。

情境 5

营销创新

◎ 5.1　社群营销

◎ 5.2　直播营销

◎ 5.3　创新案例

5.1　社群营销

学习目标

知识目标：了解社群营销平台和社群营销的特点；理解社群和社群营销的含义；掌握社群营销的流程。

技能目标：能开展基本的社群营销活动，为后续新媒体营销相关课程学习奠定基础。

素养目标：加深对数字经济的认识，提升数字素养，培养勇于探索的创新精神。

重点难点

学习重点：社群营销的流程。

学习难点：社群营销的特点。

课前活动

一、活动主题

卧底"社群"。

二、活动步骤

（1）每组利用休息时间寻找零售行业的各类门店，如麦当劳、百果园、良品铺子等门店，观察是否有邀请加入微信群的提示，如果有，按提示加入该群。

（2）观察三天时间，分析每天顾客的聊天记录和卖家主动发出的各类信息，并进行分类统计。

（3）对统计的数据进行分析，从提高群活跃度和产品销售量的角度提出改进对策。

三、活动评价

由教师对每一组的分析进行评分。

课前预习

实战案例：麦当劳社群营销

手机上突然收到下面的短信（见图5-1）。

【麦当劳】5天内戳链接加入麦麦福利群，可得免费麦麦脆汁鸡优惠券，凭任意消费享，10工作日内到账 mcd.cc/3TXt- 回T退订

13:40

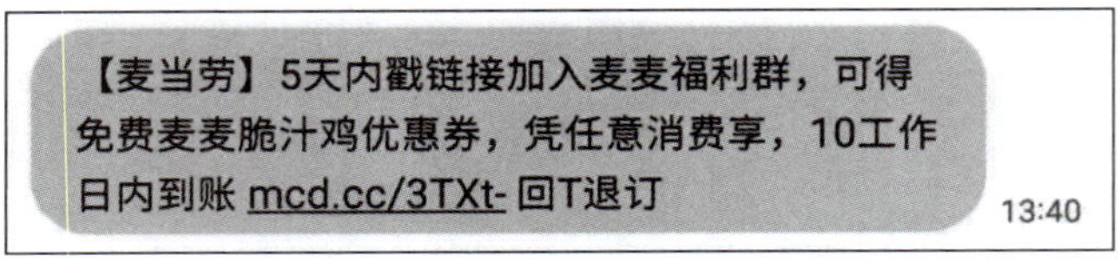

图 5 – 1 麦当劳发给用户的短信截图

讨论：

（1）你会点击上图短信里的链接吗？

（2）麦当劳为何会通过短信邀请入群？

（3）麦当劳这样的做法有效果吗？如何才能有更好的效果？

课中学习

社群营销为企业提供了全新的营销方式和渠道。通过在社交网络和社交媒体平台上建立联系和互动，企业可以更好地提升品牌知名度、用户体验、顾客满意度、营销效果和创新思维，从而实现营销的多方位目标和发展。社群营销是未来数字营销领域的趋势之一，越来越多的企业采用这种方法在市场上占据更大的优势。

微课 5.1 社群营销的运作

一、社群和社群营销的含义

社群以社交文化为基础，拥有自己特定的表现形式，一个完整且典型的社群通常有稳定的群体结构、一致的群体意识、一致的成员行为规范和持续的互动关系，同时社群的成员之间能够保持分工协作，具有一致行动的能力。

社群是一种关系连接的产物，是一群人形成的网络区域，成员之间可以在这个空间交流互动，增进感情，共同进步。互联网的便利性，让社群成员的沟通和信息的传达可以不受任何空间与距离的限制，这不仅方便了社群成员之间的沟通，也方便了运营者的管理。

从形式的角度看，社群营销是指商家或企业为满足用户需求，通过微博、微信和社区等各种社群推销自身产品或服务而形成的一种商业形态。

从逻辑的角度看，社群营销是把一群具有共同爱好的人汇聚在一起，并通过感情及社交平台连接在一起，通过有效的管理使社群成员保持较高的活跃度，为达成某个目标而设定任务。通过长时间的社群运营，提升社群成员的集体荣誉感和归属感，加深品牌在社群中的印象，提升品牌的凝聚力。社群营销成功的基础：同好、结构、输出、运营和复制。

社群营销主要依赖于社群关系，通过社群成员之间的多向互动交流，让信息和数据以平等互换的方式进行营销。社群中的每一个成员都能够成为信息的主动传播者，他们可以进行各种信息的分享与交流，通过互动的方式创建生态环境更加健康的社群，并使社群朝着稳定的方向发展，从而吸引更多具有相同兴趣、价值、主张和爱好的人

员，扩大社群规模，最终提高社群营销效果。

新鲜案例：百果园的社群营销

到目前为止百果园在全国的门店总数已经超过4 000家，并且公开资料显示在2019年，百果园的销售总额就达到了100多亿元。鲜为人知的是，百果园目前已经拥有"500万＋"的社群用户，以及"1 000＋"公众号粉丝以及"2 700万＋"小程序用户。

我们从百果园社群营销的角度，来看看这家水果零售业内的头部玩家，是如何获取用户和销量增长的。

社群营销并不是刚兴起的，在前两年，通过社群营销提高销量的玩家就有不少，直到后来，社群营销几乎成了许多商家作为增量市场的标配。

由于社群的流量是封闭的，营销推广在线上进行比较方便，如果能够将其做好，用户复购率比较可观。自从发现了社群运营的好处之后，这种营销方式就开始流行起来。

同样，为了方便进行水果商品的营销推广，水果零售界的百果园也做起了社群营销的生意。

凭借比较优秀的线下门店数量，百果园要建立起社群并不难。引导到店用户加入社群，并为其简单介绍加入社群的益处，或者赠送小礼物、打折优惠等作为加入社群的赠品。从百果园的目标客户群来看，想必同意加入的用户并不少，也就是前面提到的，百果园拥有"500万＋"的社群用户。

从操作看来，社群运营似乎看起来蛮简单的，即客户到店之后引导扫码加入即可，一个能够作为重要的销售渠道就这么轻而易举诞生了。但实际上，要做好社群运营，并不是那么容易的事。

水果属于生活中的高消费品，但损耗率也高，这类商品做拼团最为合适。基于建立的庞大微信群，百果园通过在社群里发送拼团信息，用户在线上参与拼团再到店铺中自提，不仅能够提高部分商品的销量，同时用户从拼团购买得到了实惠，也会相应增加到店次数。

而在拼团这方面，百果园并非只有社群营销这一渠道，包括自身拥有的公众号和小程序等都在做拼团，这已经是百果园比较常用的营销手段。同时通过在门店显眼的地方放置低价的"引流"水果，也能够吸引用户进店交易。

从水果生鲜这类商品的角度来看，日常复购率高再加上定期的优惠拼团活动，百果园将社群长期有效运营下去，并不难。但作为市场中较为分散的品类，水果零售并不是一门好做的生意，供应链就是一个较为棘手的问题。

好在经过多年的行业深耕，百果园深谙其中逻辑，将供应链和店铺选址、营销等一环又一环紧密相扣，才得以达到了今天的阶段性成就。可见这门小水果里的大生意，需要考虑的问题并不少。

门店获客的方式有许多种，而做社群运营，也并不只有拼团和降价销售这两种方式。因为在日益迭代的营销时代，用户需求在变，玩法也在变。就比如好几年前就诞生的直播电商，到现在居然成了众星捧月的对象，引得许多行业内外的人纷纷入场。

因为直播虽然已经是一个"烂大街"的存在，但如果正确运用，却依然是一门朝阳产业，不仅能够短时间内快速产生大量订单，同时对后期的用户数量积累、留住老粉丝等，都大有帮助。

粉丝有了，直播工具也有了，但要如何吸引用户观看，也是一个难题。因为直播场次那么多，用户凭什么去观看一家水果店的直播？对用户而言，最能吸引目光的莫过于非常划算的优惠活动，想让用户留在直播间里，只有力度足够大的优惠，才能够让其为之驻足了。

此时，社群的用处又体现了出来。百果园通过在社群和公众号等渠道进行直播推荐，引导用户参与到直播活动中。经直播介绍后，用户再进入小程序进行购买商品，方便快捷。而通过直播的益处自不用提，情况好的时候几万份单品可以迅速卖光，交易转化效果十分显著。

整体来说，百果园能够取得今天的成绩，同样也是经过了长期的市场经验积累而来。根基不稳，走起来难免摇摇晃晃。

不论是社群运营也好，公众号宣传也罢，抑或是小程序商城和线下门店，都是百果园长期积累下来的营销法宝。而社群营销作为其中看似不那么重要却必不可少的一环，却几乎能够穿插在每个营销环节中，成为百果园打造私域流量池的交易好帮手。

资料来源：《三大角度看百果园的社群营销做对了什么？》（微商大脉网，2020 - 06 - 28）。

讨论：

（1）社群营销对百果园产生了什么样的影响？

（2）结合生活实践谈谈哪些商家适合开展社群营销，哪些商家不适合开展社群营销。

二、社群营销的特点

1. 多向互动

在社群里群内成员是可以多向性地互动交流的。在这样的营销模式下，群员可以自由地发布信息，也可以自己选择传播分享信息。这在无形之间给了企业了解消费者的机会，或者是进行宣传推广的机会。

2. 弱化中心

社群营销中每一个成员都拥有发言权，每一个成员也都是传播的主体，但是这个群体也是有中心的，中心就是社群的建立者和管理者，虽然他们是中心，却是弱中心化的。

3. 情感营销

社群营销可以通过传递价值趣味的内容，让群内成员受到这种有趣味性的氛围的影响而更加喜欢上这个社群，最后自愿成为社群的推广者，不断地增加群成员以达到社群营销的目的。情感营销的运用，首先要摆正企业的观念，树立企业的形象，然后要在运营过程中注重累积，提高营销能力。

4. 利益替换

想要能够长期发展社群营销，就要让群内每一个成员都产生价值，为社群做贡献。

方法就是群内如果有不产生价值的群员可以进行替换，这样可以保证群血液的新鲜，更是保证了群价值的形成。

5. 范围较小

社群营销的范围是比较小的，所以可以称作范围经济。它可以让小众社群自己生长运营来实现运转，而且每一个群员的思想及发言都可以牵动社群发展。

6. 碎片化

社群有着多样性的特质，这会让社群成员的信息、产品和内容都呈现出一种碎片化的模式，只要有效利用，社群会展现最大的价值。

三、社群营销平台

当前互联网比较主流并且适合社群运营的几大平台有微信平台、QQ 平台、微博平台和百度贴吧等。不同的平台有不同的优势和缺点，选择社群运营平台时，应该根据自己所创建的社群的属性、目标群体及社群类型等进行选择。

1. 微信

微信是国内最流行的社交媒体平台之一，它集成了多样化的营销工具和服务，如公众号、小程序和朋友圈等，有助于企业与消费者建立有益的连接，提高品牌知名度。

2. 微博

微博是社交媒体广告的营销平台，能够帮助企业与消费者建立交流沟通的机会，提高品牌与用户的联系和忠诚度。微博还支持品牌卡片、微博推广等广告形式，提升品牌知名度。

3. 抖音

抖音是一款风靡全球的短视频分享平台，它为企业提供了近距离的视频营销和推销手段，在抖音上发布有趣、有用的短视频能够吸引更多的消费者来关注，收获更多的粉丝。

4. QQ 空间

QQ 空间是一种类似个人博客的社交网络平台，可以通过发布有趣的内容吸引更多的关注，与消费者进行交流和沟通，并建立个人或企业品牌的信誉度和口碑。

四、社群营销流程

1. 组建社群

（1）明确目标。

在开始社群营销之前，首先要明确你的目标是什么。是增加品牌知名度，获得更多粉丝和关注者，还是提高销售量？根据不同的目标来制订相应的策略是非常重要的。

（2）定义社群目标用户。

到中关系中寻找目标用户。因为中关系对强关系来说，可开发资源较多，而且有信任的基础，是最可以沟通、交流和培养的目标用户。

（3）建群。

对消费者更深入的洞察及理解是任何商业运营精进的起点，移动互联网的存在恰好为此提供了便利。通过观察发现，购物中心搭建线上社群的方式，涵盖有微信、企业微信、QQ 和小程序等。其中，微信的使用更为普遍。一方面，通过微信搭建社群具有高使用频率、低门槛和低成本等特点，方便与消费者维持日常互动；另一方面，利用微信社群进行线上营销，可以实现用户精准触达，形成社群裂变与熟人经济。

搭建社群要注意细节，从社群定位到社群组织架构，从社群规范到社群规划都是关键的步骤。如在社群规范中，微信群名称设置为"买买买群""吃喝玩乐群"或许更显亲切，于消费者而言，商场目的性没那么强，不易引起反感；在社群定位中，购物中心一般按照兴趣、身份和品牌 IP 等进行社群细化搭建。

（4）社群成员分工。

每个人在现实生活中都有自己的角色，在社群中也不例外。社群也有角色分配，每个不同性质的社群都会有不同的角色，大致分为以下三大类：

①组织者，也就是群主。群主不一定自己能力非常强，就像刘备一样，他自己可能武功不是很高，但是却能够整合"关张赵马黄"五虎上将，整合"卧龙、凤雏"两位超级智囊，最终实现三分割据的鼎足之势。从这个意义上讲，刘备就是一个很好的群主。一个好的社群要有一个优秀的群主，他了解社群中人们的特点、需求及其拥有的能力和资源。群主每天会发布一些主题内容，组织社群里的人参与讨论，换句话说就是人脉好，会引导。

②专家，也就是问题解决者。因为想要做成一件事，必须要有高手。社群中的人很多，关键能力者其实只需要几位或者十几位就可以了。但是不要小瞧这些人，社群能够持续发展是不能够缺少专家的。当一个新进社群的用户发问的时候，专家的回答能够让人安心地留下来，因为他的问题能够在社群中得到解决，如果他发现社群无法帮他解决问题，就会立即离开。

③积极分子，也就是气氛活跃者。当社群中有一个话题落下后，大多数人都是观望的，这时候谁能够主动参与进来并引导讨论，谁就是气氛的活跃者，这个角色就像是一个榜样，吸引大家一起参与。很多社群在前期大家还不熟悉的情况下，未必有气氛活跃者，这就需要群主先来安排几个活跃者参与，也就是我们俗称的"托儿"，等群内氛围逐渐热烈就不再需要这么做了。

2. 运营社群

（1）创建有价值的内容。

为社交社群创建有价值的内容，包括文章、图片、视频、调查及问答等，确保其内容与目标受众的兴趣和需求相吻合，能够引起他们的关注和互动。

（2）互动和参与。

社群会员的持续激活才是检验社群运营能力的重要一环。不少营销工作者绞尽脑汁，激发目标客户群的参与兴趣。如深圳卓悦汇开展有奖话题互动、龙湖北京狮山天街推出话题征集活动、合肥万象城开展运动打卡活动，以及天荟万科里的美食群采用智能黄二狗工具，助其更好地进行群管理及活跃群气氛等。社群的关键在于互动和参与。与社群成员互动，回复他们的评论与留言，提供有价值的建议和解答他们的问题，鼓励社群成员之间的互相交流与互助，促进社群的活跃度和凝聚力。

（3）提供独特的优惠和福利。

通过社交社群为社群成员提供独特的优惠和福利，例如限时促销、专属折扣码和免费赠品等，激发他们的兴趣和参与度。如北京万科半岛广场利用商场内空地打造了乒乓球场地，上海前滩太古里为跑步爱好者提供跑步供给站及淋浴间，上海松江印象城打造的户外花园式餐饮空间成为大学生双创与社群文化孵化的重要场地，携手中国滑板 OG 韩敏捷老师共同打造的 1 350 m² 全户外专业滑板场地成为当地滑板社群的重要"根据地"。

（4）定期举办社群活动。

定期在社交社群中举办活动，例如在线研讨会、抽奖和投票等，以吸引社群成员的参与及互动，增加社群的活跃度，加强与社群成员之间的联系。如北京印象城凭借紧邻玉渊潭公园的优质区位条件，打造"城市慢跑的天然驿站"，通过开展慢跑社群运营，定期举行新年跑、司庆跑等城市慢跑运动主题活动。此外，北京印象城也依托其北广场篮球场地，开展社群篮球赛活动，集结了一群热爱运动的小伙伴，并与之建立了强联系。

3. 商业变现

（1）产品式。

这种模式的前提是要有产品，社群也是因为产品而聚集在一起，所谓"社群未建，产品先行"，典型的例子就是秋叶 PPT 及类似培训课程，先有课程学员，再有学员社群。

（2）会员式。

会员式中最常见的是年费制，也就是一年缴纳多少费用，就可以享受哪些权益，这是非常易于理解和操作的付费模式。这种模式的本质是服务标准化，让服务成为标准化产品，然后把服务做好，把产品持续推广出去。除此之外，还有一些会员付费模式的运营规则，例如奖励返还型、递增递减型和会员等级型。

（3）咨询式。

软文最后不是放广告链接，而是放一个群二维码，看到文章的人可以扫码进群进行咨询。这样做，一方面用户可以在群中获得很多答疑，解决心中的疑惑；另一方面，用户可以看到已购顾客的反馈，增强信任感。

（4）电商带货式。

社群本身不要求有很大的规模，通过做一个好的群主，让这个群里的人相信社群的专业度，然后去购买相关的产品或服务，带来收入。这种模式最关键的当然就是引人或者生产高复购率的优质产品了，如果产品口碑不好，对社群运营来说都是做无用功。

（5）流量式。

社群流量大了之后可以收广告费。社群是某种同类人群的集合，因此对于很多商家来说，就是精准用户聚集体。

4. 效果评估

对社群营销的效果进行分析和评估是非常重要的。借助社交媒体平台提供的数据分析工具，监测关键指标如粉丝增长和转化率等，并根据结果进行调整和优化营销策略。

新鲜案例：瑞幸的营销

瑞幸是如何打造全链路端到端的用户旅程的？有句话说：能打败瑞幸的，就只有瑞幸了！

为什么瑞幸这么牛？我们先来看看瑞幸的表现：截至 2023 一季度，瑞幸已经开出了 8 200 多家门店，是中国门店数最多的咖啡品牌。2022 年，瑞幸共卖出了 9 亿杯饮品，它的奶咖不仅覆盖了一二线城市的办公楼和商圈，也在逐渐走进四五线城市的校园，挖掘出更多年轻的咖啡消费者。瑞幸全年共推出近 140 个新 SKU，其中新饮品有上百个，这个速度和茶饮行业相当。

今天来看，瑞幸没有追随星巴克，却探索出了一条自己的成功道路。而把时间拉回到 2020 年 1 月，知名沽空机构浑水的一纸"做空文书"，将瑞幸推向风口浪尖。瑞幸可谓是跌到了谷底。谁都没有想到，瑞幸会做到逆风翻盘。

具体怎么做到的呢？有人会说靠私域运营，有人指出是针对年轻消费群体的营销策略，有人说是因为打造爆款的产品，也有人提到是数字系统的建设，研究后发现，这些推断都有一定的道理，但是单单从一个维度强调未免失之偏颇。而瑞幸的成功之道，我认为是其"以客户为中心"，去做它的产品、营销、运营，打造了一个完整的端到端的用户体验旅程。

首先瑞幸的用户画像：从聚焦白领商务人群，转向更大众的年轻人路线。瑞幸可以做到此前星巴克做不到、也不那么想做的一件事——让咖啡受众不再只是白领人群，而是更广大的中国年轻人。有了用户的定位，第二个就是对于需求的挖掘。年轻群体需求是什么？他们的需求就是买到更便宜、更好喝、好看且方便日常购买的咖啡。所以瑞幸的社群定位很精准，没有聊天，没有鸡汤，每天就是发三折券。只要你敢进他们的群，他们就会让你买到更便宜的咖啡。瑞幸会利用数字化手段进行公开数据爬取、竞品市场调研、流行元素调研、瑞幸 App 内的消费偏好分析等，获取新品研发洞察，定期产出日常新品的研发规划交付给新品研发中心（内部称"布置作业"）。同时瑞幸把店铺开在了年轻群体聚集的地方，比如校园内，或上学、上班的必经之路上，让随手购买一杯咖啡或者线上点单成为日常。

资料来源：Foodaily 每日食品《深度解析瑞幸咖啡的商业创新》（网易，2023 – 07 – 26，有删改）。

讨论：你认为社群营销最重要的环节是什么？

五、社群营销的常用促销策略

社群促销的常用方式，通常有以下七种：

1. 满减促销

购物者只要购买相应商品到规定总额即可得到一定的减价优惠。满减促销主要包括两种形式：一种为阶梯满减，如满 100 元减 10 元、满 200 元减 30 元、满 300 元减 40 元等；另一种为每满减，比阶梯满减更直接，如每满 200 元减 20 元，上不封顶。

2. 单品促销

在特定时间内购买指定商品享受一定的价格优惠。如"6·18"特惠价，周二会员日专享价。

3. 套装促销

商品组合套装以优惠价出售。如炒锅 119 元，锅铲 38 元，两者一起买则 129 元。

4. 赠品促销

购买主商品之后赠送商品，如买华为笔记本电脑，送鼠标。

5. 满赠促销

达到一定金额送赠品。如满 3 000 元送自拍杆，满 5 000 元送键盘鼠标套装。

6. 多买优惠促销

通常有多少元任选多少件、多件多折扣两种优惠形式。如 99 元任选 8 双男袜，再如 5 双男袜八折、10 双男袜六折。

7. 定金促销

在商品正式售卖之前采用预付定金的促销模式，提前交定金可享受优惠价。定金预售有多种形式：定金预购，相当于定金就已经确认订单；定金杠杆，例如定金 10 元可抵扣 30 元。

综合案例：上海虹桥天地的社群

生活无处不社交，线下社交场景的多样性为线下消费场景打开了多个切入口。其中，以兴趣为出发点实现的社交为消费者带来更好的体验感。人们不仅能从中获取情感满足，还能通过相互分享带来消费乐趣。对于购物中心而言，或许利用消费者乐于社交的特点，以兴趣为连接，可达到提高商业运营的效果。因而，洞见消费者的消费情况，购物中心纷纷开启社群运营，积极探索尝试，构建一系列利于社交的场景。

以上海虹桥天地为例，该购物中心耕耘社群运营已有 3 年多。今年其打造的啤酒节、汉服节等社群活动，吸引了不少社群粉丝，为他们带来丰富多元的新奇体验。这些活动也对后疫情时代的商业复苏起到拉动作用。

上海虹桥天地向铱星云商表示，截至目前，上海虹桥天地已发展有 3 个虹桥天地逛吃群和 1 个户外运动的垂类社群，近 1 500 社群小伙伴。在运营初期，上海虹桥天地掌握了达两三千人的妈妈群，在虹桥商务区还未成熟阶段，填补了其客群缺失情况。现在，该购物中心还根据客群特征细分为亲子群、白领客群以及周边居民，进行定制化运营。此外，上海虹桥天地拥有自创 IP 形象——"BADA"，以其作为群主运营社群，产生了更多好玩有趣的"化学反应"。经过上海虹桥天地这几年的探索实践，消费者也很买 BADA 的"账"。

该购物中心的日常运营主要分为三个方向：第一块是租户小广告，如新店开业、优惠活动等会第一时间发布在社群中，并用诙谐幽默的语言带领大家"薅羊毛"；第二块主要是市场活动，如利用 IP 展、会员活动预告、现场美图等，在社群上实时更新活动进度和解答，给活动架势；最后是每周五下午 17：30 的社群互动特色板块，通过推出话题竞猜、小游戏小活动，给社群成员免费送出奶茶、租户礼品、IP展周边等小福利，激活社群活跃度。

谈及未来社群运营的发力方向，上海虹桥天地表示，虹桥天地未来将更多地聚焦年轻人做社群活动，以吸引更多年轻人。在上海虹桥天地看来，Z世代已经向世界的各个维度进发了，他们是有强烈偏好的群体，上海虹桥天地正在积极探索与年轻人的联系。其希望这些由活动吸引来的新鲜客群不只是一次性消费，而是能建立各种各样的新社群，并以此作为载体，将他们团聚起来，在未来延伸出多样的活动。"来撒野"户外运动社群就是上海虹桥天地今年的新尝试，获得了一批户外运动粉丝，每个月会组织长跑、尊巴等会员活动。

无独有偶，深圳后海汇刚出道也在"社群运营"上崭露头角。今年其也推出一系列围绕"社群"展开的活动，如在以"荡失路"为主题的"街头是游戏的中心"活动策划中，后海汇联动乒乓艺术文创社群 Standard Nerds Club 和深圳本土宠物快乐社群 Paw Hub 打造乒乓小狗运动会；在其"后海游牧计划"中，露营社群联合两大综合运动品牌推出户外露营工作坊、趣味运动团课等系列活动……

这些活动为深圳青年带来丰富的潮流体验，更重要的是，该活动注重从内容性及故事感出发，自带"接地气"和流行属性，让社群文化可自由生长。该活动不仅吸引众多社群粉丝参与，也为各大社交平台带来不少话题量。据不完全统计，"后海汇荡失路"话题仅在小红书平台的曝光量便超 2.9 万。

此外，后海汇还与线上 NOWRE 潮流社群合作启动"后海计划"，NOWRE 汇集全国优质青年文化内容并引入后海汇，由此，后海汇成为一个汇聚全国青年文化的线下社区。

据悉，深圳后海汇致力打造一个集合潮流品牌与艺术、时下热门运动社群以及夜生活餐饮娱乐的"青年文化社区"，希望成为当地居民多元体验的城市生活方式新据点。

关于打造"青年文化社区"的意义，深圳后海汇这样解释道，后海汇主要是希望通过文化内容催生商业价值。青年社群的价值在于用文化捆绑消费黏性和消费猎奇心理，这些内容对于商场的商户来说是非常有益的。有趣的社群活动在这里汇聚，发生，高频次的产出，从每一次与社群的沟通交互中打破商户自有的商业边际效应，带来了更多消费突破点。

资料来源：王莹《做体验式购物的追光者，解析购物中心的"社群运营"》（铱星云商，2022 - 12 - 15）。

讨论：

（1）社群如何提高用户黏性？

（2）社群营销相比传统营销方式，有何优缺点？

点评：城市发展至今，社群的搭建已成为邻里间、社区与商场间深度沟通的重要手段，也是各圈层娱乐、社交的连接桥梁。有时候各社群为人们带来的心理慰藉比"相亲相爱一家人"的作用更甚，社群的存在为人们的生活体验注入了新内涵。近几年，社群运营在购物中心中越发普遍，特别是在疫情的影响下，不少购物中心通过社群运营助其在疫情封控中渡过难关。另外，不少购物中心也通过社群了解到目标客群的细微需求变化，得以及时调整行动方向。在社群运营的方式上，购物中心不再局限于在各种线上平台搭建私域流量，还有线下社群活动及社群专属空间的打造等。运用社群营销，除了要与产品或服务的定位相匹配、确保线上线下的社群运营形成闭环外，还要注重提供价值感，让消费者有参与性，做到"多一些真诚，少一点套路"。

 课后实践

一、实践任务

闲置物品的社群营销。

二、实践步骤

（1）将本组的闲置物品清理出来，并拍照。

（2）建立闲置物品微信或者 QQ 群，利用课余时间推广群二维码，并发出闲置物品照片，配合设计话术，推广销售闲置物品。

（3）从群成员数量、群活跃度、产品咨询条数及产品销售情况进行统计和分析。

（4）根据数据分析写出小结，提出改进对策。

三、评价

根据小结报告，由教师给出相应评分。

5.2 直播营销

学习目标

知识目标：了解直播平台和直播营销的特点；理解直播和直播营销的含义；掌握直播营销的流程。

技能目标：能开展基本的直播营销活动，为后续新媒体营销相关课程学习奠定基础。

素养目标：提高预判、计划意识和初步开展统筹协调的能力，培养人际沟通技能和团队合作精神，熟悉市场营销有关法律法规，恪守职业道德。

重点难点

学习重点：直播营销的流程。

学习难点：直播营销平台的选择。

课前活动一

一、活动主题

直播营销台词写作。

二、活动步骤

（1）朗诵某主播在直播间推广"大兴安岭野生蓝莓汁"时的台词："那天第一批我们自己吃的样品到了，我喝完一瓶，然后坐在中关村的出租屋里燥热，楼下吵闹，北四环的车流从来没有因为我的忧伤或者是兴奋而停止过，楼下还时常在夜里打电话争吵。但那一刻我坐在中关村租住的小房间里头，我的灵魂已飘向远方。是的，遥远的北方，大兴安岭的原始森林里沾着露水，月光下人们起舞、饮酒、畅谈，驯鹿脖子上的铃铛偶尔作响，萨满穿着精致的衣服，充满力量地起舞，那里的孩子自由而健康，右下角想要的自己去拍。"

（2）从产品卖点表述和感染力等角度对该台词进行品评。

（3）对这段台词取长补短，选取一样自己熟悉的农产品，设计一段直播台词。

三、活动评价

由教师对每一组的台词进行评分。

课前活动二

关于加强网络直播规范管理工作的指导意见

浙江省网商协会《直播电子商务管理规范》

网络主播行为规范

中国直播电商行业发展趋势报告（2023）

讨论： 法律法规在直播电商发展中起何种作用？

课前预习

直播电商作为数字经济发展版图的重要板块，正不断地与传统的实体和零售产业碰撞擦出新的"火花"，助力传统商业的数字化转型，为实体经济赋予新动能。

直播电商一端连着消费者、粉丝群，一端连着供应商、品牌商，发挥了中间的连接作用。

对于消费者而言，直播购物之所以能够杀出重围，占据 C 位，撒手锏不外乎三个：真实、互动、便宜。直播购物消除了视觉和感官上的障碍，让消费者能够实时观看产品的展示和使用效果。而在直播过程中，主播通常会给出详细的介绍和演示，可以直接与主播进行互动，提问和咨询，互动性更强。

对于商家而言，直播带货能够给商家带来销量、获客、产品推广等多重效益。在直播中，一些新兴品牌或小众品牌可以与主播达成合作，通过推广和演示，快速吸引消费者的关注。对于品牌来说，这样的形式，有助于打开市场，进行更为精准化的营销，抢占市场份额。

事实上，直播电商作为中间环节，它的底层能力可以更好支撑产品研发和品牌建设。传统的供应链通常需要通过多个中间环节，产品才能最终到达消费者手中，而直播购物则将供应商、销售商和消费者紧密结合在一起，减少了中间环节，降低了成本。通过直播购物，品牌可以用更低的成本、更多元的手段触达消费者，更好地与消费者进行沟通和互动，了解市场需求和反馈，从而不断优化产品和服务，提高消费者的满意度。

此外，通过实时直播等方式，品牌可以将产品背后的产业链各环节清晰、透明、生动地展现给消费者，让消费者进一步了解产品背后的品牌理念和品牌文化，实现价值传递。

　　值得一提的是，眼下不少熟知于大众记忆的老字号们也在积极拥抱互联网、拥抱数字化，插上直播电商的翅膀迸发出崭新的生命力。

　　以某女主播的直播间为例，过去几年，该主播直播间曾是众多国货品牌的"助跑器"，帮助一众优质国货品牌从 0 到 1、从 1 到 10，成长为细分品类中的头部品牌。从粽子品牌五芳斋到徽式百年老字号胡兴堂，从安踏、李宁到相宜本草、百雀羚……她的团队一次次把物美价廉的新老国货带进直播间，推广到全国甚至全球。

　　当前，中国直播电商行业发展整体处于上升阶段。相关机构统计数据显示，2022 年中国直播电商市场规模超过 3.4 万亿人民币，预计 2023 年规模将超过 4.9 万亿人民币。

　　随着数字经济和实体经济深度融合，直播电商仍然是行业风口。

　　从国家层面而言，政策全面鼓励发展直播电商新业态，同时引导市场健康规范发展，直播电商成为各地政府政策热词。2020 年以来，国家多个监管部门联合发力，在相关法律的基础上出台多部针对直播电商的规范性文件，为行业高质量健康发展筑牢基石。

　　从行业呈现的发展势头来看，直播电商正逐步走向规范化，从单纯的流通渠道向新商业基础设施演化，这对赋能实体经济同样具有重要意义。

　　克劳锐发布的《2023 年直播电商 618 创新趋势研究》报告显示，83.9% 的用户已经习惯在直播间购物，48.4% 的用户每周都会在直播间购物，消费者直播购物已成为习惯。

　　不难看出，直播带货已经变成新时代最重要的营销工具之一。各行各业、各个角色都在直播市场上挖掘着新的可能性，直播带货的边界不断被拓宽，众多新兴消费品牌正在以前所未有的速度快速崛起。

　　未来，在供需双方以及技术、政策的推动下，行业仍将继续蓬勃前进。来自平台、商家、主播、消费者等各方参与者的增量机会将进一步得到挖掘和释放。而在这一高速发展的赛道上，只有深耕行业、重视服务、引领合规的品牌将会脱颖而出，实现影响力与商业价值的提升。

　　资料来源：中国经济网《直播电商赋能实体经济"高质量"发展》(新浪财经，2023 – 07 – 05，有删改)。

　　讨论：市场供需、技术、政策对直播营销有何影响？

课中学习

　　直播营销的价值在于为企业提供了一个直接联系潜在顾客的直播平台，极大地加强了营销活动的创新性和效率性。它为企业提供了创造销售业绩的机会，提升品牌的形象和知名度，与消费者进行实时互动的形式，也增加了顾客的忠诚度和黏性。直播营销不仅实现了线上和线下的完美结合，而且也是未来数字营销的趋势之一。

一、直播和直播营销的含义

　　传统意义上的直播，指广播电视节目的后期合成与播出同时进行的播出方式，如以电视或广播平台为载体的体育比赛直播、文艺活动直播、新闻事件直播等。

　　基于互联网的直播，即用户以某个直播平台为载体，利用摄像头记录某个事件的发生和发展进程，并在网络上实时呈现，其他用户在相应的直播平台上能直接观看并进行实时互动。

　　直播营销是指企业以直播平台为载体进行营销活动，以达到提升品牌影响力和提高产品销量目的的一种营销活动。

新鲜案例：众多国产品牌加入"79元套餐"直播"抱团取暖"

　　据澎湃新闻记者不完全梳理，近日包括蜂花、鸿星尔克、天府可乐、郁美净、莲花味精等多个国货品牌在直播间中进行品牌联动和产品互卖，部分还蹭上"79元"热点上线同价位套餐。其中，包括天府可乐、郁美净等品牌的董事长还现身直播间和网友互动。

　　这波操作下，蜂花直播销量迎来翻倍增长。澎湃新闻记者从直播电商数据分析平台"飞瓜数据"观察到，9月11日当晚，蜂花抖音粉丝增长6 108人，抖音直播涨粉16.3万人。12日抖音粉丝增长7.71万人，抖音直播涨粉21.61万人。13日抖音粉丝增长48.57万人，抖音直播涨粉21.61万人。14日抖音粉丝增长49.73万人，抖音直播涨粉21.61万人。11日当晚抖音销售额超2 500万元，销量也超过了50万单。

　　蜂花首当其冲，其他国货品牌紧随其后，连麦"炒CP"。

　　9月13日晚，鸿星尔克在直播间中上线多款标价降至79元的鞋子，还与国货品牌联动，其中"鸿星尔克主播用蜂花直播洗头"一度登上热搜。据飞瓜数据显示，13日晚鸿星尔克抖音直播间销售额环比增长15至20倍。

　　据媒体报道，当晚鸿星尔克直播间里除有蜂花品牌之外，还有卫龙辣条、老干妈、涪陵榨菜、大白兔、娃哈哈以及汇源果汁等知名国货品牌。14日，鸿星尔克有关负责人回应称，拼盘直播的核心是希望国货品牌要团结，携手做大做强；通过推广更多国货让大家了解国货。此外，上述负责人还表示，连麦是临时的，直播中其他品牌的货物都是电商同事自己在线下商超买的。

　　9月14日，国产儿童霜品牌"郁美净"连夜"通网"，在微博官宣全面入驻各大平台，工作人员在直播时表示，主播都是临时过来的，临时连夜办入职。

　　1天郁美净粉丝涨至67万，截至14日晚21时，抖音平台官方旗舰店粉丝突破50万人。当晚，郁美净董事长史滨现身郁美净直播间首播，跳舞感谢观众。

　　9月14日晚，超25万网友涌进天府可乐直播间，互动留言，参与话题讨论，转发直播，购买产品，"95后"主播几度激动到哽咽不成声。

　　当晚，天府可乐董事长蒋林还亲自下场加入直播，除了用朴素的言语表达了"希望国货品牌、民族品牌们团结一起，做大做强"，还连续炫完2瓶可乐，并用蜂花洗发水现场洗头。随后，天府可乐旗舰店账号先后连线黄花园、天友等本土品牌企业进行互动直播。据天府可乐方面透露，当晚天府可乐线上单店销量同比增加80倍。

　　谈及当前国货老品牌的发展现状，凯度消费指数大中华区总经理虞坚告诉澎湃新闻记者，"当前，消费者变了、渠道变了，大家对于产品的需求也变了。部分能够积极拥抱变化的老牌国货品牌已经走出低谷，但还没有完全恢复往日的辉煌；但也有一些老的国货品牌仍在苦苦挣扎，可能只能在五六线市场甚至乡镇才能看到。"

"一些传统的日化企业正在转型升级的路上，'90后''00后'的团队运营电商业务，也开始掌握了流量密码。"虞坚举例介绍，例如老牌国货品牌蜂花，一直有比较稳定的忠实客群，产品质量也获得消费者的认可，最近几年在年轻化转型上也做得非常不错，吸引了一波一波的年轻流量。

"未来，国货品牌要形成长期的品牌力，获得消费者的持续青睐，还需要在品牌建设、研发和产品升级上有更全面的布局。"虞坚认为，此次的抱团商战和联动销售，带来的销量增长是短期的，不能帮助以前的老牌国货浴火重生，成为国民品牌。而亲民的价格只是整体品牌策略的一部分，能沉下去的消费品牌靠的不只是价格，技术、供应链和长期的品牌建设都非常关键，缺一不可。

据艾媒咨询2022年发布的聚焦新国货的报告显示，新国货品牌（即有一定的品牌沉淀和优秀的产品质量，通过产品创新或使用新的连接方式触达消费者，符合新一代消费者审美的中国品牌）在近几年异军突起，成为一种现象级的经济现象。于品牌而言，创新品类固然重要，但是要想获得长远发展，未来的新国货品牌，需要将营销创意转化成研发创意，用研发创意做好产品，传递品牌诚意，建立品牌的护城河。

资料来源：邵冰燕《连夜开通直播，齐推79元套餐！国产品牌这波抱团营销耐力如何》（澎湃新闻，2023-09-16，有删改）。

讨论：

（1）结合案例分析直播营销相比传统营销有何特征。

（2）如果直播营销不能带来销量提升，是不是就没有意义？

（3）为什么众多国产品牌会加入"79元套餐"直播"抱团取暖"？

二、直播营销的特点

1. 互动性强

直播销售通过实时互动、问答和抽奖等形式，与消费者建立联系，增强消费者的参与感和购买决策的信心，提高企业的知名度和品牌形象，从而为企业积累良好的企业形象和品牌形象，为企业带来新顾客。

2. 视频营销效果好

视频直播可以更生动形象地展示产品，可以让消费者充分了解产品的特点和优势，进而提高决策的准确度与客户满意度，更有效地激发消费者的购买欲望。

3. 可视化呈现

直播销售可以通过多种方式展示产品，例如演示和拍摄等，以便消费者更好地了解产品。

4. 营销效果实时跟踪

直播销售的平台提供实时数据分析，可以更好地了解观众的喜好和购买意向，以便营销人员及时作出调整与优化。

5. 营销成本低

相对于传统营销方式，直播销售的成本更低，且可以吸引更多的目标受众，从而实现更好的营销效果。

6. 不受时空限制

直播营销的范围可以覆盖全球，为企业开拓新市场提供了方便。企业可以通过直播营销销售和宣传，在全球范围内创造销售业绩和获取新顾客。

新鲜案例：接力直播，为家乡农货"代言"

喜看稻菽，礼赞丰收。河南洛宁、四川广安、江西石城等 12 个国家乡村振兴重点县区接力直播，为家乡农货"代言"，也同时拉开了 2022 年中国农民丰收节金秋消费季的序幕。

9 月 13 日，由农业农村部、商务部、中央广播电视总台、国家林业和草原局、中华全国供销合作总社联合发起的 2022 年中国农民丰收节金秋消费季活动在京启动。本次启动活动，邀请海南琼山、河南西峡、成都新津等地农民视频连线庆丰收、迎盛会；组织拼多多等电商企业发布了《产销对接倡议书》；现场设置了全国脱贫地区产销对接专区、北京特色农产品展区等；举办了电商助农直播活动。

作为此次金秋消费季承办单位中的电商平台代表，拼多多于 9 月 1 日至 11 月 30 日上线"多多丰收馆"，投入 50 亿平台惠农消费补贴，与全国各大农产区和近 9 亿平台消费者共庆丰收节。

资料来源：《2022 中国农民丰收节开幕，拼多多上线丰收馆，50 亿补贴好农货》（黑龙江新闻网，2022 - 09 - 15）。

讨论：直播营销在助力农产品销售中有何优势？

三、直播营销平台

直播平台是直播产业链中不可或缺的一个部分，它为直播提供了内容输入和输出的渠道。根据直播平台的主打内容来划分，目前市场上的直播平台可以分为以下四种类型：

1. 综合类直播平台

综合类直播平台包含户外、生活、娱乐和教育等多种直播类目，用户在这类平台上可以观看的内容较多。目前，代表性的综合类直播平台有斗鱼、虎牙、YY 直播、花椒直播、一直播和映客等。

2. 电商类直播平台

电商类直播平台主要包括淘宝直播、京东直播和拼多多直播等，是以为用户提供产品营销渠道为主的平台。

3. 短视频类直播平台

短视频类直播平台主要以输出短视频为主，但随着直播形式的发展，很多短视频平台也开通了直播功能，用户在这些平台上不仅可以发布自己创作的短视频内容，还能通过直播展示才艺、销售产品。比较典型的短视频直播平台有抖音、快手、美拍和西瓜视频等。

4. 教育类直播平台

教育类直播平台支持知识分享者采取视频直播或语音直播的形式与用户分享知识，在直播过程中，知识分享者可以与用户进行实时互动，针对用户提出的一些问题进行在线解答，如网易云课堂、千聊、荔枝微课、小鹅通等。

新鲜案例：京东"6·18"直播

"直播带货"正成为广大消费者购物的一个重要选择。"6·18"期间，京东京造全面发力线上、线下直播带货，累计参与直播582场，吸引超6.7亿人围观，带动销售额同比增长217%，进一步激发了市场消费潜力。在线上，京东京造与抖音、B站等平台，与交个朋友、遥望、谦寻等头部机构进行直播深度合作；在线下，联动各事业部进行门店直播PK大赛，累计近百家线下门店参与。

同时，为了帮助消费者提升消费决策效率和质量，京东京造联合科学消费指南"什么值得买"发起"6·18京东京造超值的"主题活动，通过京东京造和什么值得买用户的评测和使用体验，引发全网累计"1亿+"网友围观，产出优质互动内容"5万+"条，为消费者提供更加真实、理性、科学的购物指南。

国潮已经成为促消费扩内需的重要力量。"6·18"期间，京东京造联合上海美术电影制片厂的《小妖怪的夏天》IP推出了"猪事顺利粽"联名限定礼盒，累计5 000份产品全部售罄。

资料来源：《618爆款咖啡再获央视关注　京东京造携手云南保山打造产业带创新发展极佳样板》（经济网，2023-06-20，有删改）。

讨论：结合案例材料，分析直播平台的选择受哪些因素的影响？

四、直播营销的流程

1. 目标的确定

企业可以参考SMART原则来明确直播需要实现的目标、期望吸引的观众人数等，要注意直播目标的具体性、可衡量性、可实现性、相关性和时限性。

2. 设计方案

直播方案将直播营销的抽象思路具体化，要简明扼要，直达主题。通常来说，完整的直播方案包括以下四部分内容：

（1）直播简介。

对直播的整体思路进行简要的描述，包括直播的形式、直播平台、直播特点和直播主题等。直播主题应与产品特征、主播形象具备关联性和匹配性。

（2）直播时间的选择。

时间选择应以客户为中心，选择主要的直播受众群体方便观看的时间。

（3）直播实施组织与人员安排。

对直播运营团队中的人员进行分组，并明确各人员的职责。明确直播中各个时间节点，包括直播前期筹备的时间点、宣传预热的时间点、直播开始的时间点和直播结束的时间点等。

（4）经费预算。

说明整场直播活动的预算情况及直播中各个环节所需的预算，以合理控制和协调预算。

3. 做宣传

通过开展宣传活动，为直播做好引流，主要要求如下：

（1）选择合适的宣传平台。

（2）选择合适的宣传形式。

（3）选择合适的宣传频率。

4. 备硬件

为直播活动做好设施和设备的准备，主要包括以下内容：

（1）场地选择。

（2）直播设备。

（3）直播辅助设备。

5. 开直播

直播营销活动的执行可以进一步拆解为直播开场、直播过程和直播收尾三个环节，以下是各个环节的操作要点：

（1）直播开场：通过开场互动让观众了解本场直播的主题和内容等，使观众对本场直播产生兴趣，并停留在直播间。

（2）直播过程：借助营销话术、发红包、发优惠券和才艺表演等方式，进一步加深观众对本场直播的兴趣，让观众长时间停留在直播间，并产生购买行为。

（3）直播收尾：向观众表示感谢，预告下场直播的内容，并引导观众关注直播间，将普通观众转化为忠实粉丝，同时引导观众在其他媒体平台上分享本场直播或者本场直播中推荐的产品。

6. 再传播

主要是二次传播，放大直播效果。

（1）明确目标。

（2）选择传播形式。

①直播视频传播：包括录制直播画面、直播画面浓缩摘要和直播片段截取。

②直播软文传播：分享行业资讯、提炼观点、分享主播经历和分享体验、分享直播心得。

（3）选择合适的媒体平台。

7. 做复盘

直播营销复盘包括直播间数据分析和直播经验总结两个部分。其中，直播间数据分析主要是利用直播中形成的客观数据对直播进行复盘，体现的是直播的客观效果；直播经验总结主要是从主观层面对直播过程进行分析与总结，分析的内容包括直播流程设计、团队协作效率和主播现场表现等，直播运营团队通过自我总结、团队讨论等

课堂实录5.2　直播营销策划的要点

微课5.2　直播营销过程中的风险和对策

方式对这些无法通过客观数据表现的内容进行分析，并将其整理成经验手册，为后续开展直播活动提供有效的参考。

综合案例：东方甄选某男主播走红

一边用地道的英语介绍牛排，一边在一旁白板上写下一个个关于牛排、调料包的英文单词，又随口穿插几句自嘲的调侃，"当我拿出这个方形煎锅时，肯定有网友要说和我撞脸了。"

双语直播、吟诗作赋、段子和鸡汤张口就来……6月9日清晨，在新东方在线旗下东方甄选直播间，主播的一场直播毫无预兆地解锁流量密码，火爆全网。

凭借这段脱口秀式直播，这位曾经的新东方英语教师让人们记住了他酷似兵马俑的脸形，也把转型中的新东方再次推到众人面前。

有网友评论直播：人生30年没这么离谱过，我在直播间买了4袋大米！

随后，东方甄选直播间迎来爆发式增长，短短一周，粉丝已暴涨至超600万；新东方在线的股价也一路飙升，一度上涨近40%。

当英语教师转型互联网销售员，三尺讲台变成直播镜头，从坠入谷底到逆风翻盘，在这场看似南辕北辙的转型背后，究竟发生了什么？近日，钱江晚报·小时新闻记者连线身处聚光灯下的主播，在他的讲述中，看见了这场翻红背后的偶然与必然。

直播带货"卷"出新高度：双语教学句句直击心扉。

最近，该主播的时间几乎被直播填满。东方甄选直播间的评论区内，不少人在寻找这位"中关村兵马俑"。在网友的千呼万唤中，他密集直播，从过去一天一场增加到两场，全天直播时长不少于6小时。

6月14日上午，我点开东方甄选的直播间，加入了围观该主播带货直播的超10万网友的队伍。

这是身为"90后"的我第二次观看带货直播。第一次的记忆还停留在去年"双11"，听从同事的建议，为了拿到更优惠的价格，我进入某护肤品牌的直播间，但不到5分钟，就被聒噪的讲解、喧闹的背景音乐、眼花缭乱的界面劝退。身边和我对直播带货有同感甚至"偏见"的人，不在少数。

这个没有背景音乐的直播间，则让我忍不住津津有味地听下去。

我围观的半小时内，该主播接连介绍了十款产品，从新东方扫描学习笔到《写给孩子的中国神话》《平凡的世界》《哈利·波特》等书籍，再到冰淇淋、牛排、玉米、大米等各种食品，直播间点赞数增加近150万，不少产品一销而空，一度位列带货榜第二。

有直播间粉丝调侃说，请大家自助下单，不要耽误老师讲课。

介绍产品时，他中英文切换自如，出口是一连串精妙的比喻，还有信手拈来的诗词歌赋，时不时迸发浓缩智慧的金句。

他随口用"美好的就如山泉，就如明月，就如穿过峡谷的风，就如仲夏夜的梦"来形容产品；他介绍铁锅，"是妈妈的手，父亲忧愁的面容，是老人盼游子回家的心"；他说食物串联人生，讲述火腿，"是风的味道，是盐的味道，是大自然的魔法和时光腌制而成"……

更多的时间，他旁征博引，滔滔不绝地聊历史、谈人生，也结合产品，真诚地分享他的个人生活与感受。对着冰淇淋，他想起儿时的夏天，母亲给自己送来快融化的冰棒；推荐大米，他讲述自己的农村出身，说自己见证了每袋大米背后，漫长的产业链上都有辛苦劳作的中年人；举着《平凡的世界》，他分享自己读了六遍的不同心得，阐述"人有悲欢离合"的真理；他把一套《哈利·波特》拆封，一本本从书壳中拿出陈列到桌面，喊着"出发！出发！再出发"，转而又面向镜头，说这是送给屏幕前苦苦坚守与挣扎的中年人的激励……

"曾经，是站在讲台上的老师；现在，是推荐好物的互联网销售员。"言语之间，一位教师转型带货的心路历程真切流露，情真意切的讲述直击心扉。其间，该主播不忘提醒大家点击左上角关注，夹杂几句幽默风趣的自我调侃，说着说着，又切换成英文，拿出小白板，手写喜欢的多种表达方式，现场进行英语教学。

评论区，网友们不吝夸赞地说出了我的心声："这是一堂哲学课，有温度有高度。""一个需要记笔记的直播间。""好像付的是学费，还送东西。"……

该主播侃侃而谈时，当年新东方课堂的风采依稀可辨，我联想到背后坠入谷底的新东方艰难突出重围，也联想到同样面临职业瓶颈的自己。

一位最近沉迷于该主播直播的"80后"同事，也和我分享了相似的感受。"有一次，他在直播间分享，自己刚开始做直播时，一整个上午只卖出去四单。两单是他父母，两单是另一位老师的父母。"我的同事正为此心酸，却转而被主播的一句话戳中心坎，"他说，你看现在，熬一熬，黑夜就过去了，黎明总会到来。"

资料来源：张蓉《"人生30年没这么离谱过，我在直播间买了4袋大米！"董宇辉凭啥这么火？》（钱江晚报，2022－06－15，有删减）。

讨论：

（1）曾经有媒体分析过该主播直播营销是否有文案，你认为有吗？

（2）你认为做好直播营销，是看主播的临场发挥还是需要科学的策划？

（3）结合案例谈谈一场"效果好"的直播营销需要具备哪些因素。

点评： 人民日报评论称，高热度更需冷思考。该主播的过人之处可能不在于带货能力，而是内容生产。"知识＋直播"的形式，不失为一次可贵的尝试。但从直播行业本身看，一时火爆不等于一直火爆。流量从来不缺少接棒人，人们见证了太多轮网红的迭代。唯有在形式和内容方面不断激发火花，才能突破同一种营销形式可能带来的审美疲劳。作为新时代的营销工作者，运用新媒体开展直播营销务必注意直播营销的双重属性，既有媒体属性，又有商业属性，只有过硬的思想政治素质、扎实的知识基础，才能高水平地发挥专业技术技能，为企业和社会创造价值。

课后实践

一、实践内容

农产品的直播营销。

二、实践步骤

（1）通过本组、本班同学，寻找农村家庭的土特产和农产品，最好是如炎陵黄桃、攸县香干等地方特色产品。

（2）小组合作进行直播营销策划和角色分工。

（3）通过真实的直播平台开展直播带货。

（4）收集和分析直播过程中的数据。

三、评价

根据直播数据进行评价。

5.3 创新案例

学习目标

知识目标： 回顾和复习市场营销知识；全面了解市场营销实践过程，提高应对市场变化和制订营销策略的能力；掌握市场营销理论。

技能目标： 能结合实际情况，综合市场营销知识，初步开展营销分析、营销战略制订和营销策略策划。

素养目标： 深刻认识我国社会经济发展的成就，感受新时代的社会创造力和市场活力，树立创新意识，与时俱进，提升创新思维能力、逻辑分析能力、团队合作和沟通技能。

重点难点

学习重点： 市场营销知识的复习。

学习难点： 市场营销知识的运用。

案例分析

经典案例：小米以技术创新推动"中国智造"

在互联网科技行业，从来都不乏新闻焦点，尤其是那些明星企业，他们的一举一动都备受关注。

雷军和他创办的小米就是其中之一。10月18日，小米CEO雷军再次登上央视的《新闻联播》，并谈及了小米未来的战略和中国制造。

在近几年的发展过程中，中国制造在突飞猛进的技术加持之下开始向"中国智造"迈进。央视的《新闻联播》中对小米的智能工厂有一段专门的报道，来阐释"中国智造"。

位于亦庄的小米智能工厂总建筑面积1.86万平方米，初衷是打造成一个"黑灯工厂"，可实现24小时从全厂生产管理、机械加工到包装储运过程的全程自动化无人黑灯生产。

这开启了小米工厂智能化、无人化的制造时代，也成为中国智造的有力代表。随着小米智能工厂的曝光，也改变了外界对小米的固有印象，从单一的手机向更多领域发展，多元化已经成为小米的另一个标签。

而这也仅仅是一个开始，或者说是小米在技术创新能力上的一个表现，因为小米智能工厂除了可以做到 24 小时不停运转之外，92% 的生产设备都来自小米及其投资企业的自研。在中国制造行业大转型以及新基建政策实施的当下，充分展现了小米布局智能制造的超前眼光。

在《新闻联播》的专访环节中，通过展示小米智能工厂、小米各类实验室，其实可以深切感受到小米的技术创新能力以及对未来发展的长远布局。同时，小米能上《新闻联播》也从侧面说明了小米推动中国制造业进步的成果得到了大力肯定，对未来的创新和技术研发已经得到了国家的认可。

当然，仅凭小米智能工厂还难以引起共鸣，在对未来的布局与投入上，雷军表示，帮助中国提升智能制造的水平，赋能中国制造业是小米的梦想。小米要坚持做一家技术公司，而且要死磕硬核技术，今年研发投资会超过 100 亿元。

这就意味着小米今年的研发投入将是科创板所有上市公司研发成本总和的一半。与去年的 75 亿元相比，增幅将超过 30%，而且，未来 5 年，小米在"5G + AIoT"领域的研发投入将达到 500 亿元。

通过小米在研发上的投入可以看出，技术创新成为小米未来发展的重中之重。在小米一直坚持的三大铁律即以"技术为本、永远坚持性价比、做最酷的产品"中，"技术"始终放在首位。

作为一个科技公司，小米从创立之初就有着技术创新的基因。从"为发烧而生"的 MIUI 系统，到发布第一部智能手机，再到现在的多领域发展，小米用十年时间不断向上探寻发展的边界，尤其是在技术创新上，一直在追求一种极致。

比如，在 10 月 19 日，小米发布 80 W 无线快充技术，测试显示，4 000 mA·h 电池 8 分钟就能充一半，19 分钟就能充满，这一技术已非常接近国内前沿有线充电技术水平。

而就在两个月前，小米 10 至尊纪念版全球首发 50 W 无线秒充技术，时隔两个月，小米再次刷新全球无线充电纪录，这也是今年小米在无线充电领域第三次突破。此前，小米就在无线充电上不断超越自我。

2018 年 3 月，小米推出 7.5 W 的无线快充，搭载到了 MIX2S 上，成为国内第一款支持无线快充的手机；

2019 年 2 月，小米 9 机型搭载了 20 W 的无线快充；

2019 年 9 月，小米 9 Pro 全球首发 30 W 无线闪充，将 4 000 mA·h 电池充电时间缩短一小时左右；

2020 年 3 月，小米发布 40 W 无线 + MI－FC 闪充技术，40 分钟充满 4 000 mA·h，保持业界最快充电记录；

2020 年 8 月，小米发布 50 W 无线秒充，40 分钟可充满 4 500 mA·h；

2020 年 10 月，小米发布 80 W 无线快充，19 分钟就能充满 4 000 mA·h。

小米在技术创新上的追求也是一个循序渐进的过程。除了无线充电技术，小米在像素发展历程中不断自我突破，从 4 800 万到 6 400 万再到一亿级像素；在屏幕形态演变中，从引领全面屏到探索环绕屏等。

其中，小米在屏下相机技术上从 2019 年 6 月至今也进行了三代更迭。如今，小米第三代屏下相机技术，可以实现全像素显示、像素间隙成像，做到了显示效果和自拍表现的平衡，预计这项技术明年量产。

持续的投入让小米不断取得技术突破成果，持续的技术创新为小米品牌稳坐高端市场提供了最有力的支撑。

2020 年 2 月，小米 10 系列手机发布，成为年内首款 5G 高端旗舰手机，不到两个月出货量超过百万。近期发布的小米 10 至尊纪念版更是融合了众多领先科技，如 120 W 有线 + 50 W 无线的全球最快双快充组合；极致的 120 倍变焦和双原生 ISOFusion 技术加持，卓越影像体验登顶 DXOMARK 排行榜；第三代屏下指纹、石墨烯导热膜等。

通过以技术创新向高端市场的渗入策略，小米手机的平均单价（ASP）持续提升。2020 年第一季度，ASP 同比上升 7.2%；2020 年第二季度，中高端手机销量占比再度提升，ASP 同比上升 11.8%。

在手机上的技术创新之外，小米智能电视表现也是可圈可点。自从 2012 年 11 月，小米盒子首次推出 MIUI for TV 系统后，小米开始引领智能电视行业的发展方向。今年小米电视发布的全球首款量产透明电视，更是坚持了对高端技术的探索。

也正是因为小米的技术创新能力，2020 年第二季度，小米电视全球出货量 280 万台，保持中国第一全球前五的成绩。其中，在印度智能电视市场连续第九个季度排名第一。

在上半年大环境影响之下，尤其是新冠病毒疫情的暴发，小米取得这样的成绩也说明了小米的技术实力从国内到国外得到了进一步的展现与认可。这背后除了内部技术的探索之外，小米也在不断向外延展技术生态。

2014 年，小米开始布局生态链业务，通过将小米手机产品成功的模式与各大行业新锐的供应链团队结合，来帮助中国提升智能制造水平，提升制造的效率。

截至目前，小米生态链公司已经达到 300 多家，带动了 100 多个行业的变革，背后有 1 000 多款生态链产品，形成了小米独特的供应链生态。

从这里可以看出，小米技术立业的目标是要做"制造的制造"。从向制造端布局到探索智能制造，小米以开放的策略赋能制造业，把互联网思维应用到制造领域，将会大幅度降低智能制造硬件设备等成本。小米这一方向也抓住了中国制造业数字化转型与新基建政策实施的契机，进一步说明了小米对于未来长远布局的前瞻性与预见性。

基于在技术创新以及对未来发展的超前眼光，小米从创立到现在的十年间，通过在技术上不断强化自主研发能力，干掉了山寨机，引领行业的发展与升级，比如在全面屏、NFC、IoT、无线快充、相机屏幕等方面持续创新，体现出小米对技术的极致追求以及在技术领域的高强实力。

也许，未来，小米通过技术创新可以在横纵方向上创造出更多的特色发展模式，推动中国智造与产业数字化转型的进程，助力自身与合作伙伴在高质量发展的道路上行稳致远。

资料来源：王长胜《小米：以技术创新推动"中国智造"》（科技观察，2020 - 10 - 20）。

讨论：

（1）企业为何需要新产品？

（2）你是否用过小米的产品？为什么？

（3）结合生活实际谈谈对小米产品的购买动机。

（4）结合市场分析小米运用了何种目标市场营销策略。

（5）结合市场分析小米运用了什么样的4P组合策略。

新鲜案例：防晒衣

今年夏天，全国多地持续高温天气，部分地区气温达40摄氏度之上。烈日炎炎下，防晒衣销量猛增。

防晒衣的防晒效能到底怎样？这一迅速增长的市场未来走势如何？新华视点记者进行了调研。

"今年防晒衣太火了。"

"每天骑电动车上下班、走基层，脸和脖子全都晒伤了，又红又疼。"山东滨州的公务员李先生今年首次关注起了"物理防晒"，购置了一件199元的品牌防晒衣。

前不久，上海一家科技企业的高管汪女士为全家人都买了防晒衣。"今年防晒衣太火了。骑车、步行的人很多都在穿。有的女孩子把自己全身都包裹得严严实实。我老公这种以前连防晒霜都不用的人，也说要买一件防晒。"

这个夏天，高温给普通人的生活带来明显影响。除了防暑降温、防热射病，媒体和医学专家反复提醒人们要注意防晒。防晒衣这种原本以户外劳动者及年轻女性为主要消费群体的市场，迅速扩展到全民领域。记者看到，不少外卖小哥都自费装备了防晒袖套、口罩及防晒衣。

京东数据显示，近期防晒衣销量环比增长超过50%；天猫数据显示，在今年"6·18"期间，服饰类的防晒新品成交额同比增长180%。根据户外品牌"蕉下"的招股书数据，防晒服饰的市场规模由2016年的459亿元增至2021年的611亿元，2023年将超过700亿元。

安踏集团高级传播总监姚鹏表示，今年夏季运动鞋服行业防晒衣品类线上销量整体有两位数增长。北京当代商城一家户外品牌的售货员告诉记者，往年购买防晒衣的群体以年轻女性居多，从今年的销售情况看，男性、老年人、儿童也多了起来，一些尺码都卖断了货。

防晒衣究竟能否防晒？

在社交媒体上，关于防晒衣到底是服装"黑科技"还是收割"防晒焦虑"的话题热度持续不减。有人说穿着太闷；有人说普通衣服一样防晒；也有人说的确有效，防晒衣遮挡与未遮挡的皮肤产生了明显色差。

那么，防晒衣的防晒效能到底如何？其基本技术原理是什么？

专家说，首先要搞清楚UVA和UPF的概念。"到达地表的紫外线主要是长波黑斑效应紫外线（简称UVA），是导致晒黑的主要原因。"山东省纺织科学研究院新材料研发部部长杨琳介绍。"UPF是紫外线防护指数，表示材料对紫外线的防护能力。"北京服装学院教授龚龑说。

我国现行国家标准《纺织品　防紫外线性能的评定》规定，当样品的UPF大于40，且UVA透射比小于5%时，可称为"防紫外线产品"。

龚龑说，如果看到防晒衣的标签上标注着UPF40，就是指1/40的紫外线可透过防晒衣。业界一般认为，UPF值50为最高级别的防护，超过这个数值其实也不会有更强的防护效果。

杨琳说，防晒衣主要通过在面料中使用防紫外线助剂、防紫外线纤维或增强织物密度等几种方式，使其具备吸收、反射和散射紫外线的作用，降低紫外线对服装的穿透力，起到防晒作用。

"从面料材质来看，聚酯纤维、尼龙、聚丙烯及一些特殊处理的天然纤维，具备较好的防紫外线性能。"龚冀介绍。杨琳表示，洗涤次数会影响部分防晒衣的防晒性能，建议产品上标注建议洗涤次数或建议使用时间。

随着市场快速增长，一些防晒衣的广告纷纷大打"科技牌"，价格也水涨船高。记者在天眼查以"防晒衣"为关键词进行专利搜索，发现有效专利158件，其中"外观设计"类专利有87件。在某购物平台上，记者发现两款售价在2 000元以上的防晒衣，询问客服如此定价是否运用高端技术，仅得到"我们性价比高""新晋轻奢""甄选品质"等模糊回应。

"太阳光底下会迅速变色""木糖醇制成的防晒衣""一秒散热，上半身瞬间降温""有效避开20多种蚊子，避蚊率达到97.06%"……究竟如何理解这些看起来"花哨"的功能？对此，杨琳说，添加光敏变色、接触凉感或驱蚊材料可在一定程度上赋予纺织品变色、凉感和驱蚊的功能，但对其性能的评价仍需依据相关标准。

业内人士认为，防晒衣重在防晒，在此基础上，未来会出现更多符合消费者审美，并叠加防风、防雨等其他功能性需求的产品，以及更为轻盈、透气、舒适的面料。消费者无须盲目崇拜大牌及高价，品牌也应更多挤出营销水分，多些科技含量。

防晒衣吸湿透气性相对较差，长期穿戴可能会在炎热潮湿的环境中导致痱子和湿疹等皮肤问题，这一问题正通过技术进步得到逐步解决。龚冀说，一些品牌采用了新型纤维材料和纺织技术，如将聚酯纤维与氨纶等混纺，或采用纳米技术等使衣物表面呈现微孔结构，从而提升透气性能。

杨琳说，基于纳米材料的热湿舒适型防晒衣、基于智能电子纺织品的可监测生理参数的智能型防晒衣、基于形状记忆材料的温湿度响应型防晒衣等高技术含量防晒衣有望走进人们的生活。龚冀说，可持续发展意识的增强将推动防晒衣市场向更环保的方向发展，可能会以回收纤维制造或使用可降解成分。

"需要提醒消费者的是，防晒衣只是防晒的辅助手段之一，其他防晒措施如使用防晒霜、遮阳帽、太阳镜等同样重要，在阳光强烈的环境中要结合多种防晒方式以增强防护效果。"龚冀说。

资料来源：杨文、翟翔《防晒衣到底是服装"黑科技"还是收割"防晒焦虑"?》(新华每日电讯，2023-07-26)。

讨论：

（1）从消费者购买心理的角度分析为什么会有消费者选购防晒衣时盲目崇拜"大牌""高价"。

（2）简要描述购买防晒衣的决策过程。

（3）在防晒衣现在面临的宏观和微观营销环境中，哪些因素对其营销造成了影响？

（4）请从防晒衣企业的角度，设计其4P营销策略。

新鲜案例：长安汽车跨界营销

"本来就是嘴馋，想去品尝一下网红葱油饼，没想到还顺道观摩了一场技术科普，这趟没白来。"聊起在成都三色路夜市"追星"的经历，自称"蓉漂"一枚的杨炎这样说道。

其实，他要追的星，正是靠着一手做饼绝活走红网络的"李妹妹葱油饼"。日前，受长安汽车之邀，被誉为重庆民心佳园夜市颜值担当的李妹妹，专程奔赴成都三色路夜市，参与了一场主题为"烟火集市，为爱蓄力"的公益直播。

在这次直播中，李妹妹携手长安汽车，通过公益售卖的方式，为成都金堂儿童之家的孩子们募集到了大量爱心捐赠，并为他们打造了一间雅致温馨的"长安汽车聆哲书室"。

公益善心赢得一片点赞。同时，在直播中亮相的长安智电 iDD 车队及其所搭载的智电 iDD 技术，也收获了不少关注，好评如潮。前面杨炎提到的"科普秀"，就是长安汽车在直播现场，用"场景演示＋技术讲解＋车主分享"的方式，向现场及线上的观众，展示智电 iDD 基于高聚能电池、高效能动力、高智能电控等硬件支撑，带来的"智电经济"和"智电安全"两大核心价值体系的全面升级。

这一波操作下来，其他不敢说，至少像杨炎这样冲着美食而来的"好吃狗"，无形中被"种草"，对智电 iDD 及其技术优势又平添了一些"印象分"。

所谓功夫在诗外。此举靠的就是整合跨界资源，通过嫁接网红、美食、汽车等不同领域的 IP，辐射不同圈层的受众，从而实现影响力"出圈"。就这样，烟火集市、社交平台都成了传播的阵地，长安智电 iDD 的口碑得以波及更宽泛的人群，而这是单靠销售渠道或垂直类媒体无法达成的效果。

为了打响智电 iDD 这张技术王牌，长安汽车已不是第一次玩跨界。今年 2 月 11 日，同样是在成都，"长安汽车智电之夜暨 iDD 双车预售直播演唱会"就给我们打了个样。当晚，李荣浩、张靓颖，以及元气女团 SHN48 GROUP GNZ48 等轮番登场，愣是把一场预售会变成了演唱会，让人恍如进错了直播间。其实没错，要的就是这效果，用劲歌热舞等流行元素，吸引以年轻人为主的目标人群，再顺势官宣"智能疾速电混轿跑" UNI－V 智电 iDD 和"大五座智能高级电混 SUV" UNI－K 智电 iDD，同步开启全球预售。这种创新玩法，比起按部就班的传统套路，显然更对年轻人的胃口。

尝到了甜头，3 月 9 日，"智电·星纪元　长安汽车智电之夜第二弹"又接踵袭来。这次助阵的是王心凌、张杰等实力歌手，当他们的一首首经典曲目化作 BGM，真正的"主角"——搭载智电 iDD 技术的混动产品全明星阵容悉数登场，在展现长安汽车硬核技术实力的同时，也再次奉献了一场"汽车＋音乐"的跨界营销经典案例。

玩跨界营销，长安汽车绝对是车圈高手。通过寻求跨界 IP 资源，实现"借脑"赋能，在成功打造一系列热点传播事件的基础上，其品牌精神得以落地，高价值的产品力也得到诠释。除了常见的跨界体育、跨界娱乐，长安的营销团队还经常脑洞大开，将触角不断伸向新的领域，诸如三星堆、龙门金刚、三体等一批 IP 资源，都先后加入了它的"朋友圈"。去年，长安汽车更是携手 20 多家国货品牌，推出联名海报共庆 160 周年，把跨界营销玩出了新高度。

随着本次活动谢幕，在逐渐消散的集市烟火里，长安汽车对营销创新的探索将永不"打烊"，我们坐等下一场叫好又叫座的大戏上演！

资料来源：吴键《整合跨界资源，赋能营销创新，长安智电 iDD 技术口碑再度"出圈"》(上游新闻，2023 – 07 – 26)。

讨论：

(1) 跨界营销对跨界企业而言有何作用？

(2) 跨界营销比传统营销更有效吗？

(3) 请简要设计你相对比较熟悉的两个行业的跨界营销方案。

新鲜案例：非洲之王传音手机

根据市场调研机构 Canalys 发布的数据，2023 年第一季度，全球智能手机出货量下降13%，跌至2.70 亿部。Canalys 指出，虽然2022 年第一季度和2023 年第一季度的出货量差异仍然较为明显，但需求的下滑已开始趋于平稳。

在科技行业整体萧条的大背景下，传音在非洲的表现依旧可圈可点。近日传音控股2022 年股东大会上，董事长竺兆江特意强调了非洲市场的重要性。据悉，2022 年传音控股非洲智能机市场的占有率超过40%，非洲排名第一。"非洲之王"的传奇还在继续。

提到非洲，很多人首先想到的是当地贫穷而动荡的环境，在此基础上，商业、品牌乃至潮流，似乎都是遥远的话题。实际上，虽然许多当地人依然过着艰难的日子，但对于外面世界的向往、对潮流时尚的追求，并没有因此止步。

"非洲之王"传音便在这样的背景下走进了非洲人民的生活。

作为第一批进入非洲的中国手机品牌，传音自一开始就坚持本土化策略，始终以新兴市场的消费者为中心，重视新兴市场人民被忽视的需求。比如非洲居民喜爱音乐，传音就研制了适合非洲音乐的低音设计和喇叭设计；非洲人肤色较深很难被相机准确识别，传音便投入精力，专门开发深肤色用户面部特征点及人脸属性检测模型，并且在此基础上推出了非洲版的美颜和滤镜，从而使深肤色用户的影像也能呈现足够的立体感。

时刻以消费者为中心，让传音最终赢得了市场信任，其在非洲的市场份额也不断提升。传音旗下三大手机品牌 TECNO、itel、Inifinix 均入选知名泛非商业杂志 *African Business* "最受非洲消费者喜爱品牌百强"榜单，其中 TECNO 连续多年位居入选的中国品牌之首。

但打江山容易，守江山难。随着非洲经济的快速发展，越来越多的品牌瞄准了非洲市场，处于数字经济发展关键时期的非洲大陆成了"兵家必争之地"。想要在老地盘打开新的增长空间，就需要传音能"快准狠"地发力新机遇——移动互联，同时思考移动互联产品怎样让用户的生活得更幸福、更智能。

于是，传音将目光锁定在了非洲年轻人的身上，其将国内先进的数字技术、移动互联服务加速融入非洲市场。比如开发基于非洲市场需求的智能终端操作系统——传音OS，同时围绕传音OS 开发应用商店、游戏中心、广告分发平台以及手机管家等诸多工具类应用程序，还与网易等多家领先的互联网公司，在音乐、游戏、短视频、内容聚合及其他应用领域进行出海战略合作，从而以前沿技术、潮流视听撬动年轻市场，引领非洲移动互联网消费升级。

目前，传音旗下手机品牌均搭载了该系统，传音 OS 已成为非洲等主要新兴市场的主流操作系统之一。2022 年，在非洲，传音智能机市场的占有率超过 40%，排名第一，"非洲之王"再次问鼎成功。

从宏观视角来看，当移动互联业务的发展与非洲数字经济崛起相融合时，其在促进交通、餐饮、文娱等行业的作用也越来越明显。对全球手机品牌来说，移动互联正成为切入非洲市场的重要方式。

但对传音而言，非洲移动互联业务的价值不止如此。

根据传音控股股东大会披露，2022 年，传音控股持续推进扩品类业务发展，在多年深耕新兴市场的基础上，发挥本地化优势，推动"手机 + 移动互联网服务 + 家电、数码配件"的商业生态模式逐步完善。扩品类业务持续提升产品力，为持续推动扩品类业务的健康发展，传音控股在扩品类产品竞争力方面持续投入。

简单来说，基于智能机销售、移动互联网服务以及家电、数码配件销售，传音已经搭建起一个成熟的商业生态，并以此为根基拓展新品类业务、研发新技术。与其他手机品牌相比，传音的竞争优势在于将智能终端延伸到贴合市场需求的大众化产品，凭借本就稳定的粉丝基础，新业务、新技术的加入进一步完善了传音的市场化布局。

而更引人深思的是，传音已经将此模式复制到更广阔的新兴市场，并取得了一定成果。同样来自 IDC 的统计数据显示，传音在南亚市场：巴基斯坦智能机市场占有率 37.9%，排名第一；孟加拉国智能机市场占有率 21.5%，排名第一；印度智能机市场占有率 6.4%，排名第六。

毫无疑问，本土化策略的领先施展、智能手机市场的红利，以及高用户黏性带来的服务和配件销售，这些会成为驱动传音增长的引擎，帮助传音走出非洲，走向其他新兴市场，在竞争激烈的国际手机市场站稳脚跟。

目前，传音销售网络已覆盖非洲、南亚、东南亚、中东和拉美等超过 70 个国家和地区。传音控股股东大会上，竺兆江表示，2022 年，传音手机整体出货量约 1.56 亿部。根据 IDC 数据统计，2022 年传音在全球手机市场的占有率 11.7%，在全球手机品牌厂商中排名第三。

目前来看，传音"手机 + 移动互联网服务 + 家电、数码配件"的增长潜力令人期待。但商场如战场，在宏观经济恶化、换机周期延长等因素影响下，全球手机市场均表现萎靡，手机巨头们大动作不断，竞争愈演愈烈。

或许对传音来说，最好的防御就是进攻。在 2023 年 Q1 业绩会上，竺兆江透露，传音未来将继续推进新市场拓展战略，结合目标市场各地的实际情况和公司目标选择重点市场进行突破。这将是又一次艰难的闯关，相信"非洲之王"传音会继续带来惊喜。

资料来源：《做"非洲之王"对传音有多重要？绝不止赚钱这么简单》（爱云资讯，2023 - 05 - 26）。

讨论：

（1）传音手机的竞争对手主要有哪些？

（2）传音选择了什么样的目标市场？

（3）从营销环境的角度分析，为什么传音可以成为"非洲之王"？

新鲜案例：休闲零食的价格战

1 元左右的矿泉水，6 元的 43g 德芙巧克力、不到 3 元的加多宝凉茶……和 68 元单颗巧克力球、168 元 3 颗话梅甚至一结账动辄就五六百元的"价格刺客"相比，零食折扣店通常以超市、便利店、专营门店等渠道 70% 左右的定价，吸引了更多注重性价比的消费者进行购买，毕竟对用户而言，看得见、摸得着、可预测的价格才是核心。

除了花更少的钱买到更多产品之外，近来，新兴零食折扣店更是在低价基础上针对会员推出多种福利活动，例如赵一鸣零食将每月 18 日设为会员换购日，1 积分就可以抢购到包含蜂蜜柚子茶、海苔肉松卷、蒸蛋糕等多款零食在内的大礼包，而每月 8 号更是打出了会员全场 88 折的促销折扣。另一头部品牌零食很忙也已在湖南、湖北、江西、广西、广东等多个地区上线会员系统，每月 7 号推出 88 折会员活动……

可以看到，在休闲零食赛道激战之下，细分零食折扣门店在原本就已到达"价格洼地"的基础上，仍试图以更低价、更丰富、更多元的举措来吸引消费者。行业竞争反映至用户层面，自然可以让其大幅受益。然而，业内却有部分声音认为，此举无异于纯打"价格价"，长远来看并非一个健康的发展模式。

那么，极度"内卷"的零食折扣业态主打低价真的是一场"纯价格战"吗？在"零售圈"看来，似乎并不能简单地将两者之间画上等号。

和传统大卖场、便利店、电商等类似，每一次渠道的变革都会诞生一批新兴业态，休闲零食赛道同样如此。

从 90 年代初的散卖、批发形式到各大外资品牌进入中国市场，从本土零食品牌快速崛起到以商超为主要售卖渠道，从良品铺子等零食专营门店到借助电商红利迅速崛起的三只松鼠、百草味等新兴零食品牌，从布局上游端的生产型零食企业到以"高性价比、低运营成本、高运转效率"为核心的零食折扣品牌，对渠道依赖程度更加深厚的休闲零食赛道已然经历了数次变革期。

发展至今，以目前的市场格局来看，兼顾品类、定价、近场等多重优势，且能够满足消费者价格及价值双重需求的零食折扣业态规模持续攀升，其火热一方面体现在高频到店率及迅速扩张的门店数量之上，另一方面则是加盟商不断增加及资本市场对业态自身的高关注度。

单纯就消费角度而言，在零食折扣门店以上优势之中，"低价"自然是最关键因素，毕竟疫情之后，消费者的经济行为更加审慎，但同时不想降低对品质的要求。在此基础上，零食折扣门店赢得了更多青睐。

我们认为，这背后的低价逻辑与此前电商大战之中所谓的"烧钱"补贴用户不同，之所以能够为消费者提供商超、便利店、专营门店等渠道 70% 定价的产品，源于其采购模式。

传统模式通常会叠加入场费、陈列费、条码费等一系列冗余费用，各个环节溢价空间较大，而零食折扣业态直接对接生产上游端，通过大规模采购、货到付款、零账期对接等方式，促使其拥有更多议价权，最终将各个流程压缩至"生产—仓储—门店"

三端，这一方面缓解了更多资金压力及降低了部分运营成本，另一方面可以在保持快速扩张的同时让利于消费者。反映至门店端，最直接的体现自然在价格之上，最终促使零食折扣门店拥有更丰富的线下客流及更高频次的到店率。

但低价并不意味无利。数据显示，零食很忙单店坪效为 0.3 万元/平方米，而良品铺子等高端零食门店单店坪效为 0.2 万元/平方米，尽管毛利及净利润率低于后者，但前者更注重以"量"取胜。

零食折扣业态头部品牌相关负责人告诉"零售圈"，"这一业态更多是一门'薄利多销'的生意，即使毛利普遍维持在 18% 左右，规模上升后整体盘子带来的利润依然是可观的。""零售圈"认为，这也恰恰正是大多业内品牌初期在低价逻辑之外，不断追求门店数量的重要原因之一。

在"零售圈"看来，零食折扣业态所谓的"低价"仅仅为用户所能看到的表象，其背后更多是为了刺激消费，品牌蕴藏的则是一个更为庞大的运营体系，核心为重仓供应链。

低毛利要求匹配更高效能的运营节奏，且这一步调必须要远远快于传统渠道，才有制胜的可能性。这包括但不限于目标性选址、精准化选品、标准化运营模式，甚至是仓储、物流等，当整个链条极致串联在一起时，才能更好地提升整个门店运作效率。

细化来看，头部品牌低价引流仅仅是零食折扣店获客的举措之一。以目前 SKU 占比来看，近 1 500 个产品中，品牌商品和白牌商品比例维持在 4:6 左右，同时门店还会每月保持 20～30 款新品上架，维持高频汰换可为消费者带来更多新鲜感，而最终提升毛利则更依赖于后者，即白牌商品。

另外，零食折扣店内 40% 以上品类的散称食品可以有效提升购买率，带来更高利润。无论是从价格角度还是分量角度，用户购买压力都相对较低，自然能够高频进店复购。"零售圈"认为，消费者或许会追求一时的低价，他们最终想要获取的依然是价值，这种价值或许更多意味着支出时所拥有的高品质及高自由度。

但任何行业都难以避免竞争，零食折扣业态更是如此。换句话说，所谓的"价格战"是难以躲过的，毕竟整个赛道依然处于爬坡期，巨头尚未出现，内部依然在加速跑马圈地之中。因此，各大玩家也非常清楚重仓供应链才是制胜之本。

例如零食很忙后端着力于构建更密集的仓储物流中心，将货品流转周期缩减至 5～7 天，覆盖范围扩大至周边 300 公里以内，以更加强大的供应链辐射能力，加速全国化进程。而零食有鸣则建设智能仓配中心，通过自动化技术进行"货到人"拣选，实现高于传统作业模式的 6 倍效率。前端之上，赛道内头部零食折扣品牌则通过更加标准化的陈列、运营模式，促使加盟商快速上手，降低运营成本。

除此之外，持续推进与盐津铺子、洽洽、甘源食品等传统零食生产企业的合作，成为零食折扣业态夯实竞争力的重要举措。毕竟对于消费者，知名度更高的头部品牌更符合其对价值的追求。

"零售圈"认为，零食折扣店身为入局者，显然比他人更明晰自身定位及突围所要掌握的核心点，每一个竞争者也都在朝着自己的最终目标迈进。

那么，他们的最终目标是什么呢？

日前，有媒体报道，零食很忙拟进行首次公开募股（IPO），或筹资 1 亿至 2 亿美元。后续品牌方回应称，暂时没有明确的上市计划和地点，也未对外披露，资讯提及的说法为不实信息。对此，"零售圈"联系零食很忙相关负责人，其表示，"目前品牌仍在业务拓展阶段，先把市场做深，然后再去思考更长远的事情。"

事实上，现在各大零食折扣品牌都在抢时间，追求更多门店数量。整体来看，赛道的可拓空间的确不小。艾媒咨询数据显示，预计到 2027 年中国休闲食品行业市场规模将达 12 378 亿元。与此同时，下沉市场具有更多增量，零食折扣业态的低价模式也更符合其用户需求。

长远看来，行业内部测算开店空间有近 7 万家，且格局未定，多数品牌门店数量为 2 000~3 000 家。因此，依托于轻量化的加盟模式，零食折扣业态的市场规模还将持续攀升，而未来谁能够占据更多点位，进行更密布局才是展开竞争的基石。

"零售圈"认为，和电商等线上模式不同，线下拓店并非一蹴而就，全国化布局过程中选址是否精准、如何选择加盟商、周边人流量测算是否满足开店要求、如何针对区域特征进行在地化运营调整等，都需要经过仔细考量，一味追求门店数量增加而降低标准不是长远之计，反而会埋下隐患。毕竟对于加盟商、品牌甚至是资本而言，最终的利润及回报才是能握在手里的果实。

上市或许是任何企业都想实现的最终目标，但在实现目标的过程中仍有更多细节需要夯实。尤其是在各方混战之时更是如此。于零食赛道而言，下半场战争已然来临，竞争自然难以避免，但我们仍需理性看待。"零售圈"认为，当渠道变革发生时做好自己，把选择权交给消费者，才是应对"内卷"的应有之道。

资料来源：《零食折扣店核心是"价格战"吗？》（新零售财经，2023 - 07 - 26）。

讨论：

（1）从营销环境的角度，分析为何近年来休闲零食门店越开越多。

（2）同样的零食产品，在不同的销售渠道为何价格相差很大？

（3）零食折扣店核心是"价格战"吗？

（4）你身边的休闲零食门店是否采用了社群营销？

（5）有人提出一种观点：一个地方的休闲零食门店越多，代表这个地方经济发展水平越高。你认同吗？为什么？

新鲜案例：抖音进军在线旅游服务

近日，有媒体报道抖音生活服务业务进行了一轮较大范围组织调整，其将酒店旅游升级成生活服务下的一级部门，与到店业务（餐饮、综合）平行。

与此同时，今年 6 月快手发布了《快手电商平台本地生活相关类目关闭公告》，对 12 个涉及本地生活属性的一级类目进行调整。

紧接着 7 月，快手电商对各个一级类目中部分"二级类目"和"三级类目"进行关闭，同时下架类目存量商品，涉及类目包括休闲娱乐、旅游、住宿、出行服务等本地生活相关板块。而在 2023 一季度财报分析师会上，快手创始人兼 CEO 程一笑明确表示，在本地生活业务上，快手二季度将继续扩大核心运营城市数量。

以本地生活业务见长的美团，也在近段时间发力直播业务，App 进行改版，加大了直播、短视频的流量入口权重，可视为其针对抖音、快手在内容与服务电商相结合的"反击"。其中，OTA（在线旅游）业务板块是一个大蛋糕。

在线旅游行业作为一个万亿级的市场，虽然过去三年受疫情影响严重，但今年上半年已明显回暖，预计到2026年我国在线旅游行业市场规模将超过2万亿元。

旅游市场的前景广阔，有钱可赚的同时又能完善平台收入结构，这也是抖快两大短视频巨头争抢这块蛋糕的原因，也难免跟美团、携程、去哪儿、飞猪等对手正面"刚"。

抖音、快手的短视频、直播，与实物电商和本地生活电商似乎有着天然的"互补性"，这就让抖快等平台有机会分食携程的市场"蛋糕"。

从经营来看，短视频、直播已经是文旅企业常用的方式。其中，直播也被认为是更高效的工具。2022年1月到今年3月，95%文旅相关的成交额以直播形式完成。

随着旅游行业的火爆发展，抖音旅游团购成为一个备受关注的问题。

事实上，抖音在文旅行业的布局很早。2018年，抖音就已经和美团、携程等第三方合作，通过其嵌在抖音中的预订小程序，实现闭环交易。

2019年抖音与订单来了开启直连合作，数百家民宿和抖音实现直连，抖音开始扶持平台自身的酒旅商家。

抖音旅游团购项目通过运用平台的流量和用户影响力，与旅行社、酒店等合作，为用户提供特价团购的旅游产品，从中获取佣金。

在整个过程中，注册抖音小店并完成小店认证，这是入驻抖音旅游团购的基础条件，也需要具有相关行业资质认证，如旅行社经营许可证等。

其次，需要与旅行社、酒店等机构合作，寻找合适的旅游产品和特价优惠。通过洽谈和谈判，拿到优质的产品资源。并通过制作优质的短视频，介绍旅游目的地、酒店住宿及其他景点等信息，可以结合（达人）自己的亲身体验和口碑来吸引用户。

最后，在短视频中添加团购链接或者合适的推广方式，引导用户进行团购，完成购买。一旦有用户通过推广成功购买旅游产品，商家便能获得佣金。

同时，抖音旅游团购开通过程中，需要支付相关费用，主要包括报白服务费、平台佣金、退款保证金等。

这些费用的具体金额以及支付方式，需要与报白公司及抖音平台协商确定。同时，团购活动成交后，还需要支付一定的手续费。不同的团购活动，费用也有所不同。

通过这种模式，用户的出游行为链路缩短了。以往，用户观看旅游内容在一个平台，下单转化在另一个平台，彼此是割裂的。但抖音平台能将用户的各个行为连接起来：以下几个关键节点，兴趣意向、攻略搜索、决策、购买下单，以及游玩之后的分享，相关数据指标都呈现高速增长的态势。

与之相比，快手小店虽然在2022年年初对本地生活行业商家开放了入驻，将本地生活业务中涉及到店场景的类目移至快手小店，并在快手小店新增到店美食、酒旅、到家生活服务等15个一级类目，但就旅游团购上来说，如今快手的旅游产品依旧不如抖音丰富。

快手在旅游上的动作，始于2020年。彼时，快手就发布了针对全国文旅创作者的"快手文旅光合计划"，对全国的文旅创作者进行重点培训和扶持，鼓励创作优质文旅内容，推广文旅资源。

同年，快手和同程艺龙达成战略合作，同程艺龙旗下的酒店、景点门票等产品供应链陆续全面接入快手平台，被短视频和直播激发了出游兴趣的快手用户，可以在快手直接预订酒店等旅行产品。

再到2022年12月，快手与美团达成互联互通战略合作，美团在快手开放平台上线美团小程序，并陆续上线酒店、民宿、景区等多个生活服务品类，进一步完善了快手的本地旅游版块。

在文旅板块的布局上，抖音无论是起步时间，还是步伐步速，都远超快手。抖音的来路，或许将成为快手的去路。

进入7月，暑期旅游旺季来临，多家在线旅游平台最新数据显示，暑期旅游市场热度已经创出历史新高，相关订单超过2019年同期水平，预示着旅游市场正在强势恢复。

携程最新数据显示，疫情后首个暑期，用户出行热情创下历史新高。从携程订单来看，暑期首月近半，交通、住宿、景区订单均超过2019年同期。

交通方面，中国国家铁路集团有限公司的统计数据显示，7月1日至10日暑运前10天，全国铁路共发送旅客约1.33亿人次，日均发送旅客1 334万人次，比2019年同期增长16%。

数据显示，2022年我国在线旅行预订用户达4.23亿人，市场规模达1.35万亿元。

随着我国居民消费水平不断提高，对旅游的需求也不断增长，而OTA作为旅游业发展的主流趋势，未来市场规模将进一步扩大，预计2026年中国在线旅游行业市场规模将突破2万亿元。

借此东风，今年在线旅游平台的主营业务出现大幅反弹。

今年第一季度，携程集团住宿预订收入为35亿元，同比增长140%；交通票务收入为42亿元，同比增长150%；旅游度假业务收入为3.86亿元，同比增长211%；商旅管理业务收入为4.45亿元，同比增长100%。一季度携程集团国内本地酒店预订量较2019年同期增长150%。

可是随着抖音和快手等新玩家的入局，OTA平台的竞争格局悄然发生变化。随着传播手段不断更迭，OTA平台"内容化"竞争也成为趋势。

《2023抖音旅游行业白皮书》显示，截至今年3月底，景点、酒店住宿、航空公司、OTA、旅行社等各类旅游企业账号数量，在抖音上平均增长了20%，其中以酒店住宿、商旅票务、旅游景点的增长最为明显，分别为61.5%、46.0%、35.5%。同时，与去年一季度相比，有关旅游的内容分享量增长了62%。

同期，同程旅行的交通票务服务收入同比增长35.9%至13.83亿元的新高，其中机票票量相比2019年同期增长超过35%。住宿业务收入同比增长53.6%至8.34亿元的新高，其中酒店间夜数创下历史新高，较2019年同期增长超过130%。

但携程董事局主席梁建章那句著名的"拿高倍望远镜都找不到携程的对手"，似乎还是没有成真，过去数年，交易平台美团、短视频平台抖音等的竞争，成为携程面临的最大危机。

《2022—2027年中国在线旅游行业市场深度调研及投资策略预测报告》分析显示，在线旅游市场群雄逐鹿，携程旅行的市场份额位居榜首，2021年的市场占比达

36.3%；美团旅行位列第二，市场占有率为20.6%；同程旅行和去哪儿旅行依次位列第三、第四，分别占比14.8%、13.9%。

OTA行业上游供应商种类众多，下游消费者需求多样化，行业盈利模式较为成熟，OTA公司各自深耕优势领域并构建竞争壁垒。

而今年一季度，抖音上旅游内容量也位居前列。白皮书显示，2023年第一季度，抖音平台上"文化教育"和"旅行"相关内容发布人数分别占全行业比重第一、二位，而旅游兴趣用户比去年同期增长了13%。

和深耕多年的传统OTA相比，抖音和快手在供应链上并不占优势，但凭借其庞大的流量池，二者依然撬动了旅游市场这块蛋糕。

继第一代OTA，如携程/去哪儿/艺龙/同程，与第二代OTA美团/飞猪之后，生于移动互联网时代，兴于移动互联网的抖音、快手、小红书等平台，显然是OTA们的第三代时代对手。

这些新平台实现了自身领域客户群的原始积累，并因其"生活"性质，向旅游板块的触角延伸。虽没有传统OTA的行业深度，抖音快手们却实实在在拥有不可忽视的流量王牌，从OTA口中分一口肉，平台们显然有着自己的手段。

对于抖音而言，打造OTA业务是除了依靠到店团购等本地生活服务外进行流量变现的一大可能。

抖音推广在内容覆盖、营销场景等方面优势比较明显。抖音已经有丰富多元的内容品类，并吸引了众多权威机构的入驻，此外，企业可以通过挑战赛等实现内容共创。营销场景上，抖音实现了内容消费、主动探索、深入互动等多场景功能的革新。

其推广打造了品效合一的营销闭环，OTA可以实现在广告形式、表达方式、传播方式、关系积累等方面的进化。抖音可以实现更短的营销链路，从表达方式、内容形式、传播方式和关系积累方面直接激发深度互动和转化，营销效果更直接。

同时，相比起OTA们的强工具属性，抖音快手更像一个内容与社交融合的平台，它们"收买"客户的手段，也不再是第一代、第二代OTA那样的功能至上，而是更为委婉的"情感至上"，从"种草"开始。

强用户链接、高可信度的种草内容，反而成为平台切入文旅板块的另类撒手锏。

如今，OTA行业的玩家众多，竞争激烈。面对高速增长的票务市场，每个玩家都不愿错过市场发展所带来的红利。抓住更多的用户，获取更多的订单成了当务之急。然而，传统OTA平台，其本质和天猫和京东区别不大，用户选择谁更多的还是看谁的价格更具优势。

尽管快手抖音等平台与OTA已有暗战之势，但由于两者并不属于同一板块，反而常常要在竞争中合作，吸收彼此的优势，持续改革。

快手与抖音在文旅布局的道路上，也不乏与携程、同程、美团的深度合作，在OTA的领域上，快手与抖音得到了前辈们的"提携"，而在短视频与内容的打造上，携程们也从平台身上获益良多。

资料来源：《抖音、快手猛攻在线旅游，美团、携程如何见招拆招？》(钛媒体，2023-07-31)。

讨论：

（1）在在线旅游服务市场中，携程和抖音是哪一类竞争对手？

（2）对比传统的在线旅游服务商，抖音等新势力在直播营销领域有何优势？

（3）旅游市场属于哪一类市场需求？

（4）结合自身实际谈谈旅游消费的购买流程。

（5）旅游服务供应商受哪些营销环境因素的影响？

综合案例：国货品牌的消费体验

请以"国货品牌的消费体验"为主题，采用访谈和网络调查等方式，了解国货品牌的市场表现及消费者的国货品牌消费体验，结合本课程所学知识对其进行简要评价，并从市场营销角度谈谈国货品牌如何崛起。

微课 5.3　从市场营销角度看国货品牌崛起

参 考 文 献

［1］菲利普·科特勒，凯文·莱恩·凯勒，亚历山大·切尔内夫．营销管理［M］．北京：中信出版社，2022．

［2］加里·阿姆斯特朗，菲利普·科特勒．市场营销学［M］．北京：机械工业出版社，2019．

［3］郭国庆．市场营销学（数字教材版）［M］．7版．北京：中国人民大学出版社，2022．

［4］吴健安，聂元昆．市场营销学［M］．北京：高等教育出版社，2016．

［5］潘巧兰．新媒体营销［M］．北京：中国人民大学出版社，2019．

［6］艾·里斯，杰克·特劳特．定位［M］．北京：机械工业出版社，2016．

［7］解鹏程，赵丽英．新媒体营销［M］．北京：人民邮电出版社，2022．

［8］欧阳卓飞．市场营销调研［M］．北京：清华大学出版社，2016．

［9］吕一林．营销渠道决策与管理［M］．北京：中国人民大学出版社，2015．

［10］菲利普·科特勒，加里·阿姆斯特朗．市场营销原理（全球版）［M］．15版．北京：清华大学出版社，2019．

［11］罗森布洛姆．营销渠道［M］．北京：中国人民大学出版社，2014．

［12］波特．竞争战略［M］．北京：中信出版社，2014．

［13］王旭．市场调研［M］．北京：高等教育出版社，2012．